미국, 아시아로 회귀하는가
— 오바마의 아시아 중시 정책

* 이 책은 방일영문화재단의 지원을 받아 저술·출판되었습니다.

Obama's Asia
Rebalancing
Strategy

오바마의 아시아 중시 정책

미국, 아시아로 회귀하는가

Pivot to Asia?

김대홍
지음

푸른역사

책을 내며

국제정치학을 공부하면서부터 늘 따라다녔던 궁금증이 하나 있다. "미국이란 나라는 과연 어떤 나라일까?" 아니 좀 더 정확히 표현한다면 "우리에게 미국이란 과연 무엇일까?"이다.

1985년 봄, 대학에 입학한 나는 대자보와 유인물을 통해 그때까지와는 전혀 다른 미국의 모습을 알게 됐다. 광주민주화운동이 일어나자 미국은 전두환, 노태우 등 한국의 신군부를 사실상 인정해줬고 그 결과 수많은 시민들이 학살됐다는 내용이었다. 그러니까 광주민주화운동을 탄압하고 죄 없는 시민들을 학살하는 데 미국이 직간접적으로 책임이 있다는 주장이었다. 그때 나는 미국의 태도를 이해할 수 없었다. "왜 미국은 한국의 신군부를 지지한 것일까? 미국이 민주주의 국가라면 당연히 한국의 야당이나 민주세력을 지지해야지, 왜 하필이면 전두환·노태우를 지지한 것일까? 한국의 신군부를 지지하는 것이 미국의 국익에 부합하기 때문이라면 과연 우리에게 미국은 무엇일까?"

2012년 겨울, KBS 중견기자가 된 나는 미 국무성 초청으로 3주 동안 미국을 방문했다. 연임에 성공한 오바마 대통령의 아시아 정책을 미리 알아보는 것이 나의 첫 번째 목적이었다.

워싱턴에서는 미 국무부의 고위 관리들과 전·현직 언론인들을 만났다. 특히 《워싱턴포스트*Washington Post*》 대기자이자 워터게이트 스캔들을 폭로한 밥 우드워드Bob Woodward와 장시간에 걸쳐 오바마 정부의 외교정책을 토론한 것은 무척이나 유익했다. 우드워드는 "정치가의 말과 행동 사이에는 큰 차이가 있다"며 "기자가 놓치지 말아야 할 것은 '사실' 확인"이라고 강조했다. 그는 또 자신이 저술한 《정치의 가치*The Price of Politics*》를 건네주면서 "오바마의 외교정책을 이해하려면 미국의 국내 정치 상황, 특히 민주-공화 양당 간의 갈등을 먼저 알아야 할 것"이라고 충고했다.

시카고에서도 행운이 따랐다. 미 국무성의 주선으로 람 이매뉴얼 Rahm Emanuel 현 시카고 시장이자 전 백악관 비서실장을 만날 수 있었다. 오바마와 힐러리가 당 대통령 후보 쟁탈전을 벌일 때 오바마를 지원한 람 이매뉴얼은 명실상부한 오바마 정부의 실세 중의 실세다. 실제로 2009년 8월 15일자 《뉴욕타임스*New York Times*》는 람 이매뉴얼 전 백악관 실장에 대해 "한 세대에서 가장 영향력 있는 백악관 비서실장"이라고 보도했다. 람 이매뉴얼은 필자와의 인터뷰에서 "오바마 정부는 아시아태평양 지역을 매우 중요하게 생각한다"며 "미국의 번영은 결국 아시아태평양 지역과 결부되어 있다"고 말했다. 이는 힐러리 전 국무장관이 강조한 아시아 중시 정책과도 일맥상통하는 내용이었다.

이 밖에도 내가 만난 많은 미국의 지식인들은 오바마 정부의 아시아

정책을 '아시아로의 회귀Pivot to Asia' 또는 '재균형Rebalancing' 등으로 표현했다. 한 가지 재미있는 사실은 주로 국무부 출신 인사들은 힐러리의 영향을 받아서인지 '회귀'라는 표현을 선호했고, 백악관이나 국방성 출신 인사들은 '재균형'을 더 즐겨 사용했다. 따라서 이 책에서는 '아시아로의 회귀'와 '재균형'을 하나로 묶어 '아시아 중시 정책'이라고 표현하겠다.

* * *

미국의 외교정책을 연구한 국내 저서들은 많다. 하지만 오바마 정부의 아시아 정책을 집중적으로 연구한 책은 거의 없다. 아마도 이 책이 유일하다고 생각한다. 왜 이런 현상이 나온 것일까? 오바마의 아시아 정책이 학계에서 주목을 받지 못하는 이유는 무엇일까? 오바마의 아시아 정책이 중요하지 않아서일까 아니면 아직까지도 오바마의 아시아 정책이 나오지 않아서일까?

필자는 오바마의 아시아 정책을 제대로 이해하는 것이 한반도 외교 정책 수립에서 무엇보다 중요하다고 생각한다. 김정은 체제 이후 북한의 위협, 일본의 우경화와 군사 대국화 움직임 그리고 중국의 군사력 증강 등 일촉즉발의 동북아 사태는 미국 패권의 쇠퇴와 오바마 정부의 아시아 정책에 따른 결과물이기 때문이다.

필자는 대학교에서 학생들을 전문으로 가르치는 국제정치학자가 아니다. 20년 가까이 국내외 취재 현장에서 사람들을 만나고 그들의 인터뷰를 방송에 내보내는 기자다. 그렇기 때문에 이 책은 전문 학술서라기보다는 취재 기자가 발로 뛰고 취재한 내용들을 모아 놓은 것이다. 그렇다고 이 책이 인터뷰를 나열하거나 신문기사를 옮겨놓은 것은 더욱 아니다.

이 책의 구상은 필자가 2009년 KBS 도쿄특파원으로 부임할 때부터 시작됐다. 오바마 대통령과 게이츠 미 국방장관의 도쿄 방문 등을 취재하면서 한국에서보다 더 객관적으로 미국의 아시아 정책을 이해할 수 있었다. 센카쿠尖閣(중국명 댜오위댜오釣魚島)에서 중국과 일본이 갈등할 때도 필자는 한국이 아닌 일본에서 미국의 대응 전략을 살펴볼 수 있었다. 군사기지 이전 문제로 갈등을 겪고 있던 오키나와도 찾아 미군의 아시아 전략을 취재할 수 있었다. 그리고 이러한 경험을 바탕으로, 2010년 중앙대 이혜정 교수와 함께 〈미국 패권의 재건축: 오바마 정부의 글로벌 아키텍처 구상과 그 한계〉를 《한국정치외교사논총》에 투고해 실었다. 이듬해에 쓴 〈미국 정치의 양극화와 대외정책: '중도파의 몰락' 논쟁의 이해〉도 같은 논문지에 게재됐다.

이 책을 통해 우리나라 사람들이 좀 더 미국을 이해하고 오바마 정부가 추진하는 아시아 외교정책의 본질을 알았으면 좋겠다. 특히 미국의 외교정책 결정 과정이 미국 내 경제 상황 및 정치 양극화와 깊이 연관되어 있다는 사실을 입체적으로 인식하는 계기가 되기를 바란다.

외교관을 꿈꾸는 학생들에게도 이 책을 권하고 싶다. 오바마 정부의 외교정책 결정자들이 서로 어떻게 협력하고 또 어떻게 상대방을 설득하는지 등을 이 책을 통해 알 수 있기 때문이다. 특히 이 책에서는 오바마 대통령의 '아시아로의 회귀' 선언 이후 미중 전략·경제대화S&ED와 미중 정상회담 그리고 미국과 동맹국들 간의 협력 과정을 자세히 다뤘다.

2014년 격랑의 동북아를 걱정하는 사회 지도자들에게도 이 책이 유용하리라 생각한다. 2014년 동북아는 그야말로 춘추전국시대를 연상케 한다. 일본 아베 총리의 거침없는 우경화 행보와 군사대국화 움직임, '방공식별구역' 선포 등 시진핑 시대 중국의 해양 팽창 정책, 김정은 북한 체제의 불안정성과 군사 도발 위협이 한꺼번에 터져 나왔다. 여기에 아베의 야스쿠니 신사 참배는 그동안 화해를 위해 물밑 접촉해온 한일 양국 외교관들의 노력을 수포로 만들었다. 왜 이렇게 동북아 외교가 꼬인 걸까? 이 책은 이런 사태의 1차적 책임이 오바마 정부에게 있다고 본다. 아베의 야스쿠니 신사 참배에는 입을 다물면서 오히려 이를 비판하는 한국 정부를 설득하려는 케리 미 국무장관의 태도가 대표적인 예다.

* * *

이 책은 필자가 앞서 설명한 다양한 경험과 논문 등을 묶은 것이다. 필자의 졸고를 흔쾌히 출판해준 푸른역사 가족들에게 먼저 감사의 마음을 전하고 싶다.

또 박사학위 논문 심사에 참가해 아낌없는 질책과 격려를 해준 서울대 전재성·박성우 교수님, 북한대학원의 구갑우 교수님 그리고 중앙대 이승주·이혜정 교수님께도 깊이 감사드린다. 교수님들의 지적과 수정을 필자 나름대로 충실히 따랐다고 생각하지만 어리석고 게으른 탓에 부족한 점이 한두 가지가 아닐 것이다. 그럼에도 불구하고 출판을 결심한 것은 어딘가에 필자처럼 "우리에게 미국은 과연 무엇인가?"라는 원초적 질문을 하는 독자가 있을 것이라 여기기 때문이다. 그들에게 부족하지만 지금까지 필자가 연구한 결과물을 나눠주고 싶다.

끝으로 이 책이 나오기까지 큰 도움을 준 중앙대학교 정치외교학과 대학원 후배들과 KBS 9시뉴스 편집팀 기자들 그리고 아내 양윤실과 딸 세영, 아들 덕용에게도 고마운 마음을 표한다.

2014년 3월
김대홍

추천의 글

세계의 강대국들이 몰려 있는 동북아에서 한국이 국가 전략을 수립해 나갈 때 주변 강대국의 외교 전략을 정확히 파악하는 일은 너무나 중요한 일이다. 특히 미국의 외교 전략은 한국의 대북 전략, 통일 전략, 동맹 전략, 지역 전략, 경제 전략 등 모든 방면의 전략 수립에서 반드시 고려해야 할 변수다. 현재의 시점에서 미국의 외교 전략을 이해하는 일은 매우 어려운데, 과거 경험해보지 못했던 급격한 국제정치의 변화를 겪고 있기 때문이다. 테러와 대량살상무기의 확산은 말할 것도 없고, 2008년 경제위기 이후 세계정치경제의 지형이 급격히 변화되어 왔으며, 중국의 부상으로 향후 미중 관계의 전개 과정을 점치기가 어려운 상황이다. 미국은 누적된 예산 적자로 향후 10년 이상 군사비를 비롯한 국가 예산을 지속적으로 감축해야 하는 처지다. 혹자는 미국 패권의 쇠퇴를 논하기도 하고, 중국 주도의 세계를 예고하는 담론을 내세우는가 하면, 패권이 없는 시대의 국제정치에 대비해야 한다는 목소리도 나오

미국, 아시아로 회귀하는가

고 있는 형편이다. 미국은 과거 어느 때보다 국내정치의 양극화에 허덕이고 있으며 그 와중에 정부의 셧다운이라는 사태를 겪기도 했다. 미국 내에서는 기존의 적극적 세계 개입 전략을 접고, 축소 전략을 채택할 때가 되었으며 외교 대전략을 근본적으로 재정비해야 한다는 논의가 대두하여 어느 때보다 치열한 전략 논쟁이 진행 중이다.

2008년 미국 대선을 기점으로 부시 전 대통령이 이끌던 공화당 시대가 끝나고 오바마 대통령의 외교 전략이 초미의 관심사가 되었다. 오바마 대통령은 이전의 군사력 중심 일방주의 외교노선을 탈피하여 신중하고 선택적인 다자주의 전략을 추진했고, 이러한 세계 전략이 정비되어 결국 아시아 중시 전략으로 귀결되었다. 오바마 대통령은 유럽과 중동, 특히 이라크, 아프가니스탄에 대한 고비용의 개입 전략을 축소하고 향후 미국의 재건에 필요한 역동적 지역으로 아시아에 눈을 돌렸다. 한 편으로는 부상하는 중국을 견제하면서 다른 한편으로는 확대되는 아시아 시장에 눈을 돌린 것이다. 2010년을 기점으로 미국은 동아시아에 군사력을 집중하면서 기존의 동맹을 강화하고 아시아 다자주의에 적극 참여하며, 환태평양파트너십TPP을 활성화했다.

오바마 대통령이 재선에 성공하면서 아시아 중시 전략은 우여곡절을 겪으면서도 여전히 진행 중이다. 아시아 국가들은 미국의 아시아 중시 전략을 당분간 상수로 생각하면서 이에 대한 나름대로의 대응 전략을 추진하고 있다. 누가 더 정확히 미국의 전략을 이해하고 자국의 이익을 극대화하는 데 성공하는가의 경쟁이라고 할 수 있다. 중국은 2013년 미국과 신형대국관계를 맺어 당분간 협력을 추진하면서도 장기적 경쟁에 대비하고 있다. 일본은 점차 여력이 줄어드는 미국의 역할을 떠맡기 위해 보통국가화를 향해 강력한 드라이브를 걸면서 우경화하는 노선을 택하고 있다. 미국의 동맹국인 한국은 한편으로는 미국의 아시아 중시 전략의 파트너가 되면서도 중국과의 전략적 협력관계를 내실화해야 하는 과제를 안고 있다. 미중 관계의 변화라는 소용돌이 속에서 한국은 북한의 비핵화, 한반도 통일, 동북아의 평화정착, 궁극적으로 한국의 선진화라는 국가목표를 추진해야 하는 중대한 순간에 와 있는 것이다.

미국의 아시아 중시 전략에 대한 본격적 연구는 단지 학문적 가치뿐 아니라 한국의 미래를 결정하는 전략적 가치를 가진 일이다. 본서는 오바마 행정부의 아시아 중시 전략을 심도 있게 연구하여 우리의 이해를 증진하는 귀중한 성과다. 아시아 중시 전략이 추진된 지 얼마 되지 않았기 때문에 많은 연구자들이 서둘러 연구하는 데 많은 한계를 가져온 것이 사실이지만, 본서는 최근 미국의 전략 변화에 대한 광범위한 자료 수집과 분석을 통해 미국 외교 전략의 핵심과 관련된 중요한 질문을 제기하고 이에 대한 해답을 내리고 있다. 본서가 가지는 장점은 특히 다음과 같다.

첫째, 아시아 중시 전략이 전개되는 다양한 영역을 심도 있게 연구했다는 점이다. 아시아 중시 전략은 아시아에만 관련된 전략이 아니고 세계 전략의 재조정 과정에서 제시된 전략이다. 따라서 21세기 미국 외교 전략의 환경에 대한 분석을 바탕으로 논의되어야 할 사항이다. 본서는 21세기 초부터 전개된 미국 외교 정책의 실행 과정, 경제 위기 이후 미국의 대처 전략, 미국 국내정치의 변화 상황, 그리고 미중 관계의 맥락 등을 폭넓게 짚어가며 아시아 중시 전략을 밝혀내고 있다. 또한 아시아 중시 전략의 외교, 안보, 경제적 차원을 각각 분석하여 미국이 아시아에서 추구하는 바, 소위 아키텍처 전반의 모습을 보여주려 노력하고 있다. 이들 간의 관계가 어떻게 설정되는가에 따라 향후 미국 전략의 성패가 결정되는 만큼, 포괄적 접근은 반드시 필요한 일이다.

둘째, 아시아 중시 전략의 분석에 필요한 자료를 폭넓게 수집하여 분석하고 있다는 점이다. 아시아 중시 전략은 이제 4년 정도의 역사를 가진 전략이니만큼 자료의 측면에서 연구에 어려움이 있는 것이 사실이다. 정책 결정자들의 1차 자료를 분석하고, 정책 연구소들의 분석 내용을 탐구하며, 이에 대한 기존의 견해들을 종합적으로 파악해야 전모가 밝혀지는 것이다. 본서는 이용 가능한 자료들을 광범위하게 이용하여 분석의 엄밀성을 기하고 있다.

셋째, 아시아 중시 전략은 애초부터 완결된 형태로 제시된 것이 아니라 시간이 지나면서 명칭부터 내용까지 진화하고 있는 전략이다. 따라서 진행 과정을 추적하면서 심도 있게 이해하는 노력이 필요하다. 본서의 저자는 언론계에 몸담으면서 미국 외교 현장의 가운데에서 아시아 중시 전략의 변화 상황을 추적해왔다. 일반 학술연구자가 가지기 어려운 정책적 감각을 가지고 아시아 중시 전략의 변화를 분석한 만큼, 생동감 있고 지평이 넓은 이해를 기반에 깔고 있다고 보인다.

앞으로 동북아의 국제정치는 급변할 것이며 한국의 대응에 따라 국가의 운명이 좌우될 것이다. 주변 강대국의 외교 전략에 대한 분석이 시급하고 중요한 시점에서 미국의 외교 전략에 대한 본서의 출간을 환영하며 많은 독자들의 일독을 권하고 싶다.

2014년 3월
서울대학교 정치외교학부 교수 전재성

1

오바마 정부의 '아시아 중시 정책,'이란 무엇인가

제1장은 오바마 정부의
'아시아 중시 정책'이 무엇인지,
그리고 왜 2011년 11월에
'아시아 중시 정책'이 전방위적으로
나타났는지를 대략적으로 살펴본다.
뒤이어 책의 전체적인 내용을 개괄적으로
소개한다. 사진은 2012년 11월 20일
캄보디아 수도 프놈펜의 평화궁전에서
열린 동아시아정상회의에서 당시
일본 총리 노다 요시히코野田佳彦와
정상회담을 하고 있는 오바마 대통령과
힐러리 클린턴 국무장관.
@ AP=연합뉴스

미국, 아시아로 회귀하는가

이 책의 목적은 오바마 정부가 적극적으로 추진해온 '아시아 중시 정책'의 배경을 2008년 글로벌 경제위기와 중국의 부상이라는 변수들로 파악하고, 이러한 인식에 근거하여 오바마 정부의 미국 패권 재건축 구상을 설명하는 데 있다.

2008년 서브프라임 모기지 사태로 불거진 미국발 글로벌 경제위기는 미국 패권의 쇠퇴를 더욱 가속화시켰다. 대형 금융회사와 대기업들이 연쇄 부도나면서 실업률 증가와 구매력 감소라는 악순환이 반복됐고 경제 상황은 대공황 이후 최악의 수준으로 추락했다. 심지어 선진 금융시스템이라던 미국식 자본주의 경제 체제가 이미 한계에 도달한 것 아니냐는 의혹까지 제기됐다. 이러한 미국 내 경제위기는 곧바로 미국의 정치 지형까지 바꿔놓았다. 2008년 미국 대통령 선거 과정에서 터져 나온 글로벌 경제위기는 가뜩이나 이라크 전쟁의 전후 처리 문제로 고전하던 공화당의 지지율을 더욱 더 떨어뜨렸다. 그리고 그 결과 미국 역사상 처음으로 흑인 대통령 오바마Barack H. Obama가 탄생했다.

오바마 정부의 최우선 과제는 미국 경제의 회복과 선거 과정에서 나타난 정치 양극화의 해소 그리고 이를 통해 미국의 패권을 재구축하는 것이었다. 하지만 글로벌 경제위기의 충격은 예상보다 심각했다. 실업률은 계속 증가해 10퍼센트를 넘어섰고, 경기부양을 위해 마구 찍어낸 달러는 국가채무 증가라는 새로운 문제를 낳았다. 이러한 오바마 정부의 경제정책에 대한 국민들의 심판은 냉혹했다. 오바마 1기에 대한 중간평가를 상징하는 2010년 중간선거에서 오바마 정부가 이끄는 민주당은 티파티Tea Party를 중심으로 한 공화당에 패했다. '작은 정부'를 추구하는 공화당이 하원을 장악하면서 정치 양극화 문제가 다시 불거졌다. 민간 신용평가 기관인 스탠더드앤드푸어스S&P(Standard and Poors)는 미국의 국가신용등급을 강등했고 미국 정치권은 국가채무한도 상한선을 올리는 대신 연방정부 예산을 일률 삭감하는 시퀘스터Sequester 발동에 합의했다. 무명의 오바마를 대통령으로 만들어준 글로벌 경제위기가 이제는 오바마의 발목을 잡는 부메랑으로 돌아선 것이다. 결국 오바마 정부는 인위적인 경기부양만으로는 경제위기를 극복하는 데 한계가 있다는 점을 깨닫고 새로운 방법을 모색하기 시작했다. 그것은 바로 아시아 시장으로 수출을 확대해 국내 경기를 활성화하고 부족한 일자리를 창출하겠다는 이른바 수출진흥 정책이었다.

이런 가운데 오바마 정부가 주목한 새로운 위협은 중국이었다. 2008년 경제위기를 상대적으로 쉽게 극복한 중국은 5퍼센트 이상의 경제성장률을 지속하면서 2010년에는 일본의 국내총생산GDP을 추월해 세계 2위에 올라섰다. 많은 전문가들은 2025년에서 2040년 사이 중국이 미국과 비슷한 수준의 경제 규모에 이를 것으로 예상하고 있다. 문제는

미국, 아시아로 회귀하는가

이러한 경제 성장이 군사 발전으로 이어진다는 것이다. 중국 정부가 발표한 국방예산은 2006년 350억 달러, 2007년 450억 달러에 이어 2010년 780억 달러에 이르렀다. 하지만 실제 중국의 국방비는 이보다 훨씬 더 많은 것으로 추정된다. 군사현대화 사업도 함께 추진됐다. 2007년 위성요격 실험에 성공한 데 이어 최신예 전투기 젠殲-10과 대륙간탄도미사일 둥펑東風 31호도 실전 배치했다. 특히 중국은 동중국해를 자신들의 핵심이익 구역이라고 주장하면서 해군력을 증강하고 있다. 2010년 중국과 주변국들 간의 크고 작은 영토 분쟁도 바로 이러한 배경에서 일어났다.[1]

중국의 부상은 외교와 경제 분야에도 변화를 가져왔다. 중국은 동남아시아국가연합ASEAN+3(APT; ASEAN PLUS THREE)를 중심으로 영향력을 확대하면서 동아시아에서 미국을 밀어냈다. 심지어 한국과 일본, 대만, 호주 등 미국의 동맹들조차 중국의 제1무역 상대국이 되면서 적어도 경제적 측면에서는 중국과 더 가까워졌다. 중국은 이미 ASEAN, 호주, 뉴질랜드, 대만, 칠레 등과 자유무역협정FTA(Free Trade Agreement)을 체결했으며 한국, 일본과도 FTA 추진을 서두르고 있다. 결국 오바마 정부는 미국 내 정치경제적 위기와 대외적으로는 중국의 부상을 동시에 해결하기 위한 방법으로 '아시아 중시 정책'을 선택하게 되었다.

오바마 정부의 '아시아 중시 정책'은 2011년 힐러리 클린턴Hillary Rodham Clinton 국무장관이 미국 외교전문지 《포린폴리시Foreign Policy》 11월호에 투고한 한 편의 논문에서 시작됐다. 〈미국의 아시아 세기 America's Pacific Century〉라는 제목의 이 논문은 21세기 아시아의 성장 동력을 어떻게 활용하고 아시아 지역에 어떻게 관여할지가 오바마 정부의 핵심 과제이자 향후 미국의 경제와 안보의 사활이 걸린 중대한 문제라고 주장했다. 또한 클린턴 장관은 이 논문에서 '아시아 중시 정책'을 '아시아태평양으로의 회귀America's pivot toward the Asia Pacific'로 표현하면서 향후 오바마 정부가 추진하게 될 '아시아 중시 정책'의 핵심은 물론 기본 방향까지 제시했다(Clinton 2011c).

클린턴 장관은 향후 10년간 미국의 가장 중요한 과업 중 하나는 아시아태평양 지역에 대한 외교·경제·전략적 투자 증대라면서 아시아태평양 지역은 세계정치의 핵심 동력이며, 미국은 태평양국가Pacific Power로서 이 지역에 투자할 필요가 있다고 강조했다. 또 아시아의 성장과 역동성을 활용하는 것은 미국의 경제와 전략적 이익의 핵심이며, 오바마 대통령의 우선순위 정책이라고 덧붙였다.

이러한 클린턴 장관의 주장은 며칠 뒤 하와이 동서센터East-West Center에서 행한 연설에서 되풀이됐다. 클린턴 장관은 21세기는 미국의 태평양 시대가 될 것이며, 이 역동적이고 복잡하고 중요한 지역에서 전례 없는 협력과 파트너십이 이뤄지는 시기가 될 것이라고 전망했다. 그리고 다시 한 번 "미국의 중심축이 아시아태평양으로 이동했다"고 강조했다.

아시아가 시장을 개방함으로써 미국은 투자, 무역, 첨단기술 부문에서 전례 없는 기회를 맞이했습니다. 미국의 경기회복은 아시아의 광대한 소비시장을 미국 기업들이 어떻게 공략하느냐에 달려 있습니다. 전략적 측면을 살펴보면, 남중국해에서 항해의 자유를 보장하고, 북한의 핵확산 기도를 봉쇄하고, 지역 내 핵심 국가들이 투명한 군사 활동을 하게 하는 등 아시아태평양 지역에서 평화와 안보를 유지하는 일이 전 세계의 발전에 점점 더 중요한 역할을 하고 있습니다(Clinton 2011d).

클린턴 장관은 또 미국의 아시아태평양 지역 전략으로 '전진배치외교Forward-deployed Diplomacy'를 제시했다. 전진배치외교란 미국의 모든 외교 자산을 아시아태평양 지역 국가들에 계속해서 투입하는 것을 의미한다. 구체적인 이행 수단은 ① 양자적 안보동맹 강화, ② 중국 등 신흥국가들과의 실용적 관계 심화, ③ 지역 다자기구 참여, ④ 무역과 투자 확대, ⑤ 광범위한 군사적 주둔 확보, ⑥ 민주주의와 인권 증진 등 6가지다. 이 가운데 특히 관심을 끄는 것은 미중관계다. 클린턴 장관은 미국이 양자관계를 맺고 관리해온 나라 가운데 가장 힘겨우면서도 중요한 나라가 중국이며, 양국의 번영은 상호 유익하다고 말했다. 그러면서 2009년부터 시작된 미중 전략·경제대화S&ED(Strategic and Economic Dialogue)의 중요성을 높이 평가했다. 클린턴 장관은 지난 10년간 미국의 재원이 집중 투입되어온 이라크와 아프가니스탄에서 전쟁의 부담이 경감됨에 따라 미국은 새로운 대외정책을 세워야 하는데, 바로 아시아태평양 지역이 21세기 미국의 리더십을 강화할 기회의 땅이라고 주장했다.

이러한 클린턴 장관의 '아시아 회귀' 발언은 비슷한 시기에 아시아를 순방한 오바마 대통령에게도 직접적인 영향을 미쳤다. 2011년 11월 호주를 방문한 오바마 대통령은 앞으로 미국은 아시아에 대한 정책을 최우선으로 삼을 것이라는 이른바 '캔버라 선언'을 발표했다.

그런데 백악관의 '아시아 중시 정책'은 클린턴 장관의 '회귀' 대신 '재균형'이라는 용어를 사용하고 있다. 오바마 정부 1기와 2기에서 백악관 국가안보보좌관을 맡고 있는 토머스 도닐런Thomas Donilon은 2013년 3월 11일 미국 뉴욕에 있는 아시아소사이어티Asia Society가 주최한 '2013년 미국과 아시아태평양 지역에 관한 연설'에서 "동맹을 강화하고, 신흥강국들과 파트너십을 깊이 다지며, 안정적·생산적·건설적인 대중국 관계를 구축하고, 지역적 협력을 강화하고, 공동의 번영을 유지할 수 있는 경제 구조의 구축을 지원하는 것"이 바로 "재균형"이라고 정의했다. 도닐런은 또 '재균형'은 아시아태평양 지역에서 미국이 리더십을 발휘하고, 경제적 참여를 하고, 지역 차원의 협력체에 대해 지속적인 관심을 기울이고, 국제적인 규칙과 규범을 수호해주기를 바라는 지도자들과 대중이 보내는 강한 신호에 대한 응대라고 했다. 그러면서 그는 "오바마 대통령이 2011년 호주 캔버라에서 행한 의회 연설 원고를 아직 읽지 않은 사람이 있다면 꼭 읽어보라. 그 연설은 미국의 대아시아 정책에 대한 선언이자 자유에 대한 분명한 요청이며 동시에 미국이 아시아태평양 지역에 모든 것을 걸고 있음을 보여주는 사례"라고 강조했다(The White House 2013a).

　오바마 정부의 '아시아 중시 정책'은 국무부와 백악관에 이어 국방부로도 이어졌다. 리언 패네타Leon Panetta 국방장관은 11월 6일자 《뉴욕타임스》와의 인터뷰에서 "재정적자 감소 차원에서 진행되는 대규모 국방예산 삭감과 관련해 유럽 주둔 미군 수를 감축하는 대신 아시아 주둔 미군 수는 유지하거나 증강시키는 방안을 고려 중"이라고 밝혔다. 그는 또 "중동으로부터 아시아로 향하는 전환점에 있으며, 이에 따른 '전략적 재균형Strategic Rebalancing'이 이루어질 것"고 말했다. 이러한 구상은 2012년 6월 2일에 국제전략문제연구소IISS(International Institute for Strategic Studies)의 주최로 싱가포르에서 열린 아시아안보회의(샹그릴라 대화)에서 한층 분명해졌다.

21세기 미국의 번영과 안보는 아시아태평양 지역에 훨씬 더 의존한다는 것을 알게 됐습니다. 아시아태평양 지역에는 세계에서 가장 빨리 경제성장을 하고 있는 중국과 인도, 인도네시아가 있습니다. 또 아시아태평양 지역은 가장 많은 인구와 가장 큰 규모의 군사력을 갖고 있습니다. 이 지역에 대한 국방비는 앞으로도 계속 증가할 것입니다. …… 미국 연방정부는 막대한 채무와 재정결핍을 해소하기 위해 미 국방부에 5천억 달러의 국방비 삭감을 요청했고, 국회 예산통제법에 따라 앞으로 10년 동안 4,870억 달러가 삭감됩니다. …… (이러한 이유들 때문에) 미국은 아시아태평양 지역으로의 재조정이 필요했습니다(Panetta 2012).

이처럼 오바마 정부의 '아시아 중시 정책'은 대통령 혼자만의 구상이 아니라 외교를 총괄하는 국무장관과 안보를 담당하는 국방장관이 동시에 측면 지원하는 통합 전략이다. 그래서 이전의 클린턴 정부나 부시 정부에서 추진했던 아시아 정책보다 영향력이 훨씬 더 크다.

오바마 정부의 정책 책임자들은 아시아태평양 지역을 미국의 안전보장은 물론 경제성장의 원동력으로 인식하고 있다. 또한 아시아태평양 지역에 민주주의와 인권 의식을 심고, 무역과 투자를 확대하고, 주둔군을 두어 정치·경제·군사적 측면에서 전략적 개입을 강화하고 있다. 즉 '아시아 중시 정책'을 단순히 미국 외교정책의 변화로만 본 것이 아니라 금융위기 이후 쇠퇴해가는 미국의 패권을 되살리려는 하나의 발판으로 생각하고 있는 것이다. 과거에 비해 미국의 힘은 쇠퇴하고 있지만, 그래도 미국이 갖고 있는 장점을 최대한 활용해 글로벌 리더십을 유지하려는 의도가 엿보인다.

2011년 11월, '아시아 중시 정책'이 전방위적으로 나타나다

본격적인 논의에 앞서 우선 다음과 같은 질문을 제기하고자 한다. 첫째, 오바마 정부의 '아시아 중시 정책'은 왜 하필이면 2011년 11월에 갑자기 전방위적으로 나타난 것일까? 센카쿠(중국명 댜오위다오)와 남중국해의 영토 분쟁에서 보여주듯 중국의 호전적인 태도 때문일까? 아니면 미국 내 일자리 창출을 위한 수출확대 정책 때문일까? 그것도 아니라면 미국 내에 정치경제적 위기가 있었던 것은 아닐까?

둘째, 오바마 정부의 '아시아 중시 정책'은 '축소Retrenchment' 전략인가, '개입Deep Engagement' 전략인가? 오바마 정부는 2010년 5월에 《국가안보전략》을 발표할 때만 하더라도 미국의 리더십 재규정과 패권 축소를 외치며 '축소' 전략을 대외정책의 기본으로 삼았다. 그런데 2011년에 발표된 '아시아 중시 정책'은 분명 '축소'보다는 '개입'을 강조하고 있다. 그렇다면 오바마 정부의 대외정책이 '축소'에서 '개입'으로 바뀐 것인가? 아니면 대외정책의 범위와 단계에 따라 '축소'와 '개입'이 혼용되어 나타나는 것인가? 이를테면, 전 지구적 차원에서는 '축소', 그 아래 지역 단위(아시아태평양)에서는 '개입'을 실시하는 이중구조는 아닐까?

셋째, 오바마 정부의 '아시아 중시 정책'은 실제로 어떻게 전개되고 있을까? '아시아 중시 정책'이 단지 정책 집행자들의 '말rhetoric'뿐만 아니라 실제 '정책'으로는 어떻게 표출되고 있는가? 또 정책으로 표출되는 과정에서 경쟁자(중국)와의 마찰은 없는가? 만약 있다면 어떻게 해결하고 있는가?

넷째, 오바마 정부의 '아시아 중시 정책'은 과연 성공할 수 있을까? 또 그 한계점이 무엇인가?

이러한 질문을 중심으로 오바마 정부가 '아시아 중시 정책'을 추진하게 된 배경과 전개 과정 그리고 전망과 관련하여 다음과 같은 주장을 개진하고자 한다.

첫째, 오바마 정부의 '아시아 중시 정책'이 등장하게 된 배경에는 아시아 지역에서 영향력을 확대하는 중국의 부상뿐 아니라 미국 내 정치경제적 위기도 중요한 요인으로 작용했다. 그리고 그 뿌리는 2008년 미국발 세계경제위기다.

둘째, 오바마 정부의 '아시아 중시 정책'은 군사, 외교, 경제적 측면에 두루 걸친 '통합 전략'이다. 그리고 각각의 요소들은 서로 유기적인 관계를 맺고 있어 정책의 시너지 효과도 얻을 수 있다. 예를 들어, 국방부가 아시아 지역의 동맹이나 파트너들에게 군사 지원을 확대하면 향후 양국 간의 외교 강화는 물론 경제적 결속력도 높일 수 있다.

셋째, 오바마 정부의 '아시아 중시 정책'은 아시아태평양을 겨냥한 미국의 '지역 전략'이 아니라 전 세계를 염두에 둔 '세계 전략'이다. 9·11과 세계금융위기로 인해 위축된 미국은 '아시아 중시 정책'을 통해 패권을 재건축하려는 전략을 갖고 있다. 실제로 2012년에 미 국무부가 발표한 《2012 신국방전략지침》의 제목은 '미국의 글로벌 리더십 유지: 21세기 국방우선순위Sustaining U. S. Global Leadership: Priorities for 21st Century Defense'다. 여기서 '미국의 글로벌 리더십 유지'는 곧 '패권'을 의미하는 것으로 해석할 수 있다.

넷째, 오바마 정부의 '아시아 중시 정책'은 미국의 대외정책이지만 미국 내 정치경제적 상황에 따라 전망이 엇갈릴 수 있다. 즉 이 책에서는 미국의 대외정책 결정에서 미국 내 요인이 중요하다는 점을 강조한다. 특히 미국 내 재정 위기와 정당정치의 양극화가 어떻게 대외정책인 '아시아 중시 정책'에 영향을 미쳤는지를 밝히는 데 주안점을 둔다.

이 책은 모두 5개의 장을 통해 이러한 주장을 구체화한다. 제1장은 오바마 정부의 '아시아 중시 정책'이 무엇인지, 그리고 왜 2011년 11월에 '아시아 중시 정책'이 전방위적으로 나타났는지를 대략적으로 살펴본다. 뒤이어 책의 전체적인 내용을 개괄적으로 소개한다.

제2장에서는 이론적 검토를 실시한다. 먼저 미국의 패권이 쇠퇴한 요인을 중국의 부상과 재정 위기에서 찾아보고, 패권 쇠퇴기 미국의 대외정책을 축소와 개입 논쟁을 중심으로 살펴본다. 이 밖에도 세력전이 이론을 이용한 미중 간 갈등과 미국 내 정당정치의 양극화가 대외정책 결정 과정에 어떻게 영향을 미치는지를 쿱천Charles Kupchan 등이 주장한 '중도파의 몰락Dead Center' 논쟁을 중심으로 알아본다.

제3장은 '아시아 중시 정책'의 배경을 제시한다. 먼저 2010년 5월에 발표된 오바마 정부의 외교 독트린이라 할 수 있는 '국가안전보장 보고서'와 이를 바탕으로 나타난 '글로벌 아키텍처global architecture'의 핵심

과 특징을 알아본다. 또 오바마 정부 출범 이후의 미중관계를 정확히 이해하기 위해, 매년 양국의 고위층이 대거 참여하는 가운데 열리는 미중 전략·경제대화의 이슈를 분석한다. 이 밖에도 미국 내 정치경제적 위기가 '아시아 중시 정책'에 어떤 영향을 주었는지를 시간의 흐름에 따라 추적한다.

제4장은 군사, 외교, 경제적 측면을 통해 '아시아 중시 정책'이 어떻게 형성되어왔는지를 알아본다. 군사적 측면에서는 2012년에 발표된 《2012 신국방전략지침》을 중심으로 미군의 전략이 어떻게 바뀌었는지, 또 잠재적 적국으로 명시한 중국에 대한 전략은 어떤 것인지 등을 소개한다. 외교적 측면에서는 '아시아 중시 정책' 선언 이후 미국이 아시아태평양 지역에서 어떻게 외교적 역량을 강화하고 있는지 알아본다. 경제적 측면에서는 미국의 자유무역협정FTA, 환태평양경제동반자협정TPP(Trans-Pacific Partnership) 참여 과정과 미국이 중국에 대해 위안화 절상 요구 등 어떠한 압력을 가하고 있는지를 분석한다.

이어서 제5장에서는 '아시아 중시 정책'이 제대로 추진될 수 있는지를 전망하고, 그 한계는 무엇인지를 평가한다.

이 책의 결론에 해당하는 〈책을 마치며〉에서는 논의를 정리하고 이 책이 지닌 이론적·실천적 함의를 알아본 후, 이 책의 한계와 앞으로의 과제를 제시한다.

오바마 정부의 '아시아 중시 정책',
어떻게 해석되어왔나

여기서는 오바마 정부의 '아시아 중시 정책'에 대해 이야기하는 다양한 문헌들을 소개하고자 한다. '아시아 중시 정책'에 관한 연구는 연구자에 따라 다음과 같이 4가지로 분류해볼 수 있다.

첫째, 미국 의회조사국CRS(Congressional Research Service)의 연구다. 1914년에 설립된 CRS는 100년의 역사를 가진 초당파적 연구 기관으로서 미국 의회의 공식적인 싱크탱크다. 의회예산국CBO(Congressional Budget Office), 연방회계감사원GAO(Government Accountability Office), 기술평가원OTA(Office of Technology Assessment)과 함께 미국 의회의 4대 입법보조기관 중 하나다. CRS는 오바마 정부의 '아시아 중시 정책'과 관련해서도 많은 연구를 하고 있으며, 관련 보고서는 미국 상하원 외교위원회 등이 추진하는 정책이나 법안에 직접적인 영향을 미치고 있다.

둘째, 미국 내 민간 외교정책 싱크탱크들의 연구다. 브루킹스 연구소 Brookings Institution, 헤리티지 재단Heritage Foundation, 카토 연구소Cato Institute 등 민간 싱크탱크들도 세미나와 보고서 등을 통해 '아시아 중시 정책'을 연구하고 있다.

셋째, 국제정치학을 전공한 해외 학자들의 연구다. 그들은 《포린폴리시Foreign Policy》, 《포린어페어스Foreign Affairs》, 《서바이벌Survival》, 《인터내셔널시큐리티International Security》 등에 오바마 정부의 '아시아 중시 정책'에 관한 논문을 투고하고 있다.

넷째, 우리나라 학자들의 연구다. 외교안보연구원과 대외경제정책연구원 그리고 한국국방연구원 등을 중심으로 '아시아 중시 정책'의 주요 내용과 이 정책이 한국에 어떠한 영향을 미치는지 등에 대한 분석이 이루어지고 있다.

미국 의회조사국의 연구

오바마 정부의 아시아 정책에 대한 가장 대표적 연구로, 2012년에 미국 의회조사국CRS이 발표한 보고서인 〈태평양으로의 회귀란? 아시아를 향한 오바마 정부의 재균형Pivot to the Pacific? The Obama Administration's "Rebalancing" Toward Asia〉을 꼽을 수 있다. 7명의 전문가들이 참여해 만든 이 보고서는 '회귀'와 '재균형'이라는 두 용어를 사용하여 오바마 정부의 '아시아 중시 정책'을 설명하고 있다.

보고서는 오바마 정부의 '아시아 중시 정책'과 과거 미국의 역대 정부가 추진했던 '아시아 정책'의 차이점과 유사점을 분석하는 데 주안점을 뒀다. 보고서에 따르면, 오바마 정부의 '아시아 중시 정책'은 이전의 부시 정부가 추진했던 '아시아 정책'의 연속 또는 확장이다. 이를테면 아시아 지역 내 동맹이나 파트너 국가들에 미군을 재배치하는 것이나 한국과 자유무역협정FTA을 추진하는 것 등은 부시 정부 때도 중점 사안으로 다룬 정책이며, 호주와 싱가포르에 미군을 배치하는 것은 이전 정부에서는 볼 수 없었던 오바마 정부만의 '아시아 중시 정책'으로 간주된다.

보고서는 군사, 외교, 경제라는 3가지 측면에서 오바마의 '아시아 중시 정책'을 살펴보면서 과연 이 정책이 미국에 이익이 되는지, 비용은 얼마나 드는지, 그리고 위험은 없는지 등을 자세히 분석했다(Manyin, Daggett, Dolven, Lawrence, Martin, O'Rourke and Vanghn 2012).

의회조사국은 또 미중관계와 관련해서도 다양한 보고서를 제출했다. 매년 정례적으로 보고되는 〈미중관계: 정책 이슈들U. S.-China Relations: Policy Issues〉은 미중 양국 간의 현안과 해결 방안 등을 시간대별로 담고 있어 '중국의 부상'을 연구하는 데 매우 유용하다(Dumbaugh 2009; Lum 2010; Lawrence and Lum 2011; Lawrence and MacDonald 2012; Lawrence 2013).

미국 민간 외교 싱크탱크의 연구

미국의 민간 외교정책 싱크탱크인 브루킹스 연구소나 헤리티지 재단 등도 '아시아 중시 정책'에 관한 연구보고서를 잇따라 발표하면서 정부 정책에 조언하고 있다. 2012년 1월에 브루킹스 연구소는 전 백악관 국가안전보좌관인 제프리 베이더Jeffrey A. Bader의 주최로 '미국의 아시아 회귀 이해Understanding the U. S. Pivot to Asia'라는 제목의 세미나를 열어 발표문과 토론 내용을 보고서 형식으로 공개했다.

이날 주제 발표자로 나선 브루킹스 연구소의 선임연구원인 케네스 리버설Kenneth Liberthal[2]은 오바마 정부의 '아시아 중시 정책'은 '아시아 회귀'보다는 '재균형'으로 부르는 게 더 나은 것 같다고 말하면서, 이 정책은 2011년에 오바마 대통령이 아시아를 순방할 때 나온 결과물로 시간이 지날수록 눈에 띄게 진화하고 있다고 평가했다. 그는 '아시아 중시 정책'은 외교, 군사, 경제 전략이 하나로 통합된 것이며, 언론에서는 '아시아 중시 정책'이 중국을 겨냥한 것이라고 보고 있지만 사실은 이보다 훨씬 더 복잡하다고 다양하다고 덧붙였다.

리버설은 '아시아 중시 정책'의 본질은 경제·무역, 군사, 외교, 인권·민주주의라고 주장한 뒤 다음과 같이 설명했다. ① 경제·무역 측면에서는 세계무역기구WTO의 노동과 환경에 대한 기준보다 더 강력한 환태평양경제동반자협정TPP의 출현을 유도한다. ② 군사적 측면에서는 앞으로 10년간 미국의 국방비가 삭감되지만 아시아 지역에 대한 국방비는 삭감되지 않는다. ③ 외교적 측면에서는 미국 대통령이 처음 참석하는 동아시아정상회의EAS(East Asian Summit)와 다자주의 외교에 관심을 집중한다. ④ 인권과 민주주의 측면에서는 '아랍의 봄The Arab Spring' 이후 바뀌었다.

리버설은 '아시아 중시 정책'이 성공하기 위해서는 다음 3가지가 중요하다고 강조했다. 첫째, 미국의 '아시아 중시 정책'은 광역Region-wide이면서 통합 전략이어야 한다. 둘째, '아시아 중시 정책'을 추진하면서 그 이면에 나타나는 현상에도 주목해야 한다. 왜냐하면 아시아 국가들은 미국의 '아시아 중시 정책'을 환영하면서도 미국의 단독 지배는 원하지 않기 때문이다. 또 미중 양국 사이에서 양자택일도 원하지 않기 때문에 앞으로 어떻게 관리할지가 중요하다. 셋째, 미국의 '아시아 중시 정책'이 성공하기 위해서는 미국 내 정치 양극화 문제가 먼저 해결되어야 한다. 미국 내 정치가 불안정하고 외교정책에 합의점을 도출해내지 못한다면 '아시아 중시 정책'은 실패할 수 있다(Leiberthal 2011).

브루킹스 연구소의 리처드 부시Richard Bush III 동북아시아 정책연구센터 소장도 '아시아 중시 정책'은 중국을 봉쇄하려는 정책이라기보다는 오히려 중국이 주변국들에게 행하는 위협적인 행동을 차단하고 주변국들의 요구에 응하는 정책이라고 평가했다. 즉 중국의 힘을 끌어내리거나 성장을 막는 것이 아니라 세계와 아시아 지역의 안보, 경제적 번영을 위해 미국이 아시아로 회귀하는 것으로, 중국에 대해서도 이런 것들을 추구하도록 압력을 넣는 복합 또는 융합적 기능을 갖고 있다는 것이다. 이를 위해 미국은 아시아태평양 지역에서 패권 안정을 위해 공공재를 지속적으로 제공하는 능력과 의지를 갖고 있다고 부시는 덧붙였다(Bush III 2012).

헤리티지 재단의 브루스 클링너Bruce Klingner 연구위원도 오바마 정부의 '아시아 중시 정책'에 관한 정책 보고서를 제출했다. 그는 '아시아 중시 정책'을 '대담한 약속들Bold Promises'이라고 평가하면서도 과연 1조 달러에 이르는 방위비가 삭감되는 상황에서 어떻게 이러한 약속을 지킬 수 있을지가 의문이라고 서술했다. 그는 또 '아시아 중시 정책'에 앞서 현재 한국과 일본에 주둔하고 있는 미군의 역할이 먼저 재정비되어야 할 것이라고 조언했다(Klingner 2012).

미국 카토 연구소에서 외교정책 연구 책임자를 맡고 있는 저스틴 로건Justin Logan도 〈중국, 미국 그리고 아시아 회귀China, America, and the Pivot to Asia〉라는 보고서에서 오바마의 '아시아 중시 정책'을 '아시아 회귀'로 표현했다. 그는 오바마 정부의 '아시아 회귀'를 현실주의 학파에 기반을 둔 비관적 시각, 즉 '용을 잡는 전사Dragon slayers'(대중 강경파)와 자유주의 학파에 기반을 둔 낙관적 시각, 즉 '판다와 포옹Panda huggers'(대중 협력파)이라는 두 가지 분석틀을 가지고 각각의 장단점을 비교하고 대안을 도출해냈다. "미국은 더 이상 '아시아 회귀'를 해서는 안 되고 다시 미국 본토로 돌아와야 한다"는 것이 그의 주장이다. 중국과의 군비 경쟁은 미국의 국력만 약화시킬 뿐이고 아시아 동맹의 안보 문제는 아시아 동맹들 스스로 해결해야 한다는 것이다. 그는 또 만약 미국이 계속 아시아에 대한 개입을 강화한다면 동맹국들의 역할도 줄 어들 것이라고 덧붙였다. 한마디로 '축소Retrenchment'를 요구하는 것이다(Logan 2013).

해외 학자들의 연구

제네바 대학의 국제정치학 교수인 란신 시앙Lanxin Xiang은 영국 국제 전략문제연구소가 발간하는 안보 문제 관련 잡지인 《서바이벌》에 〈중 국과 회귀China and the 'pivot'〉를 투고했다. 그는 오바마 정부의 '아시아 회귀' 선언은 새로운 개념이 아니며 오바마 대통령이 이미 정권 출범 때부터 '공해전투Air-Sea Battle'과 같은 아시아 봉쇄 구상을 하고 있었 다고 전제한 뒤 문제는 미중 간의 신뢰 부족이라고 지적했다. 그는 또 오바마 대통령이 '아시아 회귀'를 선언하자 후진타오胡錦濤 국가주석도 군 현대화를 지시했다면서 중국의 변화는 미국의 정책 변화에 대한 맞 대응 성격이 강하다고 주장했다. 따라서 '아시아 회귀'는 득보다 실이 많다는 입장이다. 미국은 중국의 주변국들이 '아시아 회귀'를 지지해줄 것으로 기대하고 있지만, 각각의 아시아 국가들은 자국 내 문제는 물론 이미 중국과도 경제적으로 밀접한 상호 연관을 맺고 있기 때문에 쉽지 않다는 점을 강조했다. 결국 미국이 '아시아 회귀'를 계속 고집하면 중 국과의 충돌로 이어질 수밖에 없다고 경고했다(Xiang 2012).

조지 워싱턴 대학의 정치학과 교수인 휴 데 산티스Hugh De Santis 역시 논문 〈중국의 위협과 아시아 회귀the china threat and the "pivot" to Asia〉에서, 오바마 정부의 '아시아 회귀'는 중국 정부를 겨냥한 것으로 중국의 대외 호전성을 더 증가시킬 수 있다고 우려했다. 즉 '아시아 회귀'는 중국 내 강경파들에게 군비 증강과 군사적 위협으로 이어지는 호전적인 명분만 줄 것이며 미국이 기대하는 안보, 경제, 군사적 효과는 미미할 것이라고 부정적으로 분석했다(De Santis 2012).

안보 전문 저널 《제인스 인텔리전스 리뷰Jane's Intelligence Review》의 전 편집자이자 영국 싱크탱크인 국제전략문제연구소IISS의 연구위원인 크리스티앙 르미에르Christian Le Miere는 〈동아시아로의 미국의 귀환: 해군 요구〉라는 제목의 사설에서 미국의 '아시아 귀환'은 결국 동아시아를 중심으로 한 미중 간의 해양 충돌로 이어질 것이라고 진단했다. 미국보다 해군의 전력이 상대적으로 약한 중국은 미군의 공격을 지연시키거나 소규모로 빈번한 공격을 감행해 미군의 해군력을 약화시키는 이른바 '현존함대fleet-in-being' 전략을 구사한다. 이에 따라 나온 것이 '접근차단/지역거부A2/AD(anti-access/area-denial)' 전략이다. 이를 위해 중국은 항공모함 킬러라고 불리는 대함탄도미사일ASBM(Anti-ship ballistic missile, DF 시리즈) 개발에 박차를 가하고 있다. 한편 미국 해군은 '확산함대fleet-in-dispersal' 전략을 구사한다. 중국의 미사일 기습 공격을 피하면서 대규모 공습으로 중국 해군력을 무력화시킨다는 전략이다. 이에 따라 나온 전략이 '합동작전접근개념JOAC(Joint Operational Access Concept)'과 '공해전투'다(Le Miere 2012).

'아시아 회귀'를 추진하는 오바마 정부에 대한 비판의 목소리도 나왔

미국, 아시아로 회귀하는가

다. 조지워싱턴 대학의 아미타이 에치오니Amitai Etzioni 교수는 논문 〈미국의 '아시아 회귀'는 아직 이르다The United States's Premature Pivot to "Asia"〉에서 미국의 외교정책은 '아시아 회귀'보다는 이란과 파키스탄을 중심으로 한 중동 문제 해결이 우선되어야 한다고 주장했다. 미국은 중국의 위협을 막기 위해 아시아로 회귀한다고 하지만 중국의 위협은 먼 미래의 일이므로 당장 급한 불부터 꺼야 한다는 것이다(Etzioni 2012).

국내 학자들의 연구

국내에서도 오바마 정부의 '아시아 중시 정책'을 소개하고, 정부 정책 수립에 도움을 주는 몇 편의 연구 보고서가 나왔다.

박창희는 논문 〈미중관계와 한반도: 미국의 '전략적 재균형'을 중심으로〉에서 미국의 《신국방전략지침》은 오바마 정부가 제시한 '아시아로의 회귀return to Asia' 의지를 반영한 것으로, 아시아태평양 지역에 비중을 둔 '전략적 재균형'을 통해 이 지역에서의 군사력을 강화한다는 방침을 담고 있다고 지적했다. 그는 미국의 '아시아 회귀'로 말미암아 미·중이 충돌할 수도 있지만, 한국의 입장에서는 한미동맹과 한중 전략적 협력 동반자 관계를 조화롭게 발전시키는 가운데 한반도의 평화와 안정을 추구해야 하는 전략적 과제를 안고 있다고 진단했다(박창희 2012).

전경주는 〈미국의 아시아태평양으로의 복귀, 그리고 한국〉이라는 논문에서 한국 정부는 미국의 '아시아태평양으로의 복귀'가 한국을 포함한 아시아로의 복귀를 의미하는 것인지, 또 미국이 과연 선언대로 중동을 소홀히 하고 아시아태평양 지역에 집중할 수 있을 것인지에 대해서는 비판적 검토가 필요하다고 했다. 그는 미국과 중국 간에 군사적 분쟁이 본격화될 경우 한국이 얻을 수 있는 득실은 무엇이며, 한국 정부는 어떠한 입장을 취해야 할 것인지를 미리 생각할 필요가 있다고 조언했다(전경주 2012).

최우선은 논문 〈미국의 새로운 방위 전략과 아시아 안보〉에서 미국의 국방비가 추가로 삭감되면 한국에 대한 방위비 분담 증액이 요구될 가능성이 있다며, 이에 대비한 대응 논리를 마련하고 증액이 불가피하다면 어떤 분야가 한미동맹을 강화하는 데 가장 도움이 될 수 있는지를 사전에 연구해야 한다고 조언했다(최우선 2012).

김성철은 오바마 정부의 '아시아 중시 정책'을 '아시아태평양 재개입 정책Asia-Pacific Reengagement Policy'으로 해석하면서 중국에 대한 견제를 강화하는 것이 이 정책의 1차 목적이라고 주장했다. 안보 차원에서는 호주·필리핀과 군사 교류를 확대하고, 경제 차원에서는 환태평양경제동반자협정TPP을 통해 중국을 견제한다는 것이다. 그 근거로 김성철은 미국이 국방예산을 10년간 최대 1조 달러 삭감할 예정이지만, 아시아태평양 지역의 핵심 전력은 계속 유지하겠다는 오바마 대통령의 캔버라 연설을 예로 들었다. 또한 그는 미국이 경제 침체에서 벗어나기 위해서는 성장 여력이 크고 역동적인 아시아와 교류 협력을 강화해야 한다며 이러한 미국의 경제 회복 노력도 '아시아 회귀'의 또 다른 요인 가운데 하나라고 주장했다(김성철 2012).

오바마 정부의 '아시아 중시 정책', 이렇게 읽어야 한다

기존 연구의 문제점

이상에서 살펴본 오바마 정부의 '아시아 중시 정책'에 관한 기존 연구는 크게 다음 세 가지 문제점을 안고 있다. 첫째, '아시아 중시 정책'에 대한 개념이 모호하다. '아시아 중시 정책'을 '아시아 회귀'로 해석하는 연구자와 '재균형'으로 보는 연구자 등 연구하는 사람들에 따라 서로 다른 개념을 사용하고 있다. 사회과학에서 개념의 차이는 연구의 방향과 결과에도 직접적인 영향을 미친다.

둘째, 통합적인 정책 연구를 하겠다면서 정작 실제 연구는 군사, 경제, 외교적 측면으로 나뉜 분절 연구가 진행되고 있다. 예를 들면, 군사적 측면에서 '아시아 중시 정책'을 보는 연구는 미국의 달라진 군사 전략이나 국방예산 삭감에만 초점을 맞췄고, 경제적 측면에서는 미국 내 재정적자와 부채증가 그리고 환태평양경제동반자협정TPP 추진 등에 초점을 맞췄고, 외교적 측면에서는 미중관계와 동아시아정상회의EAS 등에만 초점을 맞췄다. 각각의 내용이 틀린 것은 아니지만, '아시아 중시 정책'이라는 전체의 그림을 그리기 위해서는 이러한 요소들을 통합적으로 봐야 한다.

셋째, 대략적인 큰 그림은 그리면서도 왜 그때 그런 일이 벌어질 수밖에 없었는지 '시간성'에 대한 설명이 부족하다. 기존의 연구는 미국의 외교정책이 어떻게 바뀌는지 큰 방향을 이해하는 데는 유용하다. 하지만 이러한 구조적 요인만으로는 '왜 아시아 중시 정책이 2011년 11

월에 갑자기 등장했는가'에 대한 구체적인 설명을 못해준다. 오바마 정부는 아시아태평양 지역의 중요성을 출범 당시부터 이미 인식하고 있었다. 그렇다면 출범과 함께 '아시아 중시 정책'을 선언할 수도 있었을 것이다. 만약 그때 타이밍을 놓쳤다면 2010년 5월 오바마 독트린이라 불리는 '국가안전보장 보고서'를 발표할 때 '아시아 중시 정책'을 함께 전달할 수도 있었을 것이다. 그런데 오바마 정부는 이 두 시점이 지난 2011년 11월에 '아시아 중시 정책'을 선언했다. 왜 그랬을까? 기존 연구로는 도저히 풀 수 없는 수수께끼다.

새로운 분석 방법을 통해 본 오바마 정부의 '아시아 중시 정책'

이 책에서는 이러한 기존 연구의 문제점을 극복하기 위해 먼저 '구조적이고 통합적인 분석 방법'을 활용한다. '구조적이고 통합적인 분석 방법'이란 특정 정치 현상이나 사건을 복수의 요인을 활용하여 비교 분석하는 방법이다. 이때 중요한 것은 복수의 요인들 간의 상호 연관관계다. 특히 '아시아 중시 정책'이 등장하게 된 배경을 설명하는 데 있어서는 '2008년 세계금융위기'와 '중국의 부상' 그리고 미국의 '국내 정치경제 혼란'이라는 3가지 요인들 간의 상호 연관관계를 통합적으로 살펴보고, '아시아 중시 정책'의 형성 및 전개에 대해서는 '군사', '외교', '경제'라는 3가지 측면을 중심으로 통합적인 설명을 하고자 한다.

이 책에서는 또 오바마 정부의 '아시아 중시 정책'이 왜, 하필이면 2011년 11월을 기점으로 전방위적으로 나타났는지에 대한 퍼즐을 풀

기 위해 미국 내 정치경제적 요인들을 살펴본다. 국내의 정치경제적 요
인이 외교정책을 결정하는 데 영향을 미친다는 것은 상식이다. 대표적
으로 리처드 스나이더Richard Snyder, H. W. 브룩H. W. Bruck, 버튼 사
핀Burton Sapin은 공동 연구를 통해 국가 행위가 왜 일어나는지를 설명
하는 열쇠는 정책 결정자가 독립된 행위자로서 자신이 인식한 상황을
어떻게 정의하는가에 달려 있다고 지적했다.

위의 두 가지 분석 방법을 도식화해보자. 먼저 첫 번째 분석 방법으
로, '아시아 중시 정책'이 등장하게 된 배경을 살펴보는 것이다. 이 책

〈그림 1-1〉 오바마 정부의 아시아 중시 정책 배경

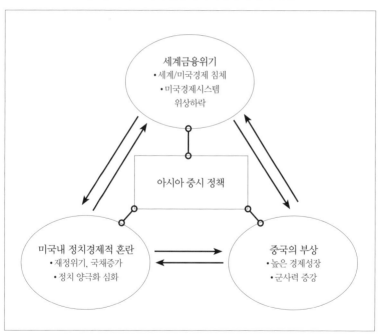

에서는 세계금융위기, 중국의 부상, 미국 내 정치경제적 위기라는 3가지 요인의 상호작용으로 '아시아 중시 정책'이 탄생했다고 본다. 세계금융위기는 미국은 물론 전 세계적인 경기 침체를 초래했고 오바마 정부는 국가를 재건한다는 비장한 각오로 대내외 정책을 추진해야만 했다. 이런 가운데 중국은 상대적으로 금융위기를 쉽게 극복하고 다시 경제성장에 박차를 가했다. 한편, 미국은 금융위기를 극복하기 위해 재정지출을 늘렸다. 이 과정에서 그동안 잠재되어 있던 미국의 국가부채 문제가 표면화되었고, 2011년 8월에는 S&P가 미국의 국가신용 등급을 강등시키는 최악의 상황까지 빚어졌다. 이러한 3가지 상황을 그림으로 표현하면 〈그림 1-1〉과 같다.

두 번째 분석 방법은 '아시아 중시 정책'의 전개 과정을 설명하는 것으로 군사, 경제, 외교이라는 세 가지 꼭짓점을 강조한다. 각각의 꼭짓점은 '아시아 중시 정책'과 연결되어 있으며 각 꼭짓점에서 '아시아 중시 정책'으로 집중되는 것은 물론 역으로 '아시아 중시 정책'에서 각 꼭짓점으로 분산되기도 한다. 또 각 꼭짓점들은 서로 유기적인 연관관계를 맺는다. 이를 그림으로 표현하면 〈그림 1-2〉와 같다.

각각의 꼭짓점과 '아시아 중시 정책'의 상관관계를 살펴보자. 먼저, 오른쪽 아래에 있는 경제적 측면이 어떻게 '아시아 중시 정책'에 영향을 미치는 것일까? 아시아는 전 세계 GDP의 4분의 1 이상을 담당하고 있고 앞으로 5년 동안 미국을 제외한 세계 성장의 절반가량이 아시아에서 나올 것으로 예상된다. 이 성장은 중국의 상승세, 일본의 회복, 글로벌 코리아의 부상, 동방 정책을 추진하는 인도, 그리고 과거 어느 때보다 상호 연결되고 번영을 누리고 있는 동남아 국가들에서 비롯된다.

〈그림 1-2〉 오바마 정부의 아시아 중시 정책 전개 과정

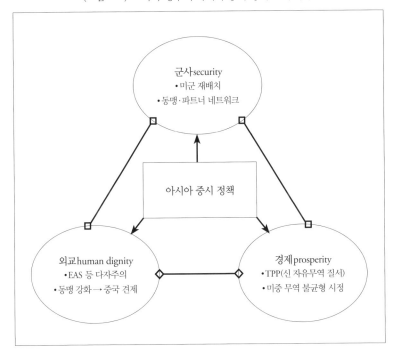

미국은 이러한 아시아태평양 시장을 선점함으로써 국내 경제를 되살리고 잃어버린 경제 패권을 되찾겠다는 전략을 세우고 있다. 이를 위해 미국이 적극적으로 추진하고 있는 것이 환태평양경제동반자협정TPP이다. 미국이 주도하는 환태평양경제동반자협정은 공정하고 자유로운 무역이 이루어지게 하고 지적재산권이 보호되는 아시아태평양 경제권을 만들겠다는 것이다.

두 번째, 왼쪽 아래 꼭짓점인 외교적 측면이 어떻게 '아시아 중시 정

책'에 영향을 미칠까? 오바마 정부는 중국이 사실상 주도권을 행사하고 있는 ASEAN+3가 아닌 동아시아정상회의EAS 가입을 통해 동아시아 지역에서 외교적 주도권을 되찾으려 했다. 특히 핵 확산, 군축, 환경, 가치 등 비경제 부문에서 EAS를 활용한다는 것이 오바마 정부의 구상이다. 오바마 정부는 아시아태평양 지역 가운데서도 동남아시아에 큰 관심을 보였다. 오바마는 ASEAN 상주 미국 대사를 임명한 데 이어 대통령이 직접 ASEAN 정상들과 매년 정례 회담을 가지고 있다. 또 정식 회원국으로 가입한 EAS를 아시아의 정치·안보 현안을 해결할 수 있는 장으로 승격시키기 위해 노력하고 있다. 이러한 오바마 정부의 외교적 행보는 중국을 견제하기 위한 것이다. 이와 함께 오바마 정부는 인권과 민주주의도 외교적 측면에서 중요하게 다루고 있다. 특히 중국과의 협상 과정에서 인권과 민주주의는 중국을 압박하는 중요한 견제 수단으로 사용되고 있다.

　마지막으로, 상단의 꼭짓점인 군사적 측면이 어떻게 '아시아 중시 정책'에 영향을 미칠까? 군사적 측면에서 안보는, 국제법과 규범을 바탕으로 항해의 자유가 보장되고 위협이나 강압 없이 평화적인 방법으로 갈등을 해결해야 한다는 내용을 담고 있다. 중국과 같은 '떠오르는 세력'은 주변국들과의 마찰 대신 신뢰관계를 쌓아야 하고, 미국은 동맹과 파트너들 간의 강력한 네트워크를 통해 안보를 유지해야 한다.

　그림에서 보는 것처럼 중심에 있는 '아시아 중시 정책'은 각 꼭짓점으로도 이동한다. 즉 '아시아 중시 정책'이 잘 정착되면 군사적, 경제적, 외교적 요소들도 잘 작동한다는 것이다. 또 세 꼭짓점은 상호 작용을 한다. 예를 들어, 경제적으로 번영을 이룩하면 군사적 측면에서는 갈등이 줄어들고 외교적으로는 좀 더 민주적이고 인권을 존중하는 방향으로 나아간다는 것이다.

아울러 군사, 경제, 외교라는 세 꼭짓점으로 '아시아 중시 정책'을 바라보는 분석법은 '왜 2011년 11월에 '아시아 중시 정책'이 집중적으로 거론됐는가'를 설명하는 데도 유용할 것으로 기대된다.

2

미국 대외정책의 변화

그에 따른

미국의 패권 쇠퇴,

제2장에서는 먼저 미국의 패권이 쇠퇴한
요인을 중국의 부상과 재정 위기에서
찾아보고, 패권 쇠퇴기 미국의 대외정책은
축소와 개입의 논쟁을 중심으로
살펴본다. 이 밖에도 세력전이 이론을
이용한 미중 간의 갈등과 미국 내
정당정치의 양극화가 대외정책
결정 과정에 어떻게 영향을 미치는지를
'중도파의 몰락Dead Center' 논쟁을
중심으로 알아본다. 사진은 2013년 10월
17일, 미국 셧다운 디폴트 위기 해소와
관련해서 특별성명을 발표하고 있는
오바마 대통령.
@ AP=연합뉴스

미국 패권 쇠퇴의 국내외적 요인
: 중국의 부상과 재정 위기

국제정치학자들, 특히 세력균형론자들이나 패권안정론자들의 주요 관심 가운데 하나는 '미국의 단극 체제가 얼마나 오래 유지될 것인가?' 또는 '미국의 패권 유지가 과연 현명한 대전략인가?'다.

크리스토퍼 레인Christopher Layne은 《계간 국제학International Studies Quarterly》에 투고한 논문 〈이번엔 진짜다: 단극 체제와 팍스 아메리카나의 종말This Time It's Real: The End of Unipolarity and the Pax Americana〉에서 2008년 세계금융위기의 충격은 예상보다 훨씬 컸다고 강조하면서 국제질서에서 미국의 단극 체제는 더 이상 존재하지 않으며 미국이 냉전 이후 구축했던 '팍스 아메리카나'도 끝났다고 주장했다.

레인은 미국 패권이 쇠퇴하게 된 요인을 국내외에서 찾았다. 외부적 요인으로는 신흥 경제대국의 성장, 즉 중국의 부상과 미국의 상대적 경제력 하락을 꼽았다. 중국의 부상을 지정학적으로 중요하게 보는 이유는 다음 4가지다. 첫째, '화평굴기和平屈起'라는 모토에도 불구하고 새로운 강대국의 출현은 국제 체제를 지정학적으로 불안정하게 해왔기 때문이다. 둘째, 신흥강대국이 경제력을 축적하게 되면, 그 경제력을 바탕으로 군사력까지 키우기 때문이다. 셋째, 신흥강대국들은 자신들이 속한 지역에서 지역 패권을 추구하기 때문이다. 넷째, 신흥강대국은 성장하면서 국제적으로 경제 및 정치적 이익을 추구하며, 그 이익을 보호하기 위해 힘을 사용하기 때문이다.[3]

한편, 미국 패권이 쇠퇴하게 된 내부적 요인은 무엇일까? 레인은 과소비와 저축 부족, 누적된 경상수지 적자, 연방정부의 재정적자와 국가부채 그리고 탈산업화 등을 꼽았다. 2008년 금융위기를 계기로 미국식 자본주의는 그 한계가 적나라하게 드러났다. 천문학적인 재정적자가 쌓이면서 국가부채는 계속 늘어났고, 결국 2011년에 스탠더드앤드푸어스는 미국의 국가신용등급을 강등했다. 이런 추세라면 미국의 GDP 대비 국가부채 비율이 2020년에는 100퍼센트에 이를 것이라는 우려가 나오고 있다.

또 연방정부가 경기부양을 한다며 엄청난 양의 달러를 찍어내면서 기축통화로서 달러의 기능도 위협받고 있다. 기축통화로서의 달러의 기능이 붕괴되면 미국의 패권은 유지되기 어려울 것이다. 특히 미국의 연방정부 채권을 가장 많이 소유하고 있는 나라가 중국이다. G-2로 부상하고 있는 중국을 견제해야 할 미국이 오히려 연방정부 채권을 더 많이 매입해달라고 중국에 애원하고 있는 실정이다. 심지어 레인은 폴 케네디를 중심으로 한 1980년대 미국 쇠퇴주의자들의 주장을 재검토한 결과 그들의 주장이 옳았다고 결론지었다. "현재 작용하고 있는 국내적, 경제적 요인들이 계속해서 진행된다면, 미국의 경제력은 상대적으로 쇠퇴할 것이며 세계적 차원에서 힘의 분포가 변화할 것"이라는 1980년대 미국 쇠퇴주의자들의 핵심 주장이 현실로 나타나고 있다는 것이다.

이러한 위기를 해결하기 위해서는 대폭적인 예산 삭감이 필요한데 이는 미국 경제의 성장을 상당 부분 위축시킬 것이다. 또한 긴축 재정을 하려면 국방비 삭감이 가장 먼저 이뤄져야 하는데, 국방비가 대규모로 축소되면 중국과의 군사력 격차는 줄어들 것이며 미국의 지역 균형자로서의 역할과 국제 공공재를 제공하는 기능도 약화될 것으로 보인다. 한마디로 미국은 패권국으로서의 역할을 상실하게 된다는 것이다. 왜냐하면 패권국은 군사적으로는 핵심 지역에 대한 안정자 또는 균형자의 역할을 수행해야 하고 경제적으로 자국 시장을 개방하여 공공재를 보급해야 하는데, 현재 미국은 이러한 여력이 없기 때문이다. 물론 미국의 군사력은 아직 건재하다. 하지만 10년에서 15년 내에 일정 부분에서는 군사력마저 후퇴가 불가피할 것으로 보인다.

그렇다면 1945년 이후 구축된 미국 주도의 세계질서는 유지될 수 있을까? 미국 쇠퇴론을 비판하는 학자들은 국제제도와 규칙, 규범과 같은 팍스 아메리카나의 요소들을 통해 미국이 패권을 유지할 수 있다고 주장한다. 하지만 레인은 현실을 똑바로 인식하라며 쇠퇴론자들을 비판한다. 다음 3가지 이유 때문이다.

첫째, 강대국의 군사·경제적 역량 간에 힘의 격차라는 결정적인 요소가 있는 것처럼 소프트파워 간에도 이러한 관계가 성립한다. 따라서 미국식 경제 질서(자유시장, 자유민주주의)가 쇠퇴하자 소위 '베이징 컨센서스Beijing Consensus'가 빠르게 주목받고 있다. 2008년 금융위기로 미국과 유럽이 아직까지 고전하고 있는 데 비해 중국은 강력한 국가주도형 경제정책을 추진해 큰 혼란 없이 시장을 이끌어가고 있다.

둘째, 미국은 국제질서에 새로운 활력을 불어넣을 동력을 상실했다. 현 시점에서 미국이 공공재를 제공할 능력이 있겠느냐는 의문이 제기되고 있다.

셋째, 중국의 부상이다. 미국의 쇠퇴가 현실이라면, 중국 혹은 다른 신흥강대국들은 10년에서 20년 뒤 새로운 질서를 구축할 만한 충분한 힘을 갖고 있다.

마지막으로 레인은 "강대국 권력정치는 말 그대로 힘에 관한 것이다. 규범과 제도는 권력의 진공 속에는 존재하지 않는다. 국제정치에서는 결국 다스리는 자가 규칙을 정할 수밖에 없다"며 미국의 쇠퇴를 있는 그대로 받아들여야 한다고 강조했다(Layne 2012).

미국의 쇠퇴와 관련된 논쟁은 2011년에 발표된 이혜정의 〈미국 쇠퇴론의 쟁점과 실증적 분석〉에 잘 정리되어 있다. 그는 미국 쇠퇴론이 미국발 금융위기를 계기로 다시 부상하고 있다며, 미국 쇠퇴론의 핵심 쟁점을 대외정책 목표의 과대 팽창과 재정 및 인력 동원의 내부적 한계라는 두 가지 관점에서 정리했다. 그는 또 군사와 경제 분야에서 과대 팽창과 내부적 한계의 현황이 어떠한지, 그리고 그에 대한 미국의 대응은 어떠한지를 미국 정부의 공식 자료와 정책을 중심으로 검토했다. 그의 결론은 "미국의 쇠퇴가 상대적인 것이긴 하지만, 위기의 본질은 과대 팽창과 내부적 한계가 동시에 걸린 것으로 결코 가볍지 않으며 현재의 재정 위기는 미국이 1980년대나 1990년대 직면했던 위기보다 훨씬 심각한데도 이에 대한 미국 정부의 대응은 미온적 수준에 그치고 있다"

는 것이다(이혜정 2011).

패권 쇠퇴기 미국의 대외정책: '축소'인가 '개입'인가

앞서 살펴본 것처럼 2008년 세계경제위기가 미국 패권의 쇠퇴를 가속
시키는 일종의 계기가 되었던 것은 분명해 보인다. 또 현재 오바마 정
부의 국내외적 정치경제 상황이 과거 미국 정부의 상황과 비교해 녹록
치 않다는 점도 알 수 있다. 오바마 정부의 첫 번째 과업은 미국의 리더
십을 되찾는 것이다. 하지만 그 방법에 있어서는 다양한 의견이 나올
수 있다. 불필요한 개입을 자제하는 것이 미국의 힘을 유지하는 지름길
이라고 주장하는 학자들도 있고, 오히려 미국의 강점인 군사력을 동원
해 좀 더 개입하는 것이 미국의 리더십을 유지하는 최선의 방법이라고
주장하는 학자들도 있다.

탈냉전 이후 미국의 대전략에 대한 논쟁은 크게 고립주의Isolationism,
역외균형Offshore Balancing, 선택적 개입Selective Engagement, 포괄적 안
보Collective Security, 우세Primacy 등으로 나타났다(Posen and Ross 1996/97;
Art 2004). 9·11 이후에는 네오콘Neo-con의 외교정책에 대한 논쟁이 주
를 이뤘다(Bolton 2000; Krauthammer 2002). 이 두 시기 논쟁의 공통점은
'축소'와 '지구촌 차원의 개입 유지'로 정리할 수 있다.

지난 60여 년간 미국의 대전략은 다음 3가지 핵심이익에 따라 결정
됐다. 첫째, 외부 환경을 제어하여 미국의 안보를 위협하는 요소를 제
거하는 것. 둘째, 자유경제질서의 확산 및 미국의 번영을 극대화하는

것. 셋째, 미국의 이익에 필요한 국제협력 등을 통해 국제제도의 질서를 만들거나 유지 또는 고치는 것. 이를 위해 미국은 유럽과 동아시아, 중동 지역의 동맹국에 안보 공약을 제공하면서 리더십을 유지해왔다. 자국의 리더십을 국제제도에 연계함으로써 미국은 기능적 이익(거래 비용의 감소, 동맹국에 대한 신뢰도 제고, 모니터링 등) 및 정당성의 이익(패권국의 정치적 약점 감소)을 얻을 수 있었다.

그런데 현 시점에서 검토해봐야 할 문제가 있다. 바로 '3군데(유럽, 중동, 동아시아) 핵심 지역에서 미국의 개입이 곧 미국의 국가 이익이라는 공식이 아직도 유효한가?'다. 이 문제에 대한 논쟁은 크게 두 그룹, 즉 개입에 반대하는 '축소파'와 개입을 찬성하는 '개입파'로 나뉘어 진행된다.

축소와 개입 논쟁의 쟁점은 크게 다음 3가지로 나눌 수 있다. 첫째, 미국은 국제적인 차원에서 안보 공약을 계속 지켜나가야 할 것인가? 둘째, 해외 주둔 미군의 현 병력·전력을 유지할 것인가? 셋째, 자유제도주의적 질서Liberal Institutional Order를 이끌어나갈 것인가?

〈표 2-1〉 축소와 개입 논쟁 쟁점

	축소Retrenchment	개입Deep Engagement
개입의 비용	• '고비용'이라고 비판	• 적정한 수준으로 평가
어느 정도로 축소할 것인가? 이에 따른 비용 절감은?	• 기존의 동맹과 안보 공약 모두 폐기할 경우: 10년간 9천억 달러 규모의 예산 절감 • 전면적 철수가 아닌 자제restraint, 역외균형자offshore balancer 등의 대체 전략을 주장	• 대외 군사력을 후퇴할 경우, 재개입에 따르는 막대한 비용을 자제하고 역외균형자 전략을 선택할 경우 예산을 얼마나 감축할 수 있느냐의 여부는 불확실(무엇을 선택하더라도 개입보다 적은 비용이 드는 것은 아님)

예산 수요	• 9·11 직후의 국방비 지출	• 예산 감축이 되더라도 현행 수준의 개입 유지는 충분히 가능
리더십의 비용 Systemic Pushback	• 개입함으로써 미국에 대항하는 새로운 균형세력 형성 및 작동(군사력 확대, 연성 균형 등) 유발시킴	• 미국과 군사적으로 대치할 만한 세력은 탄생하기 어려움 • 미국도 견제 세력에 대해 연성 균형 사용 가능 • 9·11 테러 이후에도 반미 연성 균형은 작동하지 않음
이득	• 미국이 개입해도 유라시아 분쟁 해결은 불가능 • 개입은 미국의 이익이 아님	• 미국 외에는 분쟁을 해결할 국가나 세력이 존재하지 않음 • 유라시아 지역의 분쟁 확대는 군비 경쟁으로 이어짐. 미국의 안보에도 위협적임
안보	• 해외 군사력 투사 축소, 국제적 차원의 안보 공약 폐기 혹은 상당 부분 축소	• 현재 핵심 지역(중동, 유럽, 아시아)에서 개입 수준 유지

* 출처: Layne(2012); Brooks, Ikenberry and Wohlforce(2012/13).

'축소'를 주장하는 학자들은 2008년 금융위기 이후 국내외적으로 쇠퇴한 미국이 계속 3군데 핵심 지역에서 개입을 확대하는 것이 과연 올바른 대외정책인지에 대한 의문부터 제기했다. 이들은 '개입' 전략을 추진하면 비용은 많이 드는 데 비해 실제 효과는 높지 않다고 지적했다 (Nye, Jr. 1995). 또한 미국의 경제력이 상대적으로 하락한 상황에서 '개입'은 미국의 이익이 될 수 없다고 덧붙였다(Art 2012; Slaughter 2012; Feaver 2012). 따라서 해외에 배치된 미국의 군사력을 줄이고 국제적 차원의 안보 공약을 폐기하거나 상당 부분 축소해야 한다는 것이다. 그리고 자유제도주의적 질서를 이끌고 육성하려는 노력 역시 최소화하거나 자제해야 한다고 충고했다(Betts 2012; Friedman, Gholz, Press and Sapolsky 2009; Gholz and Press 2001, 2010a, 2010b; Gholz, Press, and Valetino 2006;

Gholz, Press, and Sapolsky 1997; Layne 1996, 1997, 2002, 2006, 2009; MacDonald and Parent 2011; Mearsheimer 2008, 2011; Mearsheimer and Walt 2008; Pape 2005, 2009, 2010; Pape and Feldman 2010; Pena 2006; Posen 2007a, 2007b, 2008a, 2008b; Preble 2009; Schwarz and Layne 2002; Walt 2005a, 2005b, 2006).

반면 '개입파'는 '축소파'가 근거로 제시한 비용이 너무 과장됐고 이익은 너무 저평가됐다고 비판했다. 이들은 '축소'는 그 자체만으로도 엄청난 실험이 될 것이며, 국제 문제에 개입하고 해결하는 지도국이 없다면 세계가 어떻게 운영될지에 대한 답변이 불충분하다고 공격했다. 개입파의 대표적인 인물은 오바마 정부 초기에 국방부 정책담당 차관을 지낸 미셸 플러노이Michele Flounoy다. 그녀는 '개입'이 국가안보뿐만 아니라 경제적으로도 유용하다는 입장이다. 경제적으로 어려울 때마다 미국 내에서는 좀 더 온건한 외교정책을 요구하지만 '축소'는 잘못된 방향으로 이끌 것이라고 주장했다. 따라서 오바마 대통령은 '축소' 요구에 저항해야 하고 세계에서 미국의 유일한 리더십 역할을 지속적으로 유지해야 한다고 강조했다. 그녀는 또 앞으로 국방예산이 삭감되면 미군이 지금처럼 세계 모든 지역에 주둔할 수 없기 때문에 오바마 정부는 각 지역의 우선순위에 따라 군사력을 재조정해야 한다고 말했다 (Flournoy and Davidson 2012).

쟁점 1: 비용

그럼 구체적으로 축소파와 개입파의 쟁점을 살펴보자. '축소파'가 주장

하는 핵심은 '개입'에 따르는 막대한 비용이 이익을 상쇄하고도 남는다
는 것이다. 눈덩이처럼 불어나는 재정적자로 인해 동맹과 파트너들에
대한 미국의 군사 공약은 이제 더 이상 지켜지기 어렵게 됐고(Layne
2011, 153), 기존의 동맹과 안보 공약을 모두 폐기할 경우 향후 10년간
9000억 달러 이상의 재원을 아낄 수 있다는 게 축소파의 주장이다
(Friedman and Logan 2012, 186~187). 물론 전면 철수를 주장하는 것은 아
니다. 이들은 '제한Restrain', '역외균형Offshore Balancing', '초수평 상륙
작전Over the Horizon'과 같은 전략을 대안으로 제시하고 있다. 이들은
또 9·11 직후의 국방비 지출 수준을 유지해야 '개입'을 계속할 수 있는
데 현재와 같은 재정적자 상황에서는 그와 같은 국방비 지출이 현실적
으로 불가능하다고 비판했다.

이에 대해 '개입파'는 개입의 핵심은 군사력이 아니라 리더십이며,
해외에서 미국의 군사력을 축소한다 하더라도 세계 최강대국으로서 미
국의 위상은 변하지 않을 것이라고 강조한다. 이들은 '축소'를 한다면
어디까지 할 것이냐고 반문하면서, 미국이 전면적으로 대외 군사력을
축소해버리면 다음에 해외에 재개입할 때는 오히려 더 많은 비용이 들
수도 있다고 주장했다. 또 현재 국방비는 감축되고 있지만(2012년 기준
향후 5년간 5천억 달러 감축) 국가안보전략이 수정될 정도는 아니며 현재
상황을 유지하는 데 무리가 없다고 말한다(Barno, Bensahel and Sharp
2011). 이들은 또 '축소파'가 주장하는 '역외균형'이나 '초수평 상륙작
전' 등에 얼마만큼의 예산이 들지 확실하지 않고, 무엇이 됐든 '전면 철
수' 비용보다는 확실히 높은 비용이 들 것이며, '개입' 비용과 비교해도
큰 차이가 없을 것이라고 주장했다.

쟁점 2: 리더십의 비용

'축소파'는 미국의 리더십이 구조적인 비용을 수반한다고 주장한다. 세계에 대한 통제력을 확장하는 행위는 다른 나라들의 반발을 유도해 결국 리더십에 대한 저항을 불러일으킨다는 것이다(Betts 2012, 278). '축소파'는 유럽, 동아시아, 중동 등 세계 핵심 지역에 미국이 개입할 경우 국제 안보를 위협하면서 미국에 대항하는 견제 세력이 형성될 것이라 강조한다(Betts 2012; Layne 1997; Posen 2007a, 2011). 즉 현재 미국의 대전략Deep engagement은 다른 국가들에게 '연성 균형Soft Balancing'을 형성하도록 해 미국을 제약하게 될 것이라는 주장이다. 또 미국에 대항하는 세력들이 펼치는 공동행동과 국제제도는 미국의 정당성을 부정하는 수단으로 사용될 것이라고 우려했다.

이에 대해 '개입파'는 개입을 하더라도 더 이상 '경성 균형Hard Balancing'이 일어나기 어려우며, 오히려 개입이 새로운 '대항 균형Counter Balancing'의 발생을 억제하는 결과를 가져올 것이라고 주장한다. 예를 들어, 미국의 최첨단 군사기술은 동맹국들이 기존의 체제를 유지하도록 유도할 수 있다는 것이다. 스티븐 월트Stephen Walt 교수는 미국이 나폴레옹의 프랑스 혹은 나치 독일에 버금가는 팽창주의 야욕을 가져야만 비로소 미국에 대항하는 동맹이 형성될 것이라고 말했다(Walt 2009). 그는 또 실제로 9·11 이후 미국의 일방주의 외교 노선에도 불구하고 미국에 대항하는 견제 세력이 생겨났다는 증거는 없다고 덧붙였다.

쟁점 3: 패권의 하락과 제국적 확장

패권 이론의 연장선상에서 볼 때 '개입'에 사용되는 재정과 인적 자원은 미국 외의 다른 국가들에게는 없는 것이며, 이 같은 강점(인프라, 교육, 발전, 혁신)은 미국의 경쟁력을 높인다. 그러나 '축소파'는 이러한 대전략이 부작용을 발생시킬 수도 있다고 예측한다. 동맹국들은 비교적 저렴한 국방비를 바탕으로 경제성장에 박차를 가할 수 있고, 그 결과 미국은 이전의 패권국이 겪은 것과 같은 운명을 맞게 되리라는 것이다(Gilpin 1983).

하지만 '개입파'는 그러한 주장을 뒷받침할 증거가 불확실하다고 반박했다. 동맹국의 국방비 감소와 경제성장의 상관관계에 대해 경제학계에서조차 합의점을 찾지 못했다는 것이다. 또 1980년대까지는 미국과 일본 또는 미국과 유럽의 주요 동맹국들 간의 경제력의 격차가 줄어들었지만, 최근 20년간 이 격차는 유지되거나 오히려 미국의 경제 성과가 이들보다 더 좋았다고 반박했다.

쟁점 4: 연루와 유혹

'축소파'는 미국의 '잡다한' 안보 공약은 미국을 불필요한 전쟁에 연루되게 할 것이라고 예측했다. 또한 대적할 자가 없을 정도의 군사력은 위험한 수준의 팽창을 야기해 미국을 전쟁으로 끌어들이고 젊은이들이 다른 나라 전쟁에서 희생되는 결과로 이어질 것이라고 우려했다.

이에 대해 '개입파'는 역사를 되돌아보면 개입에도 불구하고 불필요한 연루를 막을 수 있는 장치는 작동해왔다고 반박했다. 그리고 축소파가 '부시 정부의 이라크 전쟁' 하나만을 부각시켜 자신들의 주장을 뒷받침했다고 지적했다. 이라크 전쟁은 1990년대 이후에 미국이 참가한 전쟁에서 희생자의 67퍼센트, 전쟁 비용의 64퍼센트를 차지하고 있지만, 아프가니스탄 전쟁은 각각 27퍼센트와 26퍼센트에 불과하다는 것이다. 또 베트남 전쟁에서의 상흔이 아직도 강하게 남아 있기 때문에 미국이 유혹에 이끌려 전쟁에 개입하는 일은 없을 것이라고 강조했다.

쟁점 5: 안보적 이득

'축소파'는 미국이 굳이 나서서 유라시아의 위험한 분쟁을 해결할 필요가 없다고 말한다. 미국의 안보와 직접적인 관련이 있는 것도 아니고 미국의 국익에 도움이 되지도 않는다는 것이다. 오히려 '역외균형'이나 '초수평 상륙작전' 등을 통해 지역에서 영향력을 유지하는 것이 미국의 안보에 득이 된다는 게 '축소파'의 주장이다.

하지만 '개입파'는 1990년대의 발칸 전쟁을 보면 알 수 있듯이 미국의 영향력이 크지 않은 지역에서는 어느 국가도 지역 분쟁에 개입하려 하지 않고 정치적 비용을 부담하려 하지 않는다며 미국의 개입이 필요하다는 입장을 고수했다. 뿐만 아니라 미국이 주둔하고 있는 지역 역시 미국이 축소 전략을 선택하면 군비 경쟁과 핵 개발이 치열해져 나중에 수습이 어려워진다고 말한다. 또한 아시아 지역의 동맹국들은 아직 중국의 부상을 막을 만한 능력이 없으므로 미국이 군사력을 이라크와 아프가니스탄에서 아시아태평양으로 이동시킨 것이라고 설명했다. 결국 오바마 정부의 '아시아 중시 정책'은 이러한 미국의 대전략, 즉 '개입'에 따라 이뤄진 것으로 이해할 수 있다.

정치 양극화와 대외정책: '중도파의 몰락' 논쟁

'중도파의 몰락Dead Center' 논쟁은 미국 정치의 양극화가 당파를 초월한 협력을 방해하면서 '자유주의적 국제주의Liberal Internationalism'라는 미국의 대전략을 후퇴시킨다는 주장과 외교 문제에 있어서만큼은 아직도 당파를 초월한 협력이 이뤄지고 있으며 '자유주의적 국제주의' 역시 건재하다는 상반된 주장을 담고 있다(이혜정, 김대홍 2012).[4]

이 논쟁은 부시 정부 말기인 2007년에 쿱천Charles Kupchan과 트루보위츠Peter Trubowitz(K&T)가 〈중도파의 몰락: 미국에서 자유주의적 국제주의의 사망Dead Center: The Demise of Liberal Internationalism in the United States〉이라는 논문을 발표하면서부터 시작됐다. K&T는 부시 대통령이 떠나면 미국이 다시 예전의 '자유주의적 국제주의'라는 외교 전략을 구사할 것이라고 흔히들 믿고 있지만 사실은 그렇지 않다고 주장했다. 왜냐하면 '자유주의적 국제주의'는 미국의 힘을 앞세운 공화당과 국제협력을 중시하는 민주당 간의 타협에서 나온 것인데, 정치 양극화가 심화됨에 따라 이러한 타협이 깨졌기 때문이라는 것이다.

3년 뒤인 2010년에 발표한 논문에서는 오바마 정부 역시 '자유주의적 국제주의'를 추진하는 것이 불가능하다고 진단해 더 큰 논란을 일으켰다. 이들은 그 근거로 다음 3가지 이유를 제시했다. 첫째, 부시 정부가 파트너십보다 힘을 선호했다면 오바마 정부는 힘보다 파트너십에 더 의존하고 있다. 둘째, 오바마 정부는 초당파적 합의 구축에 실패했다. 부시에서 오바마로 정권이 바뀌었지만 정당정치의 양극화는 개선되지 않고 있다. 셋째, 외교정책을 둘러싼 여론조사에서도 민주당 유권자와 공화당 유권자 간 인식차가 분명하다. 2010년 2월에 갤럽이 실시한 여론조사에서 공화당 유권자의 53퍼센트가 미국의 국방예산을 더 증강해야 한다고 답한 데 비해 민주당 유권자는 단지 16퍼센트만이 국방예산 증강에 찬성했다.

차우도인Stephen Chaudoin과 밀너Helen V. Milner, 그리고 팅글리 Dustin H. Tingley(CMT)는 K&T가 주장하는 '중도파의 몰락'은 논리의 비약이라고 비판했다. 그들이 설정한 '자유주의적 국제주의'에는 핵심 요소가 빠졌고, 데이터 인용에도 문제가 있다는 것이다.

하지만 K&T의 주장처럼 정치의 양극화가 심화되어 초당파적 협력이 무너지고 대외정책이 후퇴한다면 미국이 선택할 수 있는 대안은 무엇일까?

이와 관련해 이혜정과 김대홍은 2012년에 발표한 논문 〈미국 정치의 양극화와 대외정책: '중도파의 몰락' 논쟁의 이해〉에서 두 가지 가능성을 제시했다. 첫 번째 가능성은 중국의 등장이라는 외부 위협을 극복하기 위해 미국이 '외재적 균형화External Balancing'를 추구하는 것이다. 이를 위해 미국은 동맹을 재구축하거나 새로운 동맹을 만들어나갈 것이고, 이렇게 되면 한국은 방위비 분담이 증가될 우려가 있다고 덧붙였다. 두 번째 가능성은 미국이 재정 위기라는 내부 위협을 극복하기 위해 '내재적 균형화Internal Balancing'를 추구하는 것이다. 내재적 균형화란 추락한 미국의 경제력과 군사력을 증강시키는 것을 말한다. 한미 FTA의 성공을 통해 미국의 경기가 회복된 예가 대표적이다. 이 논문은 미국 정치가 '내재적 균형화'와 '외재적 균형화'를 어떻게 조화시키느냐에 따라 미국 외교의 향배가 좌우될 것이라고 끝을 맺었다(이혜정·김대홍 2012).

3

역사적 배경

탄생하게 된

'아시아 중시 정책,'이

제3장은 '2010년 5월에 발표된
오바마 정부의 외교 독트린이라
할 수 있는 '국가안전보장 보고서'와
이를 바탕으로 나타난 '글로벌 아키텍처'
의 핵심과 특징을 알아본다.
또 오바마 정부 출범 이후의 미중관계를
정확히 이해하기 위해, 매년 양국의
고위층이 대거 참여하는
가운데 열리는 미중 전략·경제 대화의
이슈를 분석한다. 이 밖에도 미국 내
정치경제적 위기가 '아시아 중시 정책'에
어떤 영향을 줬는지를 시간의 흐름에 따라
추적한다. 사진은 2013년 6월 7일
미국 캘리포니아 아넨버그 리트리트 센터
Annenberg Retreat에서 열린 미-중
정상회담 당시 미국 오바마 대통령과
중국 시진핑 국가주석.
ⓒ 신화통신=연합뉴스

2008년 경제위기와 오바마의 패권 전략

2008년 세계금융위기의 충격

'Yes, We Can'을 선거운동의 슬로건으로 내걸고 대통령에 당선된 오바마의 첫 번째 과업은 침체된 미국 경제를 회복하는 것이었다. 2007년 하반기에 본격화된 미국의 서브프라임 모기지 사태는 2008년 들어 세계금융위기로 확산됐다. 불과 5개월 만에 330만 개의 일자리가 사라졌고 2009년 3월에는 한 달간 66만 3,000개의 일자리가 없어졌다. 그 결과 실업률은 2008년 3월 5.1퍼센트, 2009년 2월 8.1퍼센트, 2009년 3월 8.5퍼센트로 증가했고 실업자 수는 2009년 3월에 1,320만 명에 달했다. 2009년 국제통화기금IMF 보고서는 세계경제 성장률이 60년 만에 처음으로 마이너스 성장(−1퍼센트)을 기록할 것으로 예측했고, 세계은행World Bank은 세계경제의 위축을 더 심각한 수준(−2퍼센트)까지 전망했다. 세계경제는 2차 세계대전 이후 최초로 절대 규모가 축소되는 경기침체 상황을 맞았다(정건화 2009, 76).

2008년 세계금융위기는 왜 발생한 것일까? 미국 자본주의의 구조적 문제 때문일까, 아니면 과거에도 그랬듯이 잠시 나타났다 사라지는 자본주의의 숨고르기 현상일까? 이에 대해서는 아직도 연구가 진행 중이다. 하지만 오바마 대통령은 미국식 자본주의의 위기라기보다는 부도덕한 은행가와 채무자, 그리고 이해득실만 따지는 정치인들 때문에 경제위기가 발생했다고 진단했다.

오랜 세월 너무나 많은 월스트리트의 중역들이 경솔한 결정을 내렸습니다. 그들은 위험에 대해 고려하지도 않고, 규정을 철저히 검토하지도 않고, 책임감을 가지지도 않은 채 이윤만을 추구했습니다. …… 은행들은 돈을 빌리는 사람이 갚을 능력이 있는지 알아보지도 않고 대출을 해줬고, 일부 채무자는 감당할 수 없는 빚을 내느라 낮은 신용을 이용하기도 했습니다. 정치인들은 납세자들의 돈을 무분별하게 사용했으며, 문제를 해결하기는커녕 정치적 이해득실에만 혈안이 되어 있었습니다. 그 결과는 우리 경제, 시장, 정부의 참담한 신용 상실로 이어졌습니다(Obama 2009a).

취임 석 달 뒤 조지타운대학에서 행한 경제 관련 연설에서도 오바마 대통령은 현재 미국의 경제위기가 과거와는 다르다고 진단했다. 그는 2009년 경제위기는 충분히 극복할 수 있는 일시적인 현상이라고 강조했다.

경기침체는 특별한 것이 아닙니다. 역사에서 많은 예를 볼 수 있듯이 시장과 경제의 부침은 자연스러운 것입니다. 그러나 이번의 경기침체는 다릅니다. 이번은 경제순환의 정상적인 침체에서 비롯된 것이 아닙니다. 그것은 월스

미국, 아시아로 회귀하는가

트리트에서 워싱턴으로, 그리고 메인 스트리트(일반 국민)에 이르기까지 모든 영역에서 무책임하고 잘못된 의사 결정이 한꺼번에 휘몰아친 격동에서 비롯된 것입니다(Obama 2009e).

오바마는 경제위기가 주택 시장에서부터 시작됐다고 분석했다. 돈을 저축해서 집을 사던 예전과 달리 지난 10년간 대다수 국민이 자신의 수입으로는 도저히 감당할 수 없는 액수의 대출을 받아 집을 샀는데, 주택 시장의 거품이 꺼지면서 집값이 떨어졌고 그것이 경제위기로 이어졌다는 것이다.

채무자가 서브프라임 상환금을 지불하지 못하는 상황이 벌어지자 은행은 상환금 대신 주택을 차압하기 시작했다. 〈표 3-1〉에서 보여주는 것처럼 2006년 4.53퍼센트에 불과하던 주택 차압 비율이 2007년 4분기에는 8.65퍼센트, 2008년 4분기에는 13.71퍼센트, 2009년 1분기에는 14.34퍼센트로 급등했다.

〈표 3-1〉 주택 차압 비율 추이

(단위: 퍼센트)

	2006	2007				2008				2009
		1/4	2/4	3/4	4/4	1/4	2/4	3/4	4/4	1/4
전체 주택	1.19	1.28	1.40	1.69	2.04	2.47	2.75	2.97	3.30	3.85
프라임	0.50	0.54	0.59	0.79	0.96	1.22	1.42	1.58	1.88	2.49
서브 프라임	4.53	5.10	5.52	6.89	8.65	10.74	11.81	12.55	13.71	14.34

＊주: 각 년도 분기 말 기준.
＊출처: Bloomberg: Mortgage Bankers Association(2009. 5).

늘어나는 주택 차압이 은행권의 발목을 잡으면서 대형 금융사들이 무너지기 시작했다. 그 결과 이른바 2008년 금융 대공황이 발생했다. 2008년 9월 14일에 월가 굴지의 투자은행 메릴린치가 뱅크오브아메리카에 전격 매각됐고, 다음날은 리먼 브라더스가 파산보호를 요청했다. 미국의 경제위기는 월스트리트에서 메인 스트리트로 확산됐다. 기업들은 직원을 해고하기 시작했고, 해고된 직원은 돈이 없어 물건을 사지 못했다. 상품 구매력이 떨어진 것이다. 그 결과 기업들의 실적은 더 악화됐다. 실업률 증가와 구매력 저하라는 경기침체의 악순환이 반복됐다.

대통령 취임을 20일 앞두고 오바마는 경제위기를 극복하고 패권을 재건축해야 한다는 내용의 연설을 했다. 절박함을 넘어 비장함까지 느껴지는 연설이었다.

이제 고난의 과거를 깨끗이 끊어버리고 미국을 위한 새로운 여정을 준비해야 할 때입니다. 우리는 일생에서 보아왔던 그 어떤 위기와도 다른 위기 속에서 2009년을 시작합니다. 지난 몇 주간 더욱 심화된 그 위기 가운데에서 말입니다. 거의 200만 개의 일자리가 사라졌습니다. 금요일에는 우리가 2차 세계대전 이후로 가장 많은 일자리를 잃었다는 사실을 알게 될 것입니다. …… 제조업은 28년 만에 최저치를 기록했습니다. 많은 기업들이 급여를 지불하지 못하고 있고, 많은 가정들은 공과금이나 담보대출 이자를 내지 못하고 있습니다. 많은 근로자들은 자신이 저축해놓은 돈이 사라져가는 모습을 지켜보고 있습니다. 상당수의 미국인들이 미래에 대해 염려만 할 뿐 확신은 하지 못합니다(Obama 2009a).

하지만 오바마의 기대에도 불구하고 경기회복의 조짐은 좀처럼 나타나지 않았다. 심지어 오바마가 새로운 미국의 건설을 약속하며 워싱턴에서 화려하게 취임식을 연 1월 20일(현지시각)에 뉴욕증시는 오히려 금융주를 중심으로 폭락했다. 다우지수는 332.13포인트 하락한 7,949.09포인트를 기록하면서 2008년 11월 21일 이후 다시 8,000포인트선 아래로 떨어졌다. 특히 뱅크오브아메리카 등 대형 은행주들이 20퍼센트 이상 폭락하면서 이른바 '검은 화요일'이 전개됐다(강동호 2009).

오바마 대통령은 취임 후 가진 첫 의회 연설에서 경제위기 극복 방안을 다음과 같이 자세히 밝혔다. 첫 번째는 일자리 창출을 통해 장기적으로 미국 경제의 효율성과 책임성을 제고하는 방안이다. 오바마 대통령은 새로운 경기부양법안에 따라 향후 2년 동안 350만 개의 일자리를 보존하거나 창출할 것이라고 강조했다. 도로와 교량 재건이나 풍력 터빈과 태양열 전지판 제조 등 보존되거나 새롭게 창출되는 일자리의 90퍼센트 이상이 개인·민간 영역에서 이뤄질 것이라고 덧붙였다. 또 이러한 법안을 통해 자녀 교육 문제와 건강의료 문제 등도 해결할 수 있다고 주장했다. 두 번째는 파산과 실직, 빈곤의 위기에 처한 기업과 가계를 지원하여 불황을 타개하는 정책이다. 이를 위해 오바마는 주택 압류의 위협에 직면해 있는 성실한 가정의 할부금을 낮추고 저당주택 융자를 다시 받을 수 있도록 도와주는 주택계획안을 만들었다고 발표했다. 세 번째는 주요 은행들이 더 어려운 시기에도 돈을 대출할 수 있도록 연방정부가 총력을 기울이는 정책이다. 주요 은행에서 문제점이 드러나면 책임기관에 책임을 묻겠지만 재정 상태를 바로 잡기 위한 지원 역시 아끼지 않겠다는 것이다. 이것은 결국 대규모 금융 지원을 통해 투자은행, 모기지, 상업은행 들의 부실채권 인수 및 처리를 핵심 정책으로 삼아 마비된 경제(금융) 시스템을 복원하겠다는 뜻으로 풀이된다(Obama 2009c).

하지만 오바마 정부가 이 계획을 차질 없이 추진하기 위해서는 야당인 공화당의 적극적인 협조가 필요했다. 2009년 1월 5일 대통령 취임을 2주일 앞두고 오바마 당선인과 바이든Joe Biden 부통령 지명자는 민주·공화 양당 지도자를 만나기 위해 의회로 향했다. 오바마는 양당 지도자들에게 경제위기의 극복을 위한 초당파적 지지를 호소했다. 재정 시스템의 악화로 경제 상황이 갈수록 나빠지고 있으므로 경기부양법안을 의회가 하루라도 빨리 통과시켜 줄 것을 요청했다. 하지만 공화당 의원들은 즉답을 피했다. 오바마 대통령은 1월 8일에 한 취임 전 첫 경제 관련 연설에서도 경제위기 극복을 위한 초당파적 협력을 요청했다.

우리가 추구하고자 하는 정책이 민주당의 아이디어냐 공화당의 아이디어냐는 중요하지 않습니다. 그것이 새로운 일자리를 만들어 내느냐, 우리 경제를 성장시켜 주느냐, 그리고 미국 국민이 아메리칸 드림을 성취할 수 있느냐 하는 게 중요한 것입니다. 정치인들이 비밀의 장막 뒤에서 돈을 주는 그런 행태가 아니라, 우리가 투자하는 대상을 결정하는 일이 투명하게 이뤄져야 합니다. 그리고 이는 가능한 한 모든 곳에서 독립적인 전문가들을 통해 공지되어야 합니다(Obama 2009a).

새로운 지출과 추가 세금 감면을 포함한 8천억 달러 규모의 경기회복법안은 오바마 정부의 첫 작품이었다. 1월 28일에 실시된 하원 투표 결과 244대 188로 법안은 통과됐다. 하지만 공화당원 177명 전원이 반대표를 던짐으로써 오바마가 원했던 초당파적 합의는 실패로 끝났다. 오바마는 출범과 함께 정치 양극화의 실상을 확실히 알게 됐다(Woodward 2012). 당초 오바마 대통령은 1조 달러의 경기부양법안을 준비했지만 반대하는 공화당의 입장을 반영해 8,250억 달러로 줄여 법안을 내놓았다. 그러나 이마저도 의회 심의 과정에서 삭감되었고 두 차례의 표결 과정을 거치면서 7,780억 달러로 최종 확정됐다. 이 법안은 오바마 대통령이 2월 16일에 서명함으로써 공식 발효되었다(The White House 2009). 하지만 공화당 의원들은 여전히 이번 경기부양법안이 낭비성 지출로 가득 차 있고 세금 감면은 너무 적다고 비판했다.

경기부양법안이 공식 발효된 지 두 달쯤 뒤인 2009년 4월 14일, 오바마 대통령은 행정부와 의회가 미국 역사상 가장 큰 경기부양법안을 통과시켰다며 이를 통해 앞으로 2년 동안 350만 개의 일자리를 보전하거나 창출하게 됐다고 기대감을 나타냈다(Obama 2009e). 그러나 법안 통과 후에도 민간 부분의 경기하강 속도는 정부의 경기부양 속도를 웃돌았다. 미국의 실업률은 2009년 상반기 동안 지속적으로 악화되어 3월에 8.5퍼센트, 6월에는 9.5퍼센트까지 치솟는 등 25년 만에 최악의 수준을 기록했다. 노벨 경제학 수상자인 폴 크루그먼Paul Krugman 프린스턴대학 교수는 2009년 2월 12일 《뉴욕타임스》에 기고한 글에서 "최근 경제지표의 악화는 미국 경제가 일본식 디플레이션의 늪에 빠질 위험을 보여주기에 충분한 수준"이라고 경고하고, 더욱 적극적으로 재정을 투입하여 신속·과감하게 경기를 부양할 것을 주문했다(Krugman 2009). 그러나 이는 지금까지 투입한 자금만으로도 엄청난 재정적자를 감내해야 하는 오바마 정부로서는 난감한 주문이 아닐 수 없었다. 의회예산국은 이미 만성적인 재정적자가 초래할 장기적인 위험을 경고했고, 오바마 대통령도 1조 달러에 달하는 재정적자가 몇 년간 이어질 수 있다고 우려했다(이혜정 2010).

《2010 국가안보전략》[5]

2008년 세계금융위기 이후 심각해진 미국 경제 상황에 대한 고민은 2010년에 발표된 《2010 국가안보전략》에도 고스란히 담겨 있다(The White House 2010b, 5). 미국 정부는 4년마다 미국의 대전략을 담은 《국가안보전략 National Security Strategy》을 발표한다. 오바마 정부도 2010년 5월 《2010 국가안보전략》을 발표했다.[6]

오바마 정부의 《국가안보전략》은 부시 정부가 남긴 부정적 유산을 극복하는 데 초점이 맞춰져 있다. 즉 《2010 국가안보전략》은 부시 정부가 추진했던 테러와의 전쟁이나 실패국가의 국가건설 Nation Building과 같은 이념적인 내용에서 경제위기 극복과 같은 현실적인 내용으로 대전략의 중요 과제를 교체했다. 민주주의와 관련해서도, 부시 정부가 민주주의를 전 세계로 수출하려 했다면 오바마 정부는 민주주의를 하려는 사람들을 지원하고 스스로 모범만 보이면 된다는 입장을 취하고 있다(이혜정·김대홍 2011, 230~231).

이 보고서는 패권을 유지하기 위해서는, 부시 말기 외교정책 전문가들이 제안한 것처럼, 미국이 갖고 있는 장점을 최대한 살려야 한다고 강조했다. 미국의 장점은 ① 굳건한 '동맹', ② 타의 추종을 불허하는

미국, 아시아로 회귀하는가

'군사력', ③ 세계 최대 규모의 '경제력', ④ 강력하고 끊임없이 진보하는 '민주주의'와 역동적인 '리더십'이다. 또한 더 강력하고 더 안전한 미국을 만들기 위해서는 미국의 자체 개혁, 세계 지도력을 위한 전략, 미국의 힘과 영향력의 근본적 토대를 재건하는 전략을 동시에 추구해야 한다고 제시했다. 이를 위해 '안보', '번영', '가치', '국제질서' 등 4가지를 이 보고서의 핵심 기둥으로 규정했다. 특히 이 가운데 '국제질서'와 관련해서는 새로운 위협에 맞설 수 있는 '새로운 협력의 아키텍처'가 필요하다고 강조했다. '새로운 협력의 아키텍처'란 무엇일까?

오바마 정부는 새로운 국제질서를 만들고 싶었다. 2차 세계대전 이후에 미국의 주도로 만들어진 북대서양조약기구NATO, 국제연합UN, 국제통화기금IMF으로는 폭력적인 극단주의, 핵무기 확산, 초국가적 질병과 같은 새로운 형태의 위협을 막을 수 없다고 판단했기 때문이다. 《2010 국가안보전략》에서 미국 주도의 새로운 국제 아키텍처International Architecture를 제시한 것은 이런 이유에서다.

아키텍처란 공학의 개념이다. 벽돌을 쌓아 집을 짓듯이 국제정치의 각 개체와 행위자들을 어떻게 공학적으로 연결해 미국 주도의 국제질서를 만들지에 대한 고민이 들어 있다. 이때 가장 중요한 것은 벽돌을 어떻게 쌓을지 계획하고 결정하는 리더십, 즉 미국의 역할이다. 리더십이란 단지 모범을 보임으로써 제3자가 자발적으로 복종하거나 인정하게 만드는 지도력뿐 아니라 리더의 가치와 계획에 동조하지 않을 경우 물리적 제재를 사용하여 복종을 이끌어내는 지도력도 포함한 것이다. 그렇다면 새로운 환경에서 미국 주도의 새로운 국제 아키텍처를 만들려면 미국의 리더십은 어떻게 규정되어야 할까?

미국, 리더십을 새롭게 재규정하다

오바마 대통령은 《2010 국가안보전략》에서 국제 테러리즘과 경제 불안정, 기후 변화와 같은 새로운 위협을 해결하기 위해서는 미국의 힘과 영향력을 근본적으로 재건할 새로운 전략이 필요하다고 역설하면서, 미국의 '리더십'을 재규정했다. 그는 부시 정부 때처럼 미국 혼자 세계의 짐을 다 떠안을 수도 없고 그렇게 해서도 안 된다고 주장했다. 테러리즘과 핵확산, 기후변화 등은 미국뿐만 아니라 UN, NATO를 비롯한 국제기구 등이 함께 풀어야 할 과제라는 것이다. 또 미국이 이전처럼 전 세계를 이끌 수 있는 리더십을 갖기 위해서는 무엇보다 미국 내 경기회복이 중요하다고 지적했다.

미국의 리더십에 대한 이 같은 인식의 변화는 부시 정부 집권 2기 국무장관을 맡았던 라이스Condoleezza Rice도 어느 정도 인정한 것이다(Rice 2007, 2008). 라이스는 2007년의 미국은 100년 전인 1907년의 미국처럼 국제적 위상 변화에 따른 혼란과 정체성의 위기를 겪고 있으며, 차이가 있다면 그 변화가 부정적이라는 것이라고 했다. 또 중국이나 인도의 부상으로 이제 미국의 세기가 끝나는 것이 아닌가 하는 우려가 존재한다고 말했다.

하지만 새로운 리더십을 이끌어내는 방법에 대해서는 두 정권이 큰 차이를 보인다. 집권 2기 부시 정부는 새로운 미국의 리더십을 국가건설을 위한 변환외교(Rice 2006; 이혜정 2009a)에서 찾았지만, 오바마 정부는 협력의 아키텍처를 통해 새로운 리더십을 이끌어내려 했다.

미국, 아시아로 회귀하는가

패권의 과업을 축소하다

부시 정부 때 미국 패권의 핵심 과업은 실패국가의 '국가건설'이었다. 부시 정부에서는 미국이 직면한 중대한 위험이 급진주의와 기술의 교차점에 놓여 있다고 봤다. 따라서 미국 안보의 과제는 위험한 기술의 확산을 방지하고, 미국에 위험한 사상을 교화하며, 위험한 기술과 사상이 만나는 통치부재ungoverned 지역, 실패국가를 제거하는 것이었다(The White House 2002).

하지만 오바마 정부의 패권 과업은 파트너 국가들의 능력 제고로 축소됐다. 강제적인 개입이 아니라 협력을 통해 서로 이익을 추구할 수 있다는 것이다. 이를 위해 미국은 중국, 인도, 러시아와 같은 신흥강국뿐 아니라 점차 영향력을 확대하고 있는 브라질, 남아프리카공화국, 인도네시아 등과도 더욱 긴밀한 협력관계를 건설하고 있다고 밝혔다. 《2010 국가안보전략》에서도 오바마 정부는, 어떠한 강국도 세계적인 위기를 혼자 감당해낼 수는 없으므로 미국은 각 국가들 사이의 협력을 이끌어내면서 미래에 대비해야 한다고 강조했다(The White House 2010b).

이 같은 오바마 정부의 지적은 부시 독트린의 일방주의[7]를 전면적으로 부정하는 것이다. 오바마 정부는 오늘날 세계 질서가 과거의 미국 위주에서 탈피해 좀 더 다극화되고 있으며 미국의 영향력도 줄어들기 시작했다는 점을 인정하고 있다. 미국이 추구하는 국제질서는 폭력적 극단주의, 대량 살상무기, 기후 변화, 지속적 성장 등과 같은 인류 공동의 과제에 대한 해법을 포괄한다. 이러한 국제질서를 수립하는 수단으로 제시된 것이 미국의 동맹, 신흥강국과의 협력 강화, 그리고 국제 규범과 제도의 창출을 통한 폭넓은 개입이다.

새로운 글로벌 아키텍처가 필요하다

《2010 국가안보전략》이 발표된 직후에 클린턴 국무장관은 워싱턴 DC 싱크탱크인 브루킹스 연구소에서 새로운 국가안보전략의 필요성을 자세히 설명했다. 클린턴 장관은 미국 없이는 지구촌 문제를 해결할 수 없지만 미국의 힘이 이미 한계에 도달했다는 점을 우회적으로 인정했다. 그녀는 "과거에는 직접적인 방식으로 힘을 사용했다면 앞으로는 좀 더 정교하면서도 간접적인 방식으로 힘과 영향력을 행사하는 쪽으로 탈바꿈해나갈 것"이며 "스마트파워smart power는 단순한 구호가 아니다"고 강조했다(Clinton 2010c).

그리고 5개월 뒤 클린턴 장관은 미국의 쇄신과 글로벌 리더십의 회복을 실행하기 위한 구체적인 청사진을 제시했다. 첫째, 미국이 갖고 있는 힘의 원천을 강화한다. 이를 위해서는 미국 내 경기회복과 도덕적 지위를 되찾는 것이 시급하다. 둘째, 동맹과 파트너를 재조정한다. 이는 다양한 지구촌 문제를 더 이상 미국이 단독으로 떠안지 않겠다는 의미이며, 각 동맹들의 책임 분담이 요구된다. 이를 위해 '새로운 글로벌 아키텍처'가 필요하다.

클린턴 장관은 "아키텍처란 우리의 공동 목적을 떠받치고 스트레스를 줄여주는 구조를 디자인하는 예술이자 과학"이라고 정의했다. 이를 국제정치에 대입한 것이 동맹과 파트너십, 지역조직, 지구촌 제도 등과 같은 글로벌 아키텍처다. 클린턴 장관은 "아키텍처는 우리가 오늘날 직면한 도전에 맞서고 우리 자신도 잘 모르는 위협을 제거하는 데 확실하고 역동적인 도움을 준다"고 강조했다. 그러면서 현재의 아키텍처는 2차 세계대전 직후 만들어진 것이라서 핵이나 테러 등 21세기의 새로운 위협을 막기에는 적합하지 않기 때문에 새로운 글로벌 아키텍처의 출현이 절실하다고 말했다. 한마디로 클린턴 장관이 말하는 새로운 글로벌 아키텍처는 디자이너의 의도나 의사가 반영된, 그러니까 세계를 지배하겠다는 미국의 의도가 반영된 외교안보 전략이어야 하며 새로운 위협을 효과적으로 해결하는 데도 유용해야 한다는 것이다.

클린턴 장관은 새로운 글로벌 아키텍처를 세우기 위해 구체적으로 다음과 같은 6가지 전략적 과제를 제시했다. 첫째, 미국과 친한 동맹들과의 관계를 강화한다. 둘째, 발전 도상국가들을 파트너로 끌어들이기 위해 이들 국가들을 도와준다. 셋째, 인도나 러시아 등 신흥 세력과 연대를 강화한다. 넷째, 아시아태평양 지역에서 경제적·정치적 연대를 강화할 수 있는 지역 아키텍처를 만든다. 다섯째, 21세기를 위해 지구촌 제도를 강화한다. 여섯째, 민주주의와 인권, 법치주의 강화는 물론 UN 헌장 등에 명시된 것과 같은 보편적 가치를 전파한다(Clinton 2010e).

아시아 중심의 '새로운 글로벌 아키텍처'를 만들다

오바마 정부의 글로벌 아키텍처는 말 그대로 전 지구촌을 대상으로 하는 새로운 국제 구도를 디자인하는 것이다. 하지만 실제 정책 집행 과정에서는 전 지구촌이 아닌 아시아 지역에 초점이 맞춰져 있다. 왜 그랬을까? 아시아는 전 세계에서 가장 빠른 성장을 보이고 있는 역동적인 시장이다. 오바마 정부 입장으로서는 수출을 늘려 미국 내 경기를 회복하고 고용을 창출할 수 있는 기회의 땅이다. 하지만 아시아는 중국 등 신흥강국들의 도전뿐만 아니라 북한의 핵무기 위협, 군비 경쟁, 폭력적 극단주의 등 다양한 위협도 존재하고 있다. 즉 아시아는 기회와 도전이 함께 교차하는 지역이다. 바로 이런 이유 때문에 오바마 정부는 아시아를 중심으로 자신들이 구상하는 '새로운 글로벌 아키텍처'를 만들어나가기 시작했다.

오바마 정부 초기의 아시아 정책: 거대한 그림

오바마 정부는 《2010 국가안보전략》을 발표하기 이전부터 아시아의 중요성을 인식하고 있었다. 오바마 정부 1기 전반기 2년 동안 백악관 안보보좌관을 역임했던 제프리 베이더는 자서전 《오바마와 떠오르는 중국Obama and China's Rise》에서 오바마 정부는 출범 초기부터 다음과 같은 '아시아 정책의 거대한 그림'을 그려냈다고 밝혔다(Bader 2012a).

첫째, 21세기 들어 아시아 지역은 세계의 중심으로 떠오르고 있다. 이에 따라 유럽 중심의 미국 외교정책이 아시아 중심으로 옮겨지고 있다.

둘째, 중국의 출현에 주목한다. 중국은 앞으로 한 세대 안에 지구상에서 두 번째로 영향력이 큰 나라가 될 것이다.

셋째, 미중관계의 변화가 시작됐다. 중국의 등장은 평화와 안정을 위협하기보다는 안정적이고 건설적인 힘으로 기능할 것이다.

넷째, 건전한 대중국 전략은 다음 3가지 기둥 위에 있다. ① 미국은 중국의 출현과 영향력의 확대를 환영한다. ② 국제규범과 법칙을 갖고 문제를 해결하도록 유도한다. ③ 중국의 등장은 분규를 만들기보다는 안정을 위해 좋다.

다섯째, 일본, 한국, 호주 등 미국의 핵심 동맹국들과의 관계에서 평화와 안정을 유지한다. 인도네시아, 인도, 베트남 등 떠오르거나 중요한 나라들과도 효과적인 정치, 안보 파트너십을 발전시킨다.

여섯째, 허약한 국내 경제에 기초한 미국의 외교정책은 결국 실패할 것이다. 해외에서 리더십을 발휘하기 위해서는 먼저 국내 경제를 재건해야 한다.

일곱째, 북한이 대륙간탄도미사일을 갖춘 핵 국가가 되면 미국의 안보를 위협할 것이다.

여덟째, 경제, 정치, 안보에서 미국의 지속적이고 강력한 현존은 대부분 지역의 국가들로부터 환영받을 것이다. 그들은 미국을 무역, 투자, 사상, 교육 기회의 원천으로 생각한다. 해양의 자유, 개방된 무역과 투자 시스템, 호전적인 것에 대항해 허약하고 방어력 없는 것을 보호하는 행위자로서의 미국, 재난에 대응하는 필요한 파트너로 미국을 인식하고 있다. 아시아 국가들은 미국을 중국뿐만 아니라 인도와 같은 떠오르는 세력을 견제하기 위해서는 반드시 필요한 세력으로 보고 있다.

아홉째, 미국은 지역 내에서 가장 중요한 다자기구에 참여해야 하고 또 이 다자기구를 이끌어야 한다. 동남아시아 국가들, 특히 ASEAN 국가들과 유대관계를 맺어 넓은 아시아의 균형을 유지해야 한다.

마지막으로, 아시아 국가들의 인권을 신장시키는 데 다각적인 접근이 필요하다. 아시아 국가에 미국의 가치를 일방적으로 강요하기보다는 각 나라의 실정에 맞게 인권을 발전(또는 개선)시키도록 촉구해야 한다.

미국의 아시아 개입 5원칙

오바마 정부 초기의 아시아 정책은 클린턴 국무장관의 첫 해외순방지 선택에도 영향을 미쳤다. 클린턴 장관은 팔목 부상이 풀리자마자 취임 첫 해외순방지로 아시아를 택했다. 1961년에 딘 러스크Dean Rusk 국무장관이 아시아를 첫 순방지로 꼽은 이후 처음 있는 일이었다. 2009년 2월 클린턴 장관은 아직 상원에서 임명 동의안이 통과되지 않은 커트 캠벨Kurt Campbell 동아시아태평양 담당 차관보, 제임스 스타인버그James Steinberg 국무부 부장관과 함께 아시아의 강력한 동맹국인 일본과 한국, 그리고 인도네시아와 중국을 향해 떠났다(Bader 2012b).

그리고 2010년 1월에는 하와이대학 이스트–웨스트 센터에서 〈아시아에서의 지역 아키텍처: 원칙과 우선순위에 대해Regional Architecture in Asia: Principles and Priorities〉라는 제목으로 연설을 했다. 클린턴 장관은 "미국이 아시아를 중시하는 것은 우연이 아니다. 미국의 미래는 아시아태평양 지역의 미래와 직결되어 있으며 이 지역의 미래 역시 미국에 달려 있다"고 말했다. 또 아시아 지역은 현재 중국이나 인도와 같은 신흥강국과 일본, 한국, 호주와 같은 전통적인 리더, 그리고 인도네시아처럼 점차 영향력을 확대해나가고 있는 동남아 국가들이 역동적으로 뒤섞인 가운데 여러 가지 문제점과 기회가 공존하고 있다고 진단했다. 따라서 미국과 아시아 지역 국가들 간의 협력을 극대화하고 신뢰를 구축하여 경쟁을 줄일 수 있는 '제도적 아키텍처'를 수립하자고 제안했다.

이어 클린턴 장관은 아시아 지역에 대한 미국의 지속적인 관여와 리더십 그리고 다자간 협력 문제에 관한 다음 5가지 원칙을 제시했다. 첫째, 미국의 동맹관계는 지역 내 관여의 초석을 이룬다. 일본, 한국, 호주, 태국, 필리핀 등 전통적인 동맹국가와는 앞으로도 계속 양자관계를 강화한다. 둘째, 지역 내 기구와 구상들은 점차 공감대를 형성하면서 명확한 목표를 추진한다. 핵 확산, 영토 분쟁, 군비 경쟁의 해결은 물론 무역과 투자 장벽을 낮추기 위해서도 함께 노력한다. 셋째, 이들 기구는 실효성을 확보해야 하며 결과물을 산출하는 데 주력해야 한다. 단순히 새로운 기구를 만드는 것보다는 실제로 결과물을 산출하는 기구를 수립하는 것이 중요하다. 넷째, 미국이 모색하는 결과물을 추구하는 과정에서 유연성을 유지하고 강화해나간다. 6자회담을 재개하고 아세안지역안보포럼ARF(ASEAN Regional Forum), 상하이협력기구SCO 등 새로운 기구에 가능한 한 많이 참여한다. 다섯째, 아시아태평양 국가들 역시 어떤 지역 기구나 지역의 향방을 규정하게 될 것인지를 결정할 필요가 있다(Clinton 2010a).

아시아에서 '전진배치외교'

《2010 국가안보전략》이 발표된 지 5개월 뒤인 2010년 10월에 클린턴 국무장관은 다시 하와이를 찾아 아시아 정책 관련 연설을 했다. 제목은 〈아시아태평양에서 미국의 개입America's Engagement in the Asia-Pacific〉이었다(Clinton 2010e). 이 연설에서 클린턴 장관은 동년 1월에 하와이대학에서 처음 밝힌 아시아 지역 아키텍처 개념을 훨씬 더 정교하게 다듬었다. 연설의 핵심은 동맹, 파트너십, 지역기구 등을 통해 아시아 지역의 경제 발전과 안보 그리고 미국의 가치를 계속 확산하겠다는 것이다. 이 자리에서 클린턴 장관은 미국과 관계를 맺고 있는 아시아 국가들을 다음과 같이 3가지로 분류했다. 전통적인 동맹 국가들(일본, 한국, 호주, 태국, 필리핀), 새로운 파트너 국가들(인도네시아, 베트남, 싱가포르, 말레이시아, 뉴질랜드), 신흥 국가들(인도, 중국)이다.

이 연설에서 가장 먼저 눈에 띄는 것은 중국의 순위 하락이다. 클린턴 장관은 5개의 동맹 국가와 5개의 새로운 파트너 국가, 그리고 신흥 국가로 인도를 부른 뒤 중국을 맨 마지막에 거명했다. 연설 내용도 중국이 지역과 지구촌 문제에 좀 더 책임감을 가져야 하며 북한 문제 해결에 적극적으로 나서야 한다는 충고였다. 두 번째 특징은 '지역 제도'를 언급하면서 경제 부분에서는 아시아태평양경제협력체APEC, 비경제 부문(핵확산, 군축, 환경, 가치 등)에서는 동아시아정상회의EAS를 주무대로 활동하겠다고 천명한 것이다. 그리고 APEC 부활의 핵심 수단으로 환태평양동반자협정TPP을 강조했다. 중국이 주도권을 행사하고 있는 ASEAN+3는 물론 EAS에서도 정식 회원국으로 주도권을 잡아 중국을 견제하겠다는 전략이다. 마지막으로 세 번째 특징은 동아시아에서 모든 외교 자원을 동원한 '전진배치외교'를 추진하겠다고 한 것이다. 여기서 가치란 민주주의로 대표되는 보편적 가치를 말한다. 이것 역시 중국의 인권 문제를 부각시켜 외교 협상에서 유리한 입장을 차지하겠다는 전략으로 풀이된다.

이 같은 오바마 정부의 글로벌 아키텍처 출현으로 중국의 위상은 큰 변화를 보였다. 양자관계에서 중국의 중요성이 약해진 것은 아니지만 글로벌 아키텍처의 틀 안에서는 중국을 인도나 러시아, 인도네시아 등과 같은 신흥강국들 중 하나로 보기 때문이다. 〈표 3–2〉는 이를 정리한 것이다.

<표 3-2> 클린턴 국무장관의 파트너 국가 분류와 중국의 위상 변화

파트너 국가 분류	아시아 소사이어티	미국 외교협회	하와이 (1)	브루킹스 연구소	미국 외교협회	하와이 (2)
일시	2009.02	2009.07	2010.01	2010.05	2010.09	2010.10
역사상 가장 위대한 동맹		나토			나토	
핵심 동맹	한국 일본 싱가포르 말레이시아 베트남 태국 필리핀	일본 한국 호주 태국 필리핀	일본 한국 호주 태국 필리핀	일본 한국	한국 일본 호주	일본 한국 호주 태국 필리핀
주요 강국	인도네시아 중국	터키 인도네시아 남아프리카 공화국	인도네시아			인도네시아 베트남 싱가포르 말레이시아 뉴질랜드
신흥강 국		중국 인도 러시아 브라질	중국 인도	러시아 중국 인도	중국 인도 터키 멕시코 브라질 인도네시아 남아프리카 공화국 러시아	인도 중국

* 출처: 미국 국무부(http://www.state.gov/).

중국, 경쟁 상대에서 협조와 대화의 상대로

오바마는 2007~2008년 대통령 선거 기간에 중국을 "적도 친구도 아닌 주요한 경쟁 상대"라고 정의했다. 부상하는 중국을 '미국에 도전하고 대항하는 존재'로 본 것이다. 대통령 취임식 연설에서도 "중국의 군사적 대두에 경계를 늦추지 않고, 중국이 인권과 종교의 자유를 존중하며 위안화 조작을 멈추고 국제사회에서 책임 있는 행동을 하도록 요구하겠다"고 밝혔다(Obama 2009b).

그러나 대통령 취임 이후 오바마의 태도는 변했다. 중국을 협조와 대화의 상대로 인식하기 시작한 것이다. 2009년 4월 1일 런던에서 후진타오 중국 국가주석과 가진 첫 정상회담에서 오바마는 "21세기를 향해 전향적·협력적·포괄적인 관계의 기반을 구축하고 싶다"며 미중 전략·경제대화를 제안하고 합의를 얻어냈다(Obama 2009d). 2009년 7월 워싱턴에서 열린 제1차 미중 전략·경제대화는 이러한 합의에 기초했다. 오바마 대통령은 개막식에서 "미중관계는 21세기의 질서를 형성하고 있고, 다른 어떤 양국 관계에도 뒤지지 않는 중요한 관계"라고 치켜세우면서 중국과의 적극적인 대화와 협력을 기대한다고 강조했다(Obama 2009f).

오바마는 왜 대통령에 취임하고 나서 갑자기 중국에 대한 태도를 바꾼 것일까? 무엇보다 2008년 세계금융위기가 생각보다 심각했던 것으로 보인다. 오바마 대통령은 자신의 임기 동안 해야 할 최우선 과제로 미국의 경제 회복을 꼽았다. 시작은 2008년 금융위기로 일자리를 잃은 8백만 미국 노동자들에게 일자리를 되찾아주는 것이었다. 그 일환으로

애덤 스미스가 주장한 '보이지 않는 손'에 의한 목표 달성에 만족하지 말고 다른 방법을 찾아보라고 경제 관련 조언자들을 압박했다(Bader 2012a, 112~113). 뿐만 아니라 세계금융위기를 해결하기 위해서는 중국의 도움이 절실했다. 중국은 이미 2008년 9월에 일본을 제치고 세계 1위의 미국 채권 보유국이 됐고, 2011년 현재 1조 1,519억 달러의 미국 채권을 보유하고 있다(〈표 3-5〉 참조). 또한 미중 양국은 세계 GDP의 3분의 1, 세계무역의 5분의 1을 점하고 있다.

그렇다면 오바마 정부 출범 이후 미중관계는 오바마 대통령의 기대처럼 상호 협력으로 나간 것일까? 오바마 정부가 출범한 2009년부터 '아시아 회귀'가 선언된 2011년 11월까지 매년 한 차례씩 양국을 오가며 개최된 미중 전략·경제대화를 중심으로 확인해보자. 미중 전략·경제대화는 전략(외교, 안전보장 분야)과 경제(경제, 통상 분야) 트랙을 포괄적으로 다루는 회의다. '전략 트랙'에서는 양국 정상의 대리자인 클린턴 국무장관과 다이빙궈戴秉國 외교담당 국무위원이 공동의장을 맡고, '경제 트랙'에서는 티머시 가이트너Timothy Geithner 재무장관과 왕치산王岐山 금융담당부총리가 공동의장을 맡았다.[8]

'전략적 보증'(2009년)

제1차 미중 전략·경제대화S&ED의 내용과 성과

2009년 7월 27~28일 이틀간 워싱턴에서 제1차 미중 전략·경제대화 S&ED가 열렸다. 중국은 200명에 가까운 대규모 대표단을 파견했다. 오바마 대통령은 개막식 연설에서 중국 출신 NBA 농구선수 야오밍Yao

Ming의 이름을 거론하며 미중 간의 협력을 강조했다.

> 미국의 새 대통령으로서 또 농구팬으로서 저는 야오밍 선수가 했던 말에서
> 많은 것을 배웠습니다. "신입 팀원이거나 오랜 팀원이거나 다른 사람들과
> 어울리려면 시간이 필요합니다." 그렇습니다. 우리가 이미 하고 있는 건설
> 적인 만남을 통해, 그리고 이러한 대화를 통해, 나는 우리가 야오 선수의 기
> 대에 부응할 것이라 확신하고 있습니다(Obama 2009f).

오바마 대통령은 또 《맹자》〈진심盡心〉편의 "산중의 좁은 길도 계속
다니면 길이 나고, 다니지 않으면 풀이 우거져 막힌다"는 구절을 중국
어로 읊었다.[9] 이어 클린턴 국무장관도 개막연설에서 "모든 사람이 한
마음 한뜻이 될 때 태산도 움직일 수 있다"는 중국 격언을 읊었다.[10] 특
히 클린턴은 "미중 전략·경제대화는 양국의 시야를 넓힐 뿐만 아니라
관심 사안에 대한 접근을 유도한다는 점에서 과거에 있었던 양국 간 대
화와는 차원이 다르다"며 "미중 전략·경제대화는 포괄적이고 분야 횡
단적인 구조"라고 강조했다(Clinton 2009).

'전략 트랙'(정치, 안전보장 분야)의 안건은 4부문(경제, 기후 변동과 청정
에너지, 안전보장, 개발 협력)으로 나뉘어 논의됐다. '경제 부문'에서는 경
기부양, 금융 안정과 같은 미국 내 대책과 함께 양국의 경제협력과 국
제경제 회복을 위한 노력 방안 등이 논의됐다. '기후 변동과 청정에너
지 부문'에서는 세계 2대 온난화 가스 배출국인 미국과 중국이 청정에
너지와 경제성장을 동시에 달성할 수 있다는 것을 선진국과 개도국에
보여주기 위한 방안이 논의됐다. '안전보장 부문'에서는 북한의 도발에

대한 양국의 대처 방안과 지역의 긴장과 군비 경쟁, 대량살상무기 확산 등에 대한 공동의 인식이 논의됐다. 특히 이란의 핵 개발 저지와 아프가니스탄과 파키스탄의 안정화, 중동 평화 등도 주요 안건으로 다뤄졌다. '개발 협력 부문'에서는 빈곤과 정치 불안 등에 따른 기아와 문맹률, 기본적 인권을 존중하는 방안 등이 논의됐다.

'경제 트랙'(경제, 통상 분야)에서는 금융위기에 대한 미국과 중국의 대응, 통상 개방, 금융제도의 개혁 등이 주요 안건으로 제시됐다. '금융위기에 대한 미국의 대응'은 금융 제도의 안정과 규제 강화에 초점을 맞췄다. 또 개인의 저축을 높이고 청정에너지, 교육, 국민건보 등에 투자를 확대하는 방안도 제시됐다. '금융위기에 대한 중국의 대응'은 내수주도형 성장으로 전환하고 가계 부문 소비와 가계 손질을 늘리는 방안이 최우선으로 거론됐다. 이 밖에 중국 금융의 발전과 개혁에 관한 논의도 이루어졌다. '통상 개방'과 관련해서는 양국이 통상 개방에 적극 나서고 규칙에 따라 통상과 투자를 추진하는 방안 등이 거론됐다. '제도 개혁'에 관한 논의에서 미국은 G-20과 금융안정화이사회 등 새로운 국제협조의 틀을 만드는 데 중국이 적극 참여해줄 것을 요청했다 (Geithner 2009).

하지만 이틀간의 성과는 빈약했다. '경제 트랙'의 논의는 미국은 과잉 소비 체질을 개선하고, 중국은 미국 시장 중심의 수출주도형 경제에서 내수주도형 성장으로 이동해야 한다는 원론적인 수준에 머물렀다. 오바마 정부가 여러 차례 요청한 위안화 절상 문제에 대한 논의는 전혀 진전이 없었다. '전략 트랙'의 논의 역시 큰 성과를 내지 못했다. 2008년부터 중단된 미중 군사 교류를 재개한다는 것, 오바마 대통령이 연내

〈표 3-3〉 2009 미중 전략·경제대화S&ED

트랙	내용
전략 트랙	1. 북한 핵 문제 ● 양국은 2009년 5월 북한의 2차 핵실험 실시에 따른 대북제재 결의안인 〈안전보장이사회 결의 제1874호〉의 이행과 한반도 비핵화 원칙을 재천명하고, 6자회담 재개에 대한 지지를 표명. ● 미국은 북한과 이란의 핵 개발, 수단 내전 문제 등과 관련해 UN 안전보장이사회 상임 이사국인 중국의 협력을 요구. 2. 기후 변화, 에너지, 환경 분야의 협력을 위한 MOU 체결 ● 양국은 온실가스를 감축하고 기후변화에 대응하기 위해서는 대화와 협력이 필요함을 강조하고, 기후변화·청정에너지개발·환경 분야의 협력을 위한 MOU를 체결. ● 양국은 청정에너지 개발 협력과 에너지 안보에 관한 논의를 전개. ● 양국은 지금까지 여덟 차례의 석유가스산업포럼Oil and Gas Industry Forum과 세 차례의 에너지정책대화Energy Policy Dialogue를 개최한 바 있으며, 연내 뉴라운드 개최에 합의.
경제 트랙	1. 지속 가능하고 균형적인 경제성장 ● 양국은 국제 수요에 대한 자신감을 증진시키는 데 결정적인 역할을 한 포괄적인 촉진 정책stimulus measures을 통해 세계금융위기에 대응해왔음. ● 미국은 국내 저축을 확대하기 위한 조치를 취할 것. ● 중국은 내수를 촉진하고 소비의 비중을 높일 수 있도록 구조 및 거시경제 정책을 시행할 것. 2. 건강한 금융 시스템의 형성 ● 양국은 시장에 기반을 둔 규칙에 따라 작동하는 투명하고 건강한 금융 시장의 중요성에 대해 인지하고, 이를 위해 지속적으로 교류와 협력을 확대해 나가기로 약속. ● 미국은 금융규제와 금융감독에 대한 포괄적인 개혁을 추진하여 좀 더 안정적인 금융시스템을 구축하고 잠재적인 금융위기의 가능성을 통제할 것. ● 중국은 이자율 자율화와 소비자 금융을 증진하고, 기준에 부합하는 외국계 은행이 국내 은행과 같은 대우를 지속해서 받게 할 것을 약속. ● 양국은 IMF 금융시스템평가프로그램FSAPs를 채택하고, 적절한 시간 내에 이를 완료할 것을 약속. 3. 무역과 투자 ● 양국은 한층 개방적인 국제 무역 및 투자 시스템을 만들기 위해 노력하고, 보호무역주의에 공동으로 대항하기로 합의. ● 양국은 2010년 도하개발 어젠다가 균형적인 결론을 맺을 수 있도록 여타 WTO 회원국의 공조를 촉구하기로 합의.

미국, 아시아로 회귀하는가

경제 트랙	• 투자와 무역을 활성화하기 위해 중국은 허가기관의 탈중심화를 가속화하고 해외투자 승인절차를 간소화하기로 약속. • 미국은 외국인투자위원회가 해외투자를 할 때 투자자의 출신지에 대한 편견 없이 공정한 대우를 받을 수 있도록 보장하기로 약속. • 양국은 정부조달 정책에서 비차별 원칙의 중요성을 재확인하고, 이를 위해 중국의 정부조달협정 가입 작업을 가속화하기 위한 협력을 강화하기로 약속. • 양국은 경제성장을 위한 무역 금융의 중요성을 인지하고, 양국의 수출입은행이 해당 분야에서 협력을 증진할 것을 약속. 4. 국제경제·금융 제도 • 양국은 G-20 및 기타 다자 제도의 합의를 바탕으로 건설적이고 협력적인 협조를 계속할 것을 약속. 양국은 지난 G-20 정상회의의 합의를 충실히 이행하기 위한 조치를 계속할 것을 약속. • 양국은 국제금융제도의 정당성과 효율성을 제고하기로 합의. • 양국은 개발도상국의 요구를 충실히 반영하고, 추가적인 금융위기를 막고 이에 대응할 수 있도록 국제금융제도를 개혁하기 위한 공조를 합의. • 양국은 세계 금융 안정과 성장을 촉진하는 IMF의 역할이 유지될 수 있도록 지원하기로 합의. • 양국은 다자적 개발 은행이 최빈국을 지원하여 지속 가능한 빈곤 축소 작업과 경제성장 촉진을 하기 위해서는 적당한 도구가 필요하다는 점에 공감.

* 출처: 박월라·배승빈·박현정(2009); Department of the Treasury(2009).

중국을 방문한다는 것, 북한에 대한 UN 안전보장이사회 제재 결의가 필요하다는 것, 6자회담 조기 개최에 양국이 협력한다는 것 정도가 그나마 구체적으로 합의된 사항이었다. 기후 변동, 이란, 중동 평화 등에 관한 논의는 '협력과 대화로 해결한다'는 원론적인 합의에 머물렀고, 오바마 대통령이 특히 관심을 갖고 있는 이산화탄소 배출량 규제에 대해서는 '미중이 함께 책임진다'는 수준에만 머물렀을 뿐 구체적인 삭감 목표에 대한 논의는 전혀 이루어지지 않았다.

'전략적 보증'의 등장과 실패

제1차 미중 전략·경제대화가 끝난 지 한 달쯤 뒤인 2009년 9월 24일, 오바마 정부의 핵심 싱크탱크로 부상한 신미국안보센터The Center for a New American Security가 〈중국의 도래: 국제관계를 위한 전략적 분석틀 China's Arrival: The Long March to Global Power〉이라는 제목으로 발표한 연구보고서의 출판 기념 세미나를 개최했다. 이 자리에서 기조연설자로 나선 제임스 스타인버그 국무부 부장관은 오바마 정부의 대중국 정책을 규정하는 키워드로 '전략적 보증Strategic Reassurance'을 제시했다. 스타인버그 부장관은 "전략적 보증이란 암묵적으로 주고받는 것이다. 우리와 동맹국들은 중국의 '등장'을 환영할 준비가 되어 있다. 부강하고 성공한 강국으로 받아들일 것이다. 이와 동시에 중국 역시 자국의 발전과 국제무대에서의 역할 증대가 타국의 안보와 행복을 희생시키지 않음을 보증해야 한다"고 말했다. 그는 또 "전략적 보증이라는 상호거래 원칙이 정치, 군사, 경제 등 미중관계 모든 분야에서 최우선 순위에 놓일 것"임을 분명히 밝혔다(Steinberg 2009).

스타인버그 부장관이 말한 '전략적 보증'은 부시 정부 때인 2005년 9월에 중국과 가진 첫 차관급 전략대화에서 로버트 졸릭Robert Zoellick 국무부 차관이 말한 '책임 있는 이해공유자responsible stakeholder'를 계승한 것으로 평가된다. 당시 졸릭 차관은 중국에 책임 있는 행동을 요구하면서 그것이 '대중국 정책의 기본방침'이라고 했다(Zoellick 2005). 그는 다음해 국무부를 떠났지만 '책임 있는 이해공유자' 구상은 오바마 정권 초기에 대중국 전략을 담당했던 스타인버그 국무부 부장관으로 이어졌다.

당연히 중국은 '전략적 보증'을 거부했다. 중국의 부상은 평화적이라고 주장[11]하면서 새삼스럽게 무엇을 보증하라는 것인지 이해할 수 없다는 반응을 보였다. 심지어 "이런 보증을 요구하는 것은 냉전시대로 돌아가는 행위다. 미국은 우리를 소련과 동일시하는 게 아닌가?"라며 강하게 반발했다. 그런가 하면 미국 내 보수파는 "오바마 대통령의 대중국 정책이 유화 정책으로 바뀐 것 아니냐?", "'전략적 보증'은 중국의 독재 체제를 정당화하는 것이며 미국의 이념에도 역행한다"고 비판했다. 결국 오바마 대통령은 2010년 11월에 중국에서 열린 미중 정상회담에서 '전략적 보증' 구상을 공식적으로 제안하지 못했다(久保文明·高畑昭男 2013).

'전략적 보증' 실패 이후 미중관계

'전략적 보증'이 실패로 끝난 2009년 말부터 제2차 미중 전략·경제대화S&ED가 열리기 전인 2010년 초까지 미중관계는 크게 다음 5가지 쟁점에서 갈등이 지속됐다.

첫째, 구글Google 검색 문제다. 2009년 말 미국 인터넷 최대 검색 사이트 구글은 발원지가 중국 본토로 추정되는 대규모 사이버공격을 받았다. 또 중국 내에서는 '천안문 사건', '달라이라마', '파룬궁' 등을 검색어로 쓰지 못하도록 하는 등 인터넷 검열이 강화됐다. 그러자 클린턴 장관은 2010년 1월 21일에 한 '인터넷의 자유'라는 주제의 강연에서 중국을 공개적으로 비판했다.

지난 해 우리는 정보의 자유로운 흐름이 위협받는 사례를 몇 가지 목격했습니다. 중국, 튀니지, 우즈베키스탄에서는 인터넷에 대한 검열을 강화했습니다. …… 이 시간에도 어떤 나라 정부의 검열관들은 제 말을 역사의 기록에서 삭제하기 위해 열심히 일하고 있을 것입니다. 그러나 이러한 술수는 이미 역사의 심판을 받았습니다. …… 일부 국가들은 전자 장벽을 세워 사람들이 세계의 네트워크에 접속하지 못하도록 차단하고 있습니다. 이들은 검색엔진이 특정한 단어, 인명, 구문을 추출해내지 못하도록 하고, 평화적인 정치 연설에 참가한 사람들의 프라이버시를 침해하고 있습니다. 이러한 행위는 "모든 사람이 매체를 불문하고 국경을 초월하여 정보와 사상을 추구하고 주고받을 권리"를 가지고 있음을 선언한 세계인권선언에 위배되는 것입니다 (Clinton 2010a).

둘째, 미국이 타이완에 무기를 판매한 것이다. 2010년 1월 29일 오바마 정부는 미국 내 '타이완 관계법'에 따라 타이완에 무기를 판매하겠다는 계획을 미 의회에서 통과시켰다. 타이완이 요구한 F-16 전투기는 제외됐지만 중국이 강하게 반발했던 패트리어트 미사일 PAC-3와 공격용 헬리콥터 블랙호크 UH-60 60기가 포함됐다. 중국은 다음날 존 헌츠먼Jon Huntsman 주중 미 대사에게 '강력한 유감'을 전달했다. 또 제1차 S&ED에서 재개가 합의된 군사 교류를 중지하고 관련 미국 기업에 대해서도 제재를 가하겠다고 발표했다(久保文明·高畑昭男 2013).

셋째, 티베트 문제다. 2010년 2월 18일에 오바마 대통령은 티베트 불교 최고 지도자인 달라이라마 14세와 약 70분간 회담하고 티베트의 인권을 지지했다. 오바마 대통령은 대화로 해결하려는 달라이라마의 입장에 공감을 표했다. 달라이라마는 클린턴 장관과도 회담을 가졌다. 회담은 전 세계의 주목을 받았다. 오바마 정부는 중국 측을 배려해 '티베트는 중국의 일부'라는 종래의 입장을 강조했고, 회담 장소도 대통령 집무실이 아닌 사적인 면회 장소를 택했다. 하지만 추이톈카이崔天凱 중국 외무차관은 2월 19일 허츠만 대사에게 "심각한 내정 간섭으로 양국관계에 중대한 손해를 줬다"라고 강하게 항의했다(CNN International 2010).

넷째, 무역분규 및 위안화 환율 절상 문제다. 2010년 2월 3일에 오바마 대통령은 "저평가된 위안화 때문에 미국산 상품의 가격은 상대적으로 올라가는 반면 중국산 상품의 가격은 하락하고 있다"고 경고했다. 당시 미국 정부와 의회는 위안화가 "25~40퍼센트가량 낮게 평가되어 있는데 이는 대미수출 불균형의 원흉"이라고 비판했다. 오바마 대통령은 위안화 절상을 반복해서 요구했지만 해결의 실마리는 보이지 않았다(久保文明·高畑昭男 2013).

다섯째, 대이란 제재다. 이란의 핵개발 의혹과 관련해 미국과 유럽은 UN 등을 통한 제재 강화를 추진했다. 하지만 중국은 이란과의 석유시설 관리협정 등을 이유로 이란 제재에 반대하는 입장을 굽히지 않았다. 클린턴 국무장관이 2010년 1월 29일 "국제사회의 안전에 미칠 장기적인 영향력을 생각해야 한다"라고 압박했음에도 중국은 이에 응하지 않았다(久保文明·高畑昭男 2013).

이런 가운데 2010년 2월 1일 미 국방부는 오바마 정권 이래 처음으로 《4개년국방검토보고서QDR(Quadrennial Defense Review Report)》를 발표했다(Department of Defense 2010). 이 보고서의 핵심은 육해공 전 분야에서 계속 군사력을 확대하는 중국에 대한 강한 우려다. 보고서를 통해 미 국방부는 중국이 "중·단거리 미사일, 공격형 원자력 잠수함, 항공모함 등을 건조하고 사이버·우주 공격 능력을 증강하는 등 장기적이고 포괄적으로 군사력을 키우고 있다"며 경계를 표했다. 미국 국방 전략의 기본은 냉전 이래 지속되어온 소위 '양대전쟁 전략'(2개의 전쟁에 동시 대처하는 전략)[12]에서 다양한 군사 작전에 신속하게 대응하는 방향으로 전환됐다. 또 중국의 'A2/AD' 전략에 대응해 '공해전투' 전략을 구상했다.

이런 가운데 중국은 2010년 3월 초에 남중국해 대부분의 지역이 자신의 '핵심이익'이라는 새로운 방침을 오바마 정부에 통보했다(Wong 2010). 이 새로운 방침은 제2차 S&ED의 사전 조정을 위해 중국을 방문한 스타인버그 부장관과 베이더 국가안전보장회의 아시아담당 선임보좌관 등에게 전달됐다(Bader 2012a). 중국은 타이완, 티베트, 신장·위구르 자치구 등 3곳을 '중국의 주권과 영토에 관한 사활적 이익'이 되는 지역으로 규정하고 일체의 타협과 양보가 용인될 수 없는 '핵심이익'이라고 주장했다. 미국 측도 이 주장을 받아들였다. 하지만 남중국해는 사정이 달랐다. 미국의 해양안전보장과 직결되는 곳이기 때문이다. 결국 중국이 남중국해 대부분의 지역을 자신들의 '핵심이익'에 포함시키겠다는 것은 미국에 대한 도전임과 동시에 동남아시아에서 해양 패권을 노리겠다는 의사를 직접적으로 명시한 것으로 미국은 받아들였다(久保文明·高畑昭男 2013).

중국 측도 미국에 대한 불신과 반발의 막을 올렸다. 전국인민대표대회 폐막일인 2010년 3월 14일에 총리 자격으로 내외회견에 참석한 원자바오溫家寶는 미중 간 마찰에 대해 "문제를 직시하고 실제 행동으로 관계를 개선하고 싶다"며 일절의 책임을 미국에 전가하는 자세를 보였다. 또 미국이 타이완에 무기를 판매한 것과 오바마 대통령이 달라이라마와 회담을 가진 것에 대해 "미국이 중국의 주권과 영토를 침략하고 미중관계에 중대한 장애를 불러왔다"고 비판했다. 위안화 문제에서도 "자국의 수출을 증대하기 위해 다른 나라에 압력을 가하는 것은 이해할 수 없는 일이며, 이는 일종의 무역보호주의다"라고 통렬히 반격했다(溫家寶 2010).

2010년 3월 26일에 오바마 정부의 대중 불신에 영향을 끼치는 사건이 또 벌어졌다. 한국의 해군 소계함 '천안'이 남북경계 수역에서 폭침되어 장병 46명이 사망한 것이다. '천안함 사건' 직후 중국은 안전보장이사회 상임이사국임에도 불구하고 북한에 대한 제재를 거부하고 원인규명과 책임 추궁보다도 한반도의 긴장 완화를 최우선으로 해야 한다는 입장을 고수함으로써 미국의 입장과 충돌했다. 사건으로부터 2개월 뒤인 5월 20일, 한국 정부는 UN 조사단의 최종 보고서의 결론에 따라 "북한의 어뢰 공격으로 침몰됐다"고 발표했다. 오바마 정부는 "세계의 평화와 안전에 도전하는 행위이고 한국전쟁 휴전협정을 위반한 침략행위"라고 북한을 강하게 비난했다. 한미일 3국은 UN 안전보장이사회에 대북 제재를 요구했다. 그러나 중국은 "비난 결의 등으로 북한을 압박하면 오히려 폭발을 부를 수 있다"는 등의 주장을 계속했다. 결국 안전보장이사회는 북한에 대한 강제력을 쓸 수 없어 간접적인 표현을 사용해 북한을 비난하는 의장 성명(7월 9일 채택)을 결정하는 데 그쳤다. 당연히 오바마 정부의 대중국 불만은 높았다(Nanto and Manyin 2010; 久保文明·高畑昭男 2013).

'불신의 증폭' (2010년)

제2차 미중전략경제대화S&ED의 내용 및 성과

제2차 S&ED는 2010년 5월 24일과 25일 이틀간 베이징에서 개최됐다. 클린턴 국무장관과 가이트너 재무장관을 필두로 각료급 8명을 포함한 미국 측 대표단 200명이 중국을 방문했다. 클린턴 국무장관이 오바마 대통령의 메시지를 대신 낭독했다. 이 메시지에서 오바마 대통령은 "미국과 중국은 서로 연결된 세상에 있다"며 "미국은 강하고 번영하고 그리고 성공한 국제사회의 구성원으로서 중국을 환영한다"고 밝혔다. 오바마는 또 "미중 양국은 이란 문제처럼 북한 문제에 있어서도 공조를 이뤄야 한다"며 "북한의 핵실험과 천안함 침몰 문제에 관해 함께 노력하자"고 강조했다. 이에 대해 왕치산 부총리는 정치적인 문제보다는 경제적 협력의 중요성을 더 강조했다. 그는 "미중 간 얽혀 있는 경제관계는 양국의 핵심으로 자리 잡았다"며 "양국이 경쟁적인 '제로섬 게임'이 아니라 협력적인 '윈-윈' 관계가 될 때 높은 수준의 경제 목표를 달성할 수 있다"고 주장했다(Department of State 2010a).

클린턴 국무장관은 개막식에서 《주역周易》의 〈계사繫辭〉 하편에 나오는 '수도동귀殊途同歸'(길은 달라도 이르는 곳은 같음)를 인용해 미중관계를 표현했다. 기회와 도전을 마주보고 있는 미중 양국이 문제를 해결하는 방법은 다르지만 결국에는 같은 목표를 달성할 것이라는 뜻이다.[13] 이어 그녀는 "중국은 오래된 문명국가이고 미국은 젊은 나라이지만 공동의 목표와 책임을 가지고 있다"면서 "양국은 모두 긴밀히 연결되어 있다"고 강조했다.

클린턴에 앞서 가이트너 재무장관도 양국관계를 '풍우동주風雨同舟'(폭풍우 속에 한배를 탄 관계)라는 사자성어로 묘사했다. 그는 "미중 양국이 역경을 극복하기 위해 함께 일할 때, 우리 국민들의 삶은 더 나아질 것이고, 세상은 더 좋아질 것이고, 우리는 함께 더 강해질 것"이라고 말했다(Department of the Treasury 2010a). 이에 대해 다이빙궈 외교담당 국무위원은 할리우드 영화〈바벨Babel〉을 직접 봤다며 영화 속 내용을 예로 들어 화답했다. "새로운 세기에 가장 중요한 것은 신뢰입니다. 나는 국가대 국가 관계에서도 신뢰가 중요하다고 믿습니다. 전략·경제대화는 미중 간의 소통과 이해와 신뢰를 높이는 중요하고 효과적인 다리가 되어야만 합니다. 또한 전략·경제대화는 적극적이고 협력적이고 포괄적인 미중 파트너십의 장점에 기여해야 합니다"(Department of State 2010a).

제2차 S&ED 역시 '전략 트랙'과 '경제 트랙'으로 나눠 회의가 진행됐다. 각각의 합의 사항은 다음과 같다.

〈표 3-4〉 2010 미중 전략·경제대화S&ED

트랙	내용
전략 트랙	1. 핵안보, 에너지 효율성, 안보, 환경 ● AP1000 원자로 관련 핵안전 협력각서를 체결. ● 셰일가스Shale gas협력을 위한 TF 실행계획에 서명. ● 녹색협력동반자 실행계획 양해각서를 체결. ● 물류보안supply chain security 분야 협력을 위한 양해각서를 체결. ● 기후변화, 에너지, 환경 관련 양해각서를 바탕으로 지속적인 협력을 촉진하기로 합의. ● 에너지안보협력에 관한 공동성명 발표 및 국제 에너지시장 안정화, 에너지공급 보장, 효율적인 에너지 사용 등 관련 분야에서 협력을 강화하기로 합의. ● 재생가능에너지, 바이오연료 관련 협력회의를 개최하기로 합의. ● 2010년 하반기에 전기자동차포럼, 제5차 에너지정책대화, 제10차 석유 및 가스 산업 포럼을 개최하기로 합의.

전략 트랙	• 열병합발전, 바이오 항공연료, 스마트그리드 표준과 관련해 양국의 기업 간 협력을 지원하기로 합의. • 원자력 및 방사능 물질의 밀매를 방지하는 데 협력을 강화하기로 합의. • 제3차 불법벌목 및 불법거래 방지를 위한 포럼을 개최하기로 합의. • 부정부패 및 테러 방지를 위한 협력을 확대하기로 합의. 2. 기타 • 전염병 발생에 관한 협력각서를 체결. • 인권문제 협력을 위한 논의를 지속하기로 합의. • 아프리카, 중남미, 동남아시아 및 중앙아시아, 중동 지역 문제 해결을 위한 협력을 강화하기로 합의. • UN평화유지활동 및 개혁에 관한 협의 및 협력을 추진하기로 합의. • 해양 수색·구조 관련 교류 및 훈련프로그램을 조직·운영하기로 합의.
경제 트랙	1. 경제회복 강화와 지속 가능하고 균형적인 성장 촉진 • 거시경제 정책에 대한 대화 및 협력을 강화. • 중국은 친소비적 재정 및 통화 정책과 지속적인 구조 개혁을 통한 경제성장을 견인함으로써 소비자로서의 확대된 역할을 보호safeguard. • 미국의 민간 수요가 확대되며, 미국의 재정 정책은 총 수요aggregate demand를 유지하고 고용을 촉진하는 방향에서 중기medium-term 연방정부 적자를 감축하고 장기적 재정 건전성을 확보하는 방향으로 전환. • 양국은 국내 수요와 물가를 조절해 한층 지속 가능하고 균형적인 무역과 경제성장을 이끌도록 협력하는 정책을 펼칠 것에 합의. 2. 상호간 무역 및 투자 확대 • 보다 '열린' 국제무역 및 투자 시스템을 구축하고, 무역 및 투자에 대한 보호주의에 반대하기로 함. • 비차별, 시장경쟁·열린 국제 무역·투자 체제에 대한 지원, 지적재산권 강화, WTO 규정 준수라는 대원칙에 조응하도록 '혁신 정책'을 펼칠 것을 재확인. • '혁신 정책'에 대해 양국 전문가 및 고위급 회의를 가능한 한 빠른 시일 내에 개최하기로 합의. • 중국은 WTO 정부조달협정GPA 가입신청서 제출을 2010년 7월 이전까지 완료하기로 약속. • 양국은 미국산 콩을 중국으로 수출할 때 검역 절차를 간소화하기로 했으며, 중국은 서비스, 첨단기술 및 에너지절약 제품 등에 대한 외국인투자 진입장벽을 축소해나가기로 약속. 3. 금융시장 안정 및 개혁 • 양국은 각자의 규제 프레임워크 개혁 작업을 계속하여 전체적인 금융시스템의 안정이라는 맥락에서 금융제도가 실물경제와 개혁을 촉진시킬 수 있도록 하기로 합의(바젤 자본규제규정 가운데 한 요소인 높은 수준의 자본규제 및 반순환적counter-cyclical 자본 완충장치, 강화된 유동성 위험 기준과 은행의 고위험 자산에 대한 투기를 막기 위한 조치 등을 시행하기로 합의).

미국, 아시아로 회귀하는가

경제 트랙	• 미 연방예금보험공사FDIC와 중국은행규제위원회CBRC 간의 규제 협력과 은행에 대한 정보교류에 합의. • 미 연방예금보험공사와 인민은행 간의 예금보험, 금융서비스, 부실금융기관 및 금융안정성 이슈에 대한 규제 협력에 합의. • 미국은 중국 공기업GSE(Governmen Sponsored Enterprises)에 대한 강도 높은 감시를 통해 이들 기업이 기업을 운영할 능력이 충분한지 여부를 확실히 하겠다는 의지를 표명. 4. 국제 금융아키텍처 개혁 • G-20이 국제 금융협력에 있어 가장 핵심적인 포럼으로서 국제경제 및 금융에서 확대된 역할을 하는 것에 대한 지지를 재확인. • IMF는 국제 금융안정성과 성장의 재균형을 위해 핵심적인 역할을 해야 한다는 데 대한 의지를 재확인(IMF 쿼터 및 거버넌스 개혁에 대한 지지 표명도 포함). • 금융안정위원회FSB와 조세에 대한 투명성 및 정보 교환을 위한 국제 포럼the Global Forum on Transparency and Exchange of Information for Tax Purposes에서 양국 간의 공조를 확대하기로 합의.

* 출처: 미국 국무부(2010b); 미국 재무부(2010b).

미중 갈등의 증폭

제2차 S&ED를 총괄한 중국의 양제츠楊潔篪 외무장관은 "키워드는 '허심탄회한 성의'와 '깊은 관계'로 들어가는 것"이라고 말했다. 하지만 제2차 미중 전략·경제대화 전후에 터져 나온 다음과 같은 이슈로 인해 미중 양국의 불신은 더욱 증폭됐다.

첫째, 천안함 사건이다. 다이빙궈 중국 외교담당 국무위원은 공동 기자회견에서 "미중 양국은 한반도와 동북아시아의 안정과 평화를 유지하는 것이 중요하다는 데 인식을 같이했다"고 강조하면서 천안함 사건에 관해서는 "관계 각국과의 긴밀한 협의를 희망한다"고 말했다. 이에 대해 클린턴 국무장관은 "중국과 긴밀하게 협의하고 적절한 해결 방법을 생각하고 있다"고 말하면서도 대북제재 설득에 중국이 응하지 않았다는 것을 명확히 밝혔다(久保文明·高畑昭男 2013). 천안함 침몰 사건 이후 미중 간의 해양 대립은 격화됐다. 중국의 소극적인 자세로 UN 안전보장이사회의 대북제재가 불가능해지자 한미 양국은 서해에서 한미합동훈련을 계획했고 이에 대해 중국은 "지역의 긴장을 높일 뿐"이라며 반대했다.

둘째, 위안화 문제다. 가이트너 재무장관은 위안화 문제와 관련해 "개혁을 어떻게 진행할지는 중국의 선택"이라며 미국이 강제로 밀어붙이지 않겠다는 점을 강조했다. 미국 측은 중국에게 미국의 국채를 계속해서 매입하도록 권유하는 것이 쉽지 않다는 점을 알고 있기 때문에 중국의 입장을 존중할 수밖에 없었다(久保文明·高畑昭男 2013). 또 중국의 최대 무역 파트너인 유럽의 금융·채무 위기와 중국 내 부동산 과열 문제까지 겹쳐 위안화 환율 인상 문제는 제2차 미중 전략·경제대화에서

〈그림 3-1〉 위안화 환율 추이(단위: 위안/1달러)

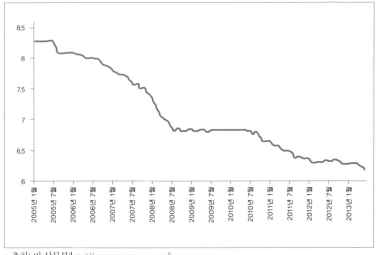

* 출처: 미 상무부(http://www.commerce.gov/).

미국, 아시아로 회귀하는가

주요 이슈가 되지 못했다. 클린턴 국무장관은 물론 가이트너 재무장관도 개막식 연설에서 위안화 문제를 직접적으로 언급하지 않았다. 하지만 좀 더 근본적인 이유는 〈그림 3-1〉에서도 알 수 있듯이, 위안화 절상이 지속적으로 이뤄져왔다는 데 있다. 2005년 1달러에 8,500위안이던 위안화 환율은 2008년 7월 1달러에 7,000위안 아래로 떨어졌다. 그리고 그러한 추세는 계속 이어져왔다.[14]

셋째, 통상마찰이다. 미중 양국이 첨예하게 대립하는 분야 가운데 하나가 통상이다. 미국은 위안화의 가치를 중국 정부가 의도적으로 고정했기 때문에 미중 양국 간 무역 불균형이 일어나고 있다고 지적했다. 이에 대해 중국은 미중 간 무역 불균형은 위안화가 아니라 미국식 자본주의 경제 자체의 문제와 저축보다 소비에 치중하는 미국인들의 생활태도에 그 원인이 있다고 비판했다.

중국이 2001년에 WTO 정식회원국으로 가입한 이후 양국 간의 무역규모는 급격하게 늘어났다. 특히 미국의 대중 수입은 2002년에는 1,250억 달러로 전체 수입의 10.7퍼센트에 불과했지만 2006년에는 2,880억 달러(15.5퍼센트), 2010년에는 3,341억 달러(19.1퍼센트)로 거의 3배에 이르렀다. 반면 미국의 대중 수출은 2002년 220억 달러(3.2퍼센트)에서 2006년 550억 달러(5.3퍼센트), 2010년 818억 달러(7.0퍼센트)로 증가는 했지만 중국의 대미수출에 비해서는 미미했다〈표 3-5〉 참조).

이러한 양국 간의 무역수지 불균형은 해를 거듭할수록 늘어나고 있다. 2001년 831억 달러였던 미국의 대중 무역적자는 2004년 1,625억 달러, 2007년 2,583억 달러, 2008년 2,678억 달러까지 치솟았다. 2009년에는 세계금융위기로 인해 대중 무역적자가 2,268억 달러로 후퇴했

〈표 3-5〉 미국의 대중 무역 추이

(단위: 십억 달러, 퍼센트)

	2002년	2003년	2004년	2005년	2006년	2007년	2008년	2009년	2010년
총수출	693	724	819	904	1,037	1,163	1,301	1,057	1,161
대중 수출	22 (3.2)	28 (3.9)	35 (4.2)	42 (4.6)	55 (5.3)	63 (5.4)	72 (5.5)	70 (6.6)	81.8 (7.0)
순위	7	6	5	4	4	3	3	3	3
총수입	1,164	1,259	1,471	1,671	1,855	1,954	2,100	1,558	1,745
대중 수입	125 (10.7)	152 (12.1)	197 (13.4)	244 (14.6)	288 (15.5)	322 (16.5)	338 (16.1)	296 (19.0)	334.1 (19.1)
순위	3	2	2	2	2	1	1	1	1

* 주: 1) (   ) 안은 총 수출입에서 대중 수출입이 차지하는 비중.
　　 2) 2010년은 1월부터 11월까지의 수치임.
* 출처: 미국 상무부 통계국(http://www.census.gov/).

지만, 미국의 경제가 되살아나면서 대중 무역적자는 다시 늘어나는 추세다. 실제로 2009년 미국의 대중 무역적자 비중은 44.7퍼센트로 역대 최고치를 기록했다(〈그림 3-2〉 참조).

오바마 정부는 대중 무역적자의 원인을 중국의 불공정 무역 관행 때문이라고 보고 중국에 대대적인 통상 압박을 가하기 시작했다. 미 상무부는 중국산 '유정용 강관 제품Oil Country Tubular Goods'의 덤핑 행위와 보조금으로 인해 막대한 피해를 입었다고 주장하는 미 철강업계 및 노조의 제소를 받아들여, 2009년 4월 29일에 중국산 유정용 강관에 대한 '반덤핑AD(Anti Dumping)·상계관세CVD(Countervailing Duties)' 조사를 시작했다.[15] 그리고 4개월간의 조사를 거쳐 중국산 유정용 강관에 대해 상계관세 부과 예비판정을 내렸다(Chinadaily 2009).

미국, 아시아로 회귀하는가

〈그림 3-2〉 미국의 대중 무역적자 추이

(단위: 십억 달러, 퍼센트)

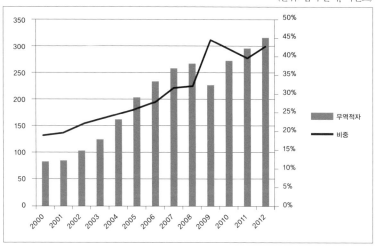

* 주: 비중은 전체 적자 중 3/4분기까지 누적수치임.
* 출처: 미국 상무부(http://www.commerce.gov/).

이와는 별도로 미국은 2009년 9월 중국산 타이어에 대해서도 특별세이프가드SSG(Special Safeguard)[16] 조치를 발동했다. 중국산 타이어 수입 급증으로 자국 산업과 노동자들이 피해를 입고 있다며 2009년 9월 26일부터 3년간 중국산 승용차용 타이어와 경트럭용 타이어에 35퍼센트에서 25퍼센트(매년 5퍼센트포인트 인하)의 추가 관세를 부과한 것이다(9월 10일). 이는 중국의 불공정 무역관행에 대해 WTO 규정이 아니라 미국 내 통상법을 적용하겠다는 뜻이었다.

이 같은 미국의 강경 자세는 대중 무역적자로 피해를 입고 있는 자국 산업과 노동자를 보호하는 한편, 수출을 확대하여 일자리를 창출하고 국내 경기를 회복하겠다는 오바마 정권의 수출 촉진 구상과도 연관된다. 하지만 중국 정부는 미국의 특별세이프가드 조치를 강력히 비난하면서 WTO에 불공정 행위로 제소했다(9월14일). 또 미국산 닭고기에 대해서도 반덤핑·상계관세 조사를 개시했다(9월 26일).

이후 미중 간에는 서로 상대국의 수출 물품에 반덤핑·상계관세를 부과하는 분쟁이 경쟁적으로 이어졌다. 미 상무부는 중국산 유정용 강관과 타이어에 이어 철강격자와 와이어데킹에도 반덤핑 예비판정을 내렸다. 이에 대해 중국 상무부는 11월 1일 미국산 아디프산Adipic Acid에 반덤핑관세를 부과한 데 이어 11월 6일에는 배기량 2000cc 이상인 미국산 승용차와 SUV에 대해서도 반덤핑·상계관세 조사 개시를 발표하며 응수했다. 이 분쟁에서 미국은 중국산 타이어, 철강, 알루미늄 등을 겨냥했다. 이에 대해 중국이 미국산 닭고기, 화학제품, 나일론제품 등에 보복관세를 발동하면서 양국 간 통상 마찰이 확대됐다(나수엽 2010).

〈표 3-6〉 중미 간 반덤핑·상계관세 분쟁 경과 주요 일지

	미국	중국
2009	• 중국산 타이어 세이프가드 조치 발동 (9.11) • 중국산 광택지 반덤핑·상계관세 조사 개시(10.14) • 중국산 철강격자 상계관세 예비판정 (10.27) • 중국산 유정용 강관 반덤핑 예비판정 (11.5) • 중국산 유정용 강관 상계관세 최종판정 (11.24) • 중국산 철강격자 반덤핑 예비판정(12.29) • 중국산 유정용 강관 상계관세 산업피해 최종판정(12.30)	• 미국의 세이프가드조치를 WTO 제소 (9.14) • 미국산 닭고기 반덤핑·상계관세 조사 개시(9.26) • 미국산 아디프산 반덤핑 최종판정(11.1) • 미국산 승용차 및 SUV 반덤핑·상계관세 조사 개시(11.6) • 미국산 방향성 전기강판 반덤핑·상계관세 예비 판정(12.10)

2010	• 중국산 와이어데킹 반덤핑 예비판정(1.21) • 중국산 드릴파이프 반덤핑·상계관세 조사 개시(1.21) • 중국산 무계목 강관 상계관세 예비판정(2.24) • 중국산 포타슘인산염 및 광택지 상계관세 조사 개시(4.21)	• 미국산 닭고기 반덤핑 예비판정(2.5) • 미국의 일련의 반덤핑·상계관세 조치 비난성명 발표(3.9) • 미국산 화학제품 및 광섬유 반덤핑 조사 개시(4.22) • 미국산 나일론제품Polyamide 6 반덤핑 최종판정(4.22) • 미국산 닭고기 상계관세 예비판정(4.28)

* 출처: 나수엽(2010).

이에 따라 미국의 대중국 반덤핑·상계관세 조치는 2005년 4건, 2006
년 5건에서 2009년에는 32건으로 눈에 띄게 증가했다(표 〈3-7〉 참조).

〈표 3-7〉 미국의 대중 반덤핑·상계관세 조치 추이(조사 개시 기준)

(단위: 건)

구분	2005년	2006년	2007년	2008년	2009년
반덤핑·상계관세	4	4	19	15	22
상계관세	0	1	6	5	10

* 출처: 미 상무부 국제무역행정청(http://trade.gov/).

중국은 미국이 자국의 통상법을 일방적으로 적용해 상대국에 반덤
핑·상계관세 조치를 취하는 것은 WTO 규정에 위배되는 것이라며 강
력히 반발했다. 미국 산업이 어려움을 겪고 있는 근본적인 이유는 금융
위기에 따른 수요 악화 때문인데, 이를 중국 제조업의 책임으로 떠넘기
는 것은 어불성설이라는 게 중국의 입장이었다. 자국의 수출 촉진을 위
해 다른 나라의 수출을 제한하는 전략은 국제무역 환경을 악화시킬 뿐
이며, 미국이 수출 확대를 원한다면 시장개방과 자유무역의 기본 원칙
을 고수해야 한다고 중국은 주장했다.

넷째, 군사 교류 단절이다. 제2차 S&ED 기간 중 중국 국방부는 "미국은 패권 행동을 반복하고 있고 전략적 동맹관계를 구축해 중국을 포위하고 있다"고 비난하면서, 이미 예정된 로버트 게이츠Robert Gates 국방장관의 방중을 "시기상조"라며 거부했다. 이러한 미중 간의 군사적 긴장관계는 제2차 S&ED가 끝난 직후인 2010년 6월 싱가포르에서 개최된 아시아안보회의(샹그릴라 대화)로 이어졌다. 회의에 참석한 게이츠 미 국방장관과 중국군 관계자는 타이완에 대한 무기 판매 문제 등을 둘러싸고 공개 토론장에서 심하게 격돌했다(久保文明·高畑昭男 2013).

미중 간의 갈등은 2010년 7월 23일 베트남에서 개최된 아세안지역안보포럼ARF 각료회의로도 이어졌다. 이 자리에서 클린턴 장관은 "남중국해에서 항해의 자유, 국제법의 존중 그리고 아시아 공동 해역에 자유롭게 접근하는 것이 미국의 중요한 국익이다"라고 연설하면서 중국의 주장과 행동에 정면으로 반박했다. 특히 개별 영유권 문제에는 중립을 지키지만 한 나라가 권익을 주장하는 행동에 대해서는 자유항해의 원칙 등을 내세워 강하게 반대하고, 다국 간 협의에 의해 해결책을 찾는다는 원칙도 제시했다(Clinton 2010d). 이에 대해 양제츠 중국 외무장관은 클린턴을 응시하면서 "남중국해에는 아무 문제도 없다"며 ASEAN 국가들에게 "외세의 개입을 허용해서는 안 된다"고 경고했다. 양제츠 장관은 특히 베트남에 대해 "같은 사회주의 국가가 오히려 미국을 편들고 있다"고 비판했다. 아울러 그는 "중국은 대국이다. 여기에 있는 다른 어떤 나라들보다 크다"고 협박했다(Bader 2012a, 105). 결국 양제츠 장관이 클린턴의 주장에 강하게 반발해 회의장을 나가는 사태까지 벌어졌다. 하지만 속개된 회의에서 미국과 일본 등 12개 나라는 자유항해를 무시하는 중국의 행동에 우려를 표명했다(久保文明·高畑昭男 2013).

이후에도 미중 양국은 센카쿠(댜오위다오) 열도 문제를 둘러싸고 다시 한 번 충돌했다. 2010년 9월 7일 동중국해의 센카쿠 열도에서 위법조업 중이던 중국 어선이 일본 해상보안청의 순시선에 충돌하고 선장이 체포되면서 중국과 일본 양국관계가 급격히 얼어붙었다. 약 2주일 뒤인 9월 23일, 오바마 대통령과 클린턴 국무장관은 UN 총회에 참석하기 위해 뉴욕을 찾은 간 나오토菅直人 일본 총리와 마에하라 세이지前原誠司 일본 외무장관을 만나 이 문제를 심도 있게 논의했다. 그리고 미일 외무장관 회담에서 클린턴 장관은 센카쿠 열도가 "명백하게 미일안보조약에 적용된다"고 밝혔다. 미일안보조약 제5조에는 일본의 영토에서 무력 공격이 일어날 경우 미국은 "일본을 방위하기 위해 공동행동을 한다"라고 명시되어 있다(Ministry of Foreign Affairs of Japan 2013). 이에 대해 양제츠 중국 외무장관은 10월 30일 베트남 하노이에서 열린 동아시아정상회의EAS에서 클린턴과 회담을 갖고 영토 문제 등에서 "잘못된 발언을 해서는 안 된다"고 항의했다. 그는 클린턴이 센카쿠 열도를 미일안보조약의 적용 대상이라고 밝힌 데 대해 비난하며 "고도로 민감한 문제에는 말을 삼가고 신중하게 행동해야 한다"고 요구했다(Bader 2012a; 久保文明·高畑昭男 2013).

2010년 11월에 오바마 대통령은 서울에서 열리는 G-20 정상회의와 일본 요코하마에서 열리는 APEC 정상회의에 참석하기 위해 아시아로 향했다. 이때 오바마 대통령은 한일 두 나라뿐만 아니라 인도와 인도네시아도 잇따라 방문했다. 오바마 대통령은 이미 2009년 11월에 미국에서는 처음으로 만모한 싱Manmohan Singh 인도 총리를 국빈 자격으로 워싱턴에 초대해 전략적 파트너 관계를 확인한 바 있다. 인도에 머무르는 동안 오바마 대통령은 인도 의회에서 "UN 안전보장이사회가 개혁된다면 인도가 상임이사국이 되길 원한다"고 말했다. 미 정부 입장에서 인도의 UN 상임이사국 진입을 공식 지지한 것은 오바마 정부가 처음이다. 이러한 화기애애한 분위기 속에서 미국과 인도 양국은 "동아시아와 세계 차원의 문제에 관한 협의와 대화를 함께한다"고 합의했고, 대테러·원자력·방위·우주 분야의 협력 확대 등을 통해 전략적 연대를 강화하기로 했다. 이러한 미국의 행동은 중국을 견제하기 위한 것으로 풀이된다. 오바마 대통령은 수실로 밤방 유도요노Susilo Bambang Yudhoyono 인도네시아 대통령과도 정상회담을 갖고 포괄적 파트너 관계에 합의했다. 2010년 7월에는 게이츠 국방장관이 인도네시아 특수부대에 대한 미국의 지원 재개를 발표했다. 이러한 합의 또한 중국 억제를 염두에 두고 군사 교류를 강화한 것으로 볼 수 있다(久保文明·高畑昭男 2013).

G-20 서울회의와 미중관계

미국은 2010년 11월 11일에 서울에서 열리는 G-20 정상회의에 큰 기대를 가졌다. 이 회의에서 중국을 환율 조작국으로 지목하면서 위안화를 절상시키고 미국의 아시아 지역 수출을 두 배로 늘리겠다는 것이 오바마 대통령의 전략이었다. 하지만 회의 결과는 참담했다. 중국을 압박해 위안화를 절상시키려던 미국의 계획은 다른 나라들의 지지를 얻지 못해 수포로 돌아갔다. 미국이 경기회복을 위해 6천억 달러에 이르는 양적완화Quantitative Easing를 단행했는데 이것이 달러 약세를 유발했기 때문이다. 이는 국제 공공재를 제공하는 패권국의 책무를 스스로 저버린 행위여서 그간 미국과 대립각을 세워왔던 중국과 브라질은 물론 독일, 프랑스, 영국 등 주요 서방국가들도 이구동성으로 미국을 비판했다(손열·조홍식 2010; 이혜정·김대홍 2011).

그나마 성과라고는 후진타오 중국 국가주석과의 정상회담을 통해 경제적 실리를 얻어낸 것뿐이었다. 오바마 대통령과 후진타오 국가주석은 1시간 20분에 걸친 정상회담에서 "미중은 핵보유국이자 경제대국으로서 전 세계의 비핵화와 경제성장에 대해 특별한 책임이 있다"고 말했다. 위안화 개혁과 인권, 북한과 이란의 핵 문제에서는 구체적인 타개책을 보이지 않았지만, 세계경제의 안정 등 지구 차원의 과제에 대해서는 양국이 연대한다는 기본 방침을 확인했다. 동시에 다음해인 2011년 1월로 예정되어 있던 후진타오 주석의 공식 방미에 앞서 미중 정상회담 일정도 결정했다(久保文明·高畑昭男 2013).

이에 앞서, 2010년 9월 초에도 토머스 도닐런 백악관 국가안보보좌관이 중국을 방문해 후진타오 등과 회담하고 갈수록 높아지는 긴장 관계를 개선하기 위한 방안 등을 논의했다. 오바마 정부는 경제, 금융, 통상 등의 분야에서 중국과의 상호의존관계가 점점 더 심화되고 있는 것을 잘 알고 있었다. 뿐만 아니라 북한, 이란의 핵 문제 해결과 국제금융 개혁 추진 등에서도 중국의 협력이 무엇보다 중요하다는 것 역시 잘 알고 있었다. 그렇지만 미국은 중국의 호전적인 행동에 대해서는 분명하게 반대 입장을 보였다. 특히 한국과 일본, 호주, 인도, 인도네시아 등 전통적인 동맹과 파트너들을 통해 유연하게 중국을 포위하는 새로운 지역 구도를 원했다(久保文明·高畑昭男 2013).

2011년 1월 14일로 예정된 후진타오 주석의 미국 공식 방문 직전에 클린턴 국무장관은 미국 외교에 관한 홀브룩 특별강의에서 "중국과의 양자관계가 중요하지만 그렇다고 G-2라고 표현하지는 않겠다"고 확실하게 말했다. 중국뿐만 아니라 다른 주요 행위자와 동맹, 제도들 그리고 새롭게 부상하는 세력들이 있기 때문에 중국만을 염두에 둔 외교정책을 펼 수 없다는 입장이었다(Clinton 2011a; 이혜정·김대홍 2011). 그러면서 중국에게는 2010년 11월에 일어난 연평도 포격 사건 등 도발을 계속하고 있는 북한에 압력을 행사할 것과 인터넷 규제의 철폐와 인권문제 개선, 위안화 절상 등의 문제에도 책임 있는 행동을 할 것을 요구했다. 마지막으로 클린턴 장관은 "실망으로 끝나더라도 비현실적인 기대는 하지 않는다. 시간이 걸리더라도 협력을 확대하고 서로 다른 점을 좁히고 착실히 노력할 필요가 있다"고 강조했다(Clinton 2011a).

클린턴 장관의 이 연설은 오바마 정부의 대중국 외교정책의 변화를 예고하는 중요한 의미를 갖는다. 또 2009년에 협력과 기대에서 출발한 S&ED가 1, 2차 회의를 거치면서 점점 더 실망으로 변해가고 있다는 현실 인식도 포함하고 있었다.

'중국의 반격'(2011년)

후진타오의 미국 국빈방문과 미중 정상회담

2011년 1월 18일부터 21일까지 후진타오 중국 국가주석이 미국을 국빈방문했다. 1997년에 장쩌민 전 국가주석이 미국을 방문한 이래로 14년 만에 이뤄진 중국 국가주석의 미국 국빈방문이었다.[17] 양국 정상은

18일과 19일 이틀간 정상회담을 개최하고 6개 대주제와 41개 항으로 구성된 공동성명서를 발표했다. 미중관계 강화, 국제·지역문제 해결, 포괄적이고 호혜적인 경제관계 구축, 기후변화·에너지·환경, 인적 교류 등 양국 간 경제·안보협력 문제에서 글로벌 이슈에 이르기까지 폭넓은 논의가 진행됐다. 특히 경제 관련 이슈가 2009년 오바마 대통령이 방중했을 때 발표된 공동성명과 비교해 크게 확대됐다(〈표 3-8〉 참조)(나수엽·여지나 2011).

〈표 3-8〉 2009년과 2011년 미중 정상회담 공동성명 내용 비교

2009년 공동성명	2011년 공동성명
미중관계 (12)	미중관계 (9)
양국 전략적 신뢰구축·심화 (6)	고위급 인사 상호 방문 (3)
경제협력과 국제경기 회복 (5)	국제·지역문제 (6)
국제·지역문제 (8)	포괄적이고 호혜적인 경제관계 구축 (14)
기후변화·에너지·환경 (14)	기후변화·에너지·환경 (4)
	인적 교류 (1)

* 주: ( ) 안은 항목 수.
* 출처: 나수엽·여지나(2011).

중국은 보잉기 200대를 포함해 450억 달러 상당의 미국 제품 구매 및 투자 계약을 확정지었다. 2006년 후진타오 주석 방미 당시 구매액이 162억 1천만 달러였던 것과 비교하면 3배 가까이 늘어난 수치였다. 백악관은 이 같은 거래로 미국 내에 23만 5천 개의 일자리가 늘어날 것으로 예측했다. 이와 함께 중국은 국제 무역과 금융 분야에서 중국의 비중이 높아진 만큼 위안화를 IMF의 결제수단인 특별인출권SDR(Special

Drawing Rights) 바스켓에 포함시켜야 한다고 주장했다. 이에 미국은 위안화를 SDR 바스켓에 포함시키기 위해 노력하겠다고 약속했다. 이처럼 미중 양국은 개별 이슈에 있어서는 갈등을 보이면서도 협력적인 동반자관계를 구축하기 위해 함께 노력하고 있다. 이러한 모습은 4개월 뒤 열린 제3차 S&ED에서 더욱 구체화됐다(나수엽·여지나 2011).

제3차 S&ED의 내용 및 합의문

제3차 S&ED는 2011년 5월 9~10일 양일간 워싱턴에서 열렸다. 미국 측에서는 힐러리 클린턴 국무장관, 티머시 가이트너 재무장관, 게리 로크 상무장관, 론 커크 무역대표부 대표, 벤 버냉키 연방준비제도이사회 의장 등이 참석했고, 중국 측에서는 왕치산 부총리, 다이빙궈 국무위원, 셰쉬런 재무장관, 천더밍 상무부장, 저우샤오춘 인민은행총재 등이 참석했다. 주요 의제는 지난 1, 2차 대화와 거의 유사하며 분야별 논의 내용이나 합의 사항도 대부분 같은 해 1월에 열린 양국 간 정상회담에서 제시된 것을 재확인하는 수준에 그쳐서 실질적이고 구체적인 결과는 도출되지 않았다(나수엽 2011).

클린턴 국무장관과 다이빙궈 국무위원이 공동 주재한 '전략 트랙'에서는 양국 간 고위급 교류 촉진, 한반도 및 아프가니스탄 문제, 기후변화·에너지·환경 분야 협력 등을 포함한 지역 및 글로벌 이슈가 다뤄졌다. 가이트너 재무장관과 왕치산 부총리가 주재하는 '경제 트랙'에서는 지속 가능한 균형성장 촉진, 양국 간 무역 및 투자 협력 강화, 금융시스템 강화와 금융감독 개선 등에 관한 분야에서 다양한 이슈들이 논의됐다.

먼저 '전략 트랙'부터 살펴보자. 첫째, 제3차 미중 전략·경제대화에

<표 3-9> 2011 미중 전략·경제대화S&ED

트랙	내용
전략 트랙	**1. 고위급 교류 촉진** • G-20 정상회의, 동아시아 정상회담, APEC 등을 통해 양국 정상회담 추진하기로 합의. • 바이든 부통령과 시진핑 부주석의 양국 상호 방문 환영. **2. 양자 협의 및 양국 간 협력 증진** • 양국 외교·국방 관련 고위급이 참여하는 전략안보대화SSD를 신설하기로 합의. • 아시아태평양 지역의 안정 및 평화 유지, 번영에 대한 이해를 공유하고, 이 지역에 관한 협의체를 설립하기로 합의. • 아프리카, 중남미, 동남아시아·중앙아시아 지역의 이슈를 논의하기 위한 협의를 계속해나가기로 합의. • 테러 및 핵확산 방지 등 주요 국제안보 관련 이슈를 논의하기 위한 대화 및 협의를 계속해나가기로 함. • 제14차 미중 과학기술협력공동위원회를 개최하기로 함. • 양국 간 부정부패 방지를 위한 협력 확대·심화. **3. 지역 및 국제안보 문제** • 평화와 안전 유지를 위해 지역 및 국제 이슈에 관한 양국 간 협력을 증진. • 한반도 문제와 관련해 2010년 1월 양국 정상회담에서 논의된 내용을 재확인(북한의 우라늄농축프로그램에 관한 우려 표명, 한반도의 평화와 완정을 위한 비핵화, 남북한 관계개선 및 대화에 대한 중요성 인식, 한반도 문제에 관한 미중 간 공동 노력 지속). **4. 기후변화·에너지·환경 분야 협력** • 환경 분야에 관한 협력을 강화. • 전력 분야(전력관리 시스템, 전력프로젝트 결정 등)에 관한 협력을 증진. • 에너지 관련 정보를 공유. • 양국의 기상청 간 공동연구를 강화. • 제2차 대화와 1월 양국 정상회담에서 논의된 에너지안보 분야 협력을 재확인(국제 에너지시장 안정화, 에너지 공급 보장, 효율적인 에너지 사용 등 관련 분야 협력 강화). **5. 양해각서 갱신 및 체결** • 보건 및 의료기술에 관한 양해각서를 갱신. • 물류보안 및 무역촉진 협력에 관한 양해각서 실행계획을 체결. • 여섯 개의 새로운 녹색협력동반자 프로그램을 체결. • 법률집행 협력에 관한 양해각서 체결을 지원.
경제 트랙	**1. 견고하고, 지속 가능하며, 균형적인 성장 촉진** • 중국은 국내 소비와 수입 확대를, 미국은 국내 저축과 수출 확대를 약속.

경제 트랙	• 미국 연방준비은행은 지속 가능한 경제성장과 가격안정이라는 목표에 부합하도록 지속적으로 통화 정책을 조정하고, 중국 인민은행은 성장과 가격의 안정을 위한 신중한 통화 정책을 수행하기로 약속. • 국제 금융시스템의 강화와 국제 금융 아키텍처의 개혁을 위한 공조를 계속할 것을 약속(IMF 및 다국적 개발은행의 정당성과 효율성 제고를 위한 노력). 2. 금융시스템 및 금융감독의 강화 • 양국은 금융 분야의 개혁을 촉진하기로 합의. • 미국은 도드-프랭크(Dodd-Frank) 법안에 따라 포괄적인 금융개혁 작업을 수행하고 규제 기준을 상향하여 파생금융상품에 대한 포괄적인 규제프레임워크를 형성하기로 함. 그리고 이를 통해 금융기관의 '대마불사(too big to fail)' 문제를 해결해나가기로 약속. • 중국은 금융시스템 개혁 작업을 강화하여 효율적인 서비스를 제공하고, 위험을 통제하며, 금융 혁신을 촉진할 수 있도록 함. 중국은 직접적인 금융채널(주식, 채권, 사적자본 등)의 사용을 확대하여 투자자본 및 금융의 다양한 수요를 충족하도록 노력하기로 약속. • 양국은 G-20 서울회의의 "국제적으로 균질하고 비차별적인 방법으로 헤지펀드, OTC 파생금융상품, 신용평가사에 대한 규제 및 감독을 강화하기로 한다"는 합의문의 이행을 재확인. • 미국은 금융 분야를 포함한 모든 분야에서 해외투자를 환영하며, 미국에 진출한 금융기관에 타국의 금융기관과 같은 규제 기준을 적용하기로 함. • 중국은 자국에 진출한 외국계 은행이 국내 은행과 같은 권리를 누릴 수 있도록 규제 정책을 조정할 것을 약속. • 미국은 중국이 대외무역에서 위안화 사용을 확대하려는 노력을 지원하기로 약속. • 양국은 자국의 금융감독기관이 양해각서에 의해 상호 정보 교환을 계속하기로 합의. • 양국은 자금세탁, 화폐위조, 테러지원, 대량살상무기 확산 등에 관련된 금융 활동을 저지하기 위한 공조를 확대하기로 약속. 3. 무역 및 투자 협력 확대 • 중국은 지적재산권 침해 및 위조상품 철폐를 위한 특별 캠페인의 결과를 수용하여 지적재산권 보호를 위한 장기적인 메커니즘을 향상시키기로 약속. • 미국은 무역에 있어 중국이 동등한 지위를 보장받을 수 있도록 하고, 이에 맞춰 수출통제시스템을 개혁. • 중국은 정부가 조달하는 모든 분야에서 자국산 제품의 의무사용 규정을 철폐하기로 약속. • 양국은 미중 상업통상공동위원회(U. S.-China Joint Commission on Commerce and Trade)를 통한 협의 및 협력을 지속하기로 합의. • 양국은 무역에 있어 투명성과 공정성에 대한 중요성을 재확인. • 중국은 국부펀드(Sovereign Wealth Funds)에 대한 표준원칙과 관행을 따를 것을 약속했으며, 미국은 해외투자자에 대한 비차별 원칙을 지켜나가기로 약속.

* 출처: 미국 국무부(2011b); 미국 재무부(2011b).

미국, 아시아로 회귀하는가

서 가장 눈에 띄는 것은, 양국의 고위급 국방관계자들이 참석하는 '전략안보대화SSD(Strategic Security Dialogue)'가 신설된 것이다. 전략안보대화의 주요 목적은 오해 때문에 발생하는 무력충돌 등을 방지하기 위해 양국이 서로 신뢰를 조성하는 것이다. 미국 측은 스타인버그 국무부 부장관, 플러노이 국방차관, 카트라이트 합동참모본부 부의장 등 국무부와 국방부 고위급 인사들이 참가했고, 중국 측은 장즈쥔 외교부 부부장, 마샤오톈 인민해방군 부총참모장 등이 참가했다. 미국 측은 핵확산금지, 미사일방위, 사이버 안전보장, 우주의 군사적 이용 등에 관한 의제를 제기했다.

둘째, 아시아태평양 지역의 공통 이익과 과제를 둘러싼 새로운 협의기구를 연내에 창설하는 것에 대한 합의가 이뤄졌다. 주요 국제안보와 관련된 이슈를 논의하기 위한 대화와 협의를 지속하는 데도 뜻을 같이했다. 또 제14차 미중 과학기술협력공동위원회를 개최하고, 양국 간 부정부패가 발생하지 않도록 서로 협력하기로 했다.

셋째, 양국 고위급 교류를 확대하기로 했다. 구체적으로 G-20 정상회의, 동아시아정상회의EAS, APEC 등을 통한 양국 정상회담을 추진하기로 합의했다.

넷째, 지역 및 국제 이슈에 관한 양국 간 협력을 증진하기로 하고, 한반도 문제와 관련해 2010년 1월 양국 정상회담에서 논의된 내용을 재확인했다. 특히 클린턴 장관은 북핵 문제를 포함한 한반도 문제와 관련해서 "한반도의 평화와 안정을 유지하는 것은 양국의 공통된 핵심이익"이므로 한반도의 완전한 비핵화가 이루어져야 한고 강조했다. 그리고 "우리는 북한이 비핵화를 이행하기 위한 불가역적인 조치를 취하기를 원한다"고 덧붙였다.

다섯째, 환경·전력 분야(전력관리 시스템, 전력프로젝트 결정 등)에 관한 협력을 증진하기로 했다. 또 제2차 미중 전략·경제대화와 2010년 1월의 양국 정상회담에서 논의된 에너지 안보 분야 협력도 재확인했다. 즉 국제 에너지시장 안정화와 에너지공급 보장, 효율적인 에너지 사용 등 관련 분야에서 협력을 강화하겠다는 것이다.

'경제 트랙'에서는 20개 항목, 전략·안보 분야에서는 49개 항목에서 성과가 있었다. 중국은 이번 회담에서 위안화의 가치를 궁극적으로 시장에 맡기겠다는 뜻을 밝혔다. 또 지적 침해 행위에 대한 조사를 실시하고, 중국 정부가 사용하는 소프트웨어가 미국의 지적재산권을 침해하고 있는지 조사하겠다고 약속했다. 이 밖에도 중국은 미국 은행이 중국에서 뮤추얼펀드를 판매할 수 있도록 허용하고, 미국 등 외국계 보험회사가 중국에서 영업을 할 수 있도록 허용하기로 했다. 구체적인 내용은 다음과 같다(Department of the Treasury 2011b).

첫째, 가이트너 장관과 왕치산 부총리는 제3차 미중 전략·경제대화에서 미중 전략·경제대화 사상 최초로 '지속 가능한 균형성장 촉진과 경제협력을 위한 포괄적 합의'를 발표했다. 이 합의는 양국이 경제동반자 관계를 구축하고 경제적으로 더욱 긴밀히 협력하기 위한 방법으로 다음 원칙을 제시하고 있다. 포괄적 경제협력과 경제동반자 관계를 유지하기 위해 양국은 상대국의 건실하고 지속적인 경쟁성장이 각국 경제번영의 필수 요소라는 인식을 공유한다. 또한 자국의 경제정책이 글로벌 경제에 미치는 효과를 고려하고, 국제 무역·금융기관이 세계경제의 성장과 안정에 기여하도록 이들의 역할을 강화하는 데 인식을 같이한다.

미국, 아시아로 회귀하는가

둘째, 세계경제의 잠재적 불안요인을 해소하고 글로벌 경기를 회복시키기 위해 양국은 거시경제 부분에서 협력을 강화하기로 약속했다. 이를 위해 중국은 지속적으로 내수를 확대하고, 미국은 국내 저축과 수출의 증대를 추진한다. 미국 연방준비제도이사회와 중국 인민은행은 지속적으로 성장을 촉진하고 물가를 안정시키기 위해 경제 상황에 따라 적절하고 신중한 통화 정책을 운용한다. 미국은 과도한 환율변동에 대한 경계심을 늦추지 않고, 중국은 위안화 환율의 유연성을 지속적으로 제고하기로 한다. 양국은 또 글로벌 불균형을 해소하고 경기를 회복시키기 위해 모든 정책적 노력을 기울일 것과 G-20 체제를 지지하고 IMF의 적법성과 효율성을 개선할 것을 재차 강조했다.

셋째, 양국은 경제성장, 고용창출, 혁신 등을 위해서는 무역 및 투자의 개방이 중요하다는 데 공감하고 글로벌 무역 및 투자 자유화를 촉진하고 모든 형태의 보호주의를 반대하기로 합의했다. 중국은 지적재산권에 대한 특별 캠페인을 강화하고 모든 정부기관에서 정품 소프트웨어를 사용하고 있는지 여부를 검사하기로 했다. 또한 중국은 2010년 1월의 양국 정상회담에서 이미 약속한 차별화된 '자주혁신indigenous innovation' 기준을 철폐하고, 혁신정책과 정부조달 특혜의 연관고리를 끊겠다는 점을 재확인했다. 아울러 양국은 양자투자협정BIT(Bilateral Investment Treaty)이 성공적으로 체결될 수 있도록 지속적으로 노력하기로 했다.

넷째, 글로벌 위기가 재발하는 것을 막고 건전한 금융질서가 자리잡을 수 있도록 금융시스템을 개선하고 금융감독을 강화하기로 했다. 또한 미국은 위안화의 국제화를 위한 중국의 노력을 지지하고, 중국은 외국계 은행의 현지법인에 대한 금융시장 투자 허용폭을 늘리기로 했다.

제3차 S&ED에 대한 평가: 중국의 반격

제1, 2차 S&ED가 세계경제위기 극복과 경제 회복에 맞춰졌다면, 제3차 회의는 기존 회의에서 합의한 내용을 재확인하고 양국이 지속적으로 발전시킬 수 있는 '포괄적 합의'를 이끌어냈다는 평가를 받고 있다. 하지만 논의 내용을 자세히 들여다보면 오히려 미중 간 불신이 더 커지고 있음을 알 수 있다. 특히 중국이 미국에 대해 좀 더 공세적인 입장으로 돌아섰다. 그 구체적인 사례로 다음 세 가지를 제시한다.

첫 번째는 위안화 문제다. 제3차 회의에서 중국은 자국의 입장을 훨씬 더 적극적으로 내세우면서 미국을 공격했다. 가이트너 장관은 '위안화 환율 문제'와 '자본시장 개방 문제'를 제기하면서, 중국 측에 미국 기업을 위해 좀 더 공정한 경쟁의 장을 제공하고 금융 분야도 개방해줄 것을 요구했다. 가이트너 장관은 회담 1주일 전인 5월 3일에 가진 미중 기업협회 초청연설에서도 "중국의 시장 상황이 위안화 가치를 절상해야 하는 쪽으로 확실하게 움직이고 있다"며 중국 정부의 위안화 절상 노력을 인정하면서도, "중국 당국은 좀 더 빨리 위안화 가치를 절상시켜야 하며 그렇지 못할 경우 인플레이션이 가속화되는 위험에 직면하게 될 것"이라고 경고했다(Geithner 2011).[18]

이에 대해 중국은 급격한 위안화 절상은 수출 산업을 붕괴시켜 대량 실업 등 사회적 불안을 야기할 수 있는 만큼 점진적으로 위안화 절상을 해나가겠다는 입장을 취했다. 왕치산 부총리는 "무역 문제를 정치 이슈화하면 안 된다"고 반박한 뒤 "현재 세계경제가 천천히 회복되고 있지만 상황은 여전히 복잡하고 불확실한 만큼 강력하고 지속 가능한 드라이브가 지금으로선 가장 중요하다"며 미중 간 협력을 강조했다. 그는 또 "인플레이션은 현재 중국이 직면한 가장 긴박한 문제이고, 경제 성장 방식의 전환 역시 중국 지도자들이 모두 관심을 두고 있는 분야"라고 덧붙였다.

천더밍 상무부장도 위안화 환율 문제와 관련해, "무역의 관점에서 보면 중국 위안화에 대한 서방의 우려는 근거가 없다. 왜냐하면 지난 3년간 중국의 무역흑자는 계속 줄어들었기 때문이다"고 강조했다. 그런가 하면 저우샤오춘 인민은행총재는 "최근 미국 달러 환율이 평가절하되고 있는 것은 미국의 경제 상황과 어느 정도 관련이 있기도 하겠지만 국제외환시장에서 조성된 측면이 크다"고 진단한 뒤 "주요 화폐의 환율이 자유롭게 결정되는 상황에서 최근 여러 차례 큰 파동이 있어왔고, 중국은 이미 외환시장 파동에 적응된 상태"라고 여유 있는 태도를 보였다(Bloomberg 2012).

두 번째는 인권 문제다. 바이든 부통령은 이날 개막식에 참석해, "기본권과 자유는 중국 헌법에 나와 있을 뿐만 아니라 중국이 국제적으로 한 약속에도 포함되어 있는 것이며, 이를 보호하는 것이 안정과 번영을 가져오는 최선의 방법"이라고 밝혔다. 한편, 클린턴 국무장관은 시사종합지《더애틀란틱 *The Atlantic*》과의 인터뷰에서 "중국의 인권 상황이 개탄스럽다"고 직설적으로 공격하면서, 중동과 북아프리카에서 민주화 시위로 독재자들이 축출되고 있듯이 중국 지도부도 권좌에서 쫓겨날 수 있다고 경고했다(Department of State 2011a).

하지만 다이빙궈 국무위원은 오바마 대통령을 접견한 자리에서 "인권 문제는 각 국가가 처한 독특한 현실을 잣대로 평가해야 하는 측면이 있으며, 중국의 평화로운 발전이 미국에 도움이 된다"고 말했다. 추이톈카이 외교부 부부장도 "미국은 개별 인권 사안에 매몰되기보다는 중국 내 인권 발전에 더 많은 관심을 가져달라"고 요구했다(Xinhua 2011).

세 번째는 중국 군부의 도발적인 행동이다. 후진타오 주석이 미국을 방문하기 직전에 게이츠 국방장관이 1월 10일부터 2박 3일 일정으로 중국을 방문했다. 게이츠 장관은 량광례 국방부장과 회담을 가지고 중국군 전략미사일 부대 사령부도 시찰했다. 그런데 방문 이틀째인 11일에 중국군은 쓰촨성에서 차세대 스텔스전투기 젠-20의 시험비행을 했다. 이에 대해 중국 정부는 공산당 고위층과 군부 사이에 사전 조율이 없이 우발적으로 일어난 사건이라고 해명했다. 하지만 게이츠 장관의 입장에서 볼 때 이 사건은 적국의 최고 지도자에게 시위행동을 보여주는 도발적인 행동으로 비쳐졌다. 그는 중국 방문을 끝내고 일본에 도착한 뒤 "중국 군부와 문민 지도부는 소통이 결여되어 있다"고 지적하고 중국의 문민 통제 자세에 심각한 우려를 표명했다(Gates 2011b). 이 사건 이후로 오바마 정부는 중국의 문민 통제 방식에 강한 의문을 품었다.

이상 살펴본 것처럼 중국은 제3차 S&ED에서 이전과 다른 모습을 미국에 보여줬다. 미국 정부가 지속적으로 제기하고 있는 '위안화 절상'과 '인권' 그리고 '군사안보' 문제와 관련하여 더 이상 피하지 않고 자신들의 입장을 당당하게 미국에 전달하기 시작한 것이다.

미국 내 정치경제적 위기

냉전 자유주의 붕괴와 정치적 양극화[19]

이 절에서는 미국 내 정치 양극화의 실상과 이것이 오바마 정부의 '아시아 회귀'에 끼친 영향을 살펴보겠다. 쿱천Charles Kupchan과 트루보위츠Peter Trubowitz(K&T)는 1898년부터 2002년까지 의회에서 이뤄진 투표 과정을 모두 분석한 뒤, 각 투표 때마다 중도파 의원이 몇 명이나 되는지를 조사했다. 그 결과 2차 세계대전 이후에 중도파 의원의 비율이 급격하게 증가했고, 1968년까지 중도파 영역Moderate Bloc이 완만하게 증가한 점을 발견했다(〈그림 3-3〉 참조). K&T는 그 원인을 전후의 급속한 경제성장과 실용주의 정치 노선에서 찾았다. 경제적 풍요가 계급 간의 갈등을 약화시키면서 의회 내 중도파 영역을 급성장시켰다는 것이

〈그림 3-3〉 미 의회 내 중도파 영역 비율(1898~2002)

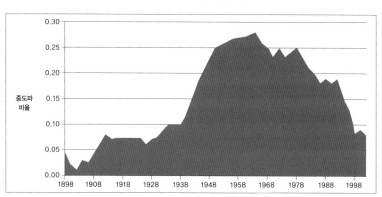

* 출처: Kupchan and Trubowitz(2007a).

다. 이로 인해 각각의 의원들도 자신이 속한 정당의 정책보다는 소신에 따라 상대 정당에 투표하는 횟수가 많아졌다. 실제로 남부 출신의 보수적인 민주당 의원들은 공화당 의원들과 제휴해 '보수주의 연합'을 만들었고, 진보적 공화당 의원들 역시 민주당 의원들과 공동 전선을 펼쳤다 (Kupchan and Trubowitz 2007a).

그러나 더 큰 원인은 미국 밖에 있었다. 미국의 경쟁상대로 급부상한 소련의 위협 때문에 중도파 숫자가 늘어난 것이다. 1948년 베를린 봉쇄부터 시작된 소련의 위협은 베트남전쟁 때 절정에 이르렀다. 당시 미국 의회에는 민주·공화 구분 없이 "소련은 안 된다"는 공감대가 흐르고 있었다. 유권자들 역시 소련의 위협에 맞설 강력한 군사력과 엄격한 외교를 미국 정부와 의회에 요구했다. 하지만 이러한 흐름은 1970년대를 기점으로 하락하기 시작했다.

왜 1970년 이후에 중도파 영역은 급격히 몰락한 것일까? K&T는 베트남전쟁이 막바지로 치달으면서 증폭된 민주·공화 양당 간의 갈등을 가장 큰 원인으로 보았다. 베트남전쟁이 진행되면서 미국의 여론은 양분됐다. 공화당을 중심으로 한 보수주의자들은 공산주의를 막기 위해서는 더 강력한 군사적 봉쇄가 필요하다고 생각했다. 하지만 민주당을 중심으로 한 진보주의자들은 미국의 잘못된 리더십으로 미국인들의 희생자만 늘고 있다고 비판했다. 민주·공화 양당은 의회 내에서도 충돌했다. 민주당은 미국의 군사력 사용을 억제하기 위해 노력한 반면, 공화당은 국제주의와 다자주의 외교정책을 축소시키기 위해 당력을 모았다. 소련 공산주의를 봉쇄해야 한다는 공화당 소속 의원들과 미국의 개입을 줄여야 한다는 민주당 소속 의원들 간의 충돌은 돌이킬 수 없는 수준으로까지 치달았다. 2차 세계대전 이후 서유럽과 동아시아에 군사를 배치하는 데 찬성했던 양당 의원들 간의 당파를 초월한 협력이 이때부터 무너지기 시작한 것이다. 1965년부터 1966년에 걸쳐 미국 연방의회는 확전에 반대하는 '비둘기파'와 베트남에 군사력을 증강하라고 요구하는 '매파'로 분열되었고, 양측은 각각 서로 다른 이유로 존슨Lyndon Baines Johnson 대통령을 비난했다.

베트남전쟁에서 시작된 '중도파의 몰락'은 시민권 운동과 미국의 경기침체와 맞물리면서 더욱 가속화됐다. 레이건Ronald Wilson Reagan 정부 초기 일시적인 증가는 있었지만 외교정책을 둘러싼 '중도파 영역'은 1950년대와 1960년대 수준으로 되돌아가지 못했다. 특히 1990년대 초에는 미국의 유일한 경쟁 국가였던 소련까지 몰락하면서 의회 내 중도파의 입지를 더욱더 약화시켰다.[20]

2차 세계대전 이후 미국은 소련의 위협을 부각시키면서 초당파적 합의를 이끌어냈다. 민주·공화 양당은 서로 다른 이념을 갖고 있으면서도 소련에 대해서만큼은 '공통된 위협'을 느끼고 있었다. 즉 소련은 미국의 안보는 물론 세계 자유시장 체제를 위협하는 존재라는 것이다. 하지만 소련이 몰락하면서 양당 간의 합일점은 사라지게 되었다. 결국 미국 내 사회와 국제 환경의 변화는 당내 중도파들의 입지를 약화시키면서 초당파적 협력까지 무너뜨렸다(Kupchan and Trubowitz 2007a).

K&T는 이러한 판단을 기준으로 미국 정치의 흐름을 크게 3단계로 나눴다. K&T에 따르면, 1단계는 미국이 본격적으로 국제정치 무대에 뛰어든 1898년부터 2차 세계대전이 끝나는 1945년까지다. 이 시기 민주·공화 양당은 협력보다는 경쟁을 통해 당의 이미지를 구축했다. 2단

계는 2차 세계대전 이후부터 베트남전쟁이 치열했던 1968년까지다. 이 시기는 미국 의회에서 초당파적 협력이 가장 활발했던 때였다. 미국의 힘을 중시하는 공화당과 국제사회의 파트너십을 강조하는 민주당이 당파를 초월한 협력을 통해 '자유주의적 국제주의' 또는 '냉전적 자유주의Cold War Liberalism'를 추진했던 시기였다. 3단계는 1970년대 초부터 현재까지로 베트남전쟁과 냉전이 끝나면서 소련이라는 외부 위협이 사라지고 미국이 국제사회의 유일한 패권국가로 등장한 시기다. 하지만 외부 위협의 실종은 정당 내 중도 세력의 입지를 위축시키면서 정당정치의 양극화를 심화시켰다. 결국 정당정치의 양극화 심화는 초당파적 협력을 무너뜨리면서 '자유주의적 국제주의'의 쇠퇴를 불러왔다.[21]

'자유주의적 국제주의'는 흔히 윌슨Woodrow Wilson의 사상과 외교정책으로 간주된다. 윌슨의 '자유주의적 국제주의'는 크게 다음 세 가지로 요약할 수 있다. 첫째, '민주주의 확산'이다. 이는 미국 내뿐만 아니라 국제사회에서도 민주주의 확산이 중요하며 이것이 세계 평화를 이끈다는 생각이다. 따라서 윌슨 신봉자들은 해외에서 민주주의를 조성하는 것이 무엇보다 중요하다고 봤다. 이들은 지구촌 차원에서 미국의 역할은 민주주의와 인권을 지원하는 것이라고 강조했다. 둘째, '개방된 국제경제'다. 특히 자유무역 질서를 중시했다. 이 같은 윌슨의 사상은 중상주의 또는 자립경제에 반대되는 개념으로, 윌슨이 생각하는 국제상업은 세계 평화를 위한 자유주의적 비전을 담고 있다. 셋째, '다자주의' 또는 '국제주의'다. 국제연맹이나 집단안보에서 제시된 것처럼 윌슨식 '자유주의적 국제주의'는 다자주의, 즉 국제협력과 깊은 연관이 있다. 규칙과 규범을 준수하는 국가들 간의 행위를 조정하기 위해 다자주의와 국제주의가 필요하다는 입장이다(Kupchan and Trubowitz 2007a).

그러나 K&T의 '자유주의적 국제주의'는 이러한 월슨식 정의와는 크게 다르다. K&T는 '다자주의' 또는 '국제주의'에 '미국의 힘'이라는 군사력을 포함시켰다. K&T는 "2차 세계대전 이후 미국의 '자유주의적 국제주의자'들은 국제협력과 미국의 힘을 하나로 묶은 뒤 미국을 이끌어왔다"며 "미국의 안정을 유지하기 위해서는 군사력이 필요하다"고 주장했다. 그러면서도 K&T는 일방적인 주도권 확보보다는 다자주의적 파트너십을 통해 미국의 대외정책을 추진해야 한다고 덧붙였다(Kupchan and Trubowitz 2007a). 또 다른 논문에서도 K&T는 "'자유주의적 국제주의'는 국제제도를 지키겠다는 약속과 군사력을 합친 것이다"라고 정의했다(Kupchan and Trubiwitz 2010). K&T는 이러한 두 가지 요소가 서로 결합되지 못하면 '자유주의적 국제주의'는 쇠퇴한다고 진단했다. "초당파적 협력의 시대 이후, 미국의 대외정책은 정권이 바뀔 때마다 이데올로기적 대안들 사이에서 갈피를 잡지 못하고 있다. 공화당이 정권을 잡으면 미국의 외교정책은 국제협력보다는 군사력을 더 선호하게 되고, 민주당이 백악관을 차지하면 행정부가 (국제) 파트너십에 더 투자하는 경향이 나타나고 있다."(Kupchan and Trubowitz 2007a) 한마디로 공화당 내 현실주의자들이 강조하는 '힘'과 민주당 내 이상주의자들이 주장하는 '다주자의' 또는 '국제제도'를 합친 것이 K&T가 생각하는 '자유주의적 국제주의'다. 즉 현실주의 논리와 이상주의 논리를 함께 아우르는 융합적·합의적 거대 외교 전략으로 볼 수도 있다.[22]

정당정치의 양극화 심화로 초당파적 협력이 무너지면서 '자유주의적 국제주의'가 죽어가고 있다고 진단한 K&T는 미국의 거대 외교 전략을 새롭게 짜야 한다고 제안했다. 이른바 덜 힘들이고 덜 협력적인 '선택적 개입' 전략을 말한다. 자유주의적 국제주의가 쇠퇴하고 있는 현시점에서 미국은 '개입'보다는 '축소' 지향적인 외교정책을 추진해야 한다는 것이다.[23] 이들은 또 외교정책의 축소가 결코 나쁜 것이 아니라고 주장한다. K&T는 '신중한 긴축' 전략이 신보수주의 공화당원들이나 매파 민주당원들에게 호감을 주지는 못하겠지만, 외교정책을 추진할 때 장애물을 쉽게 극복할 수 있다고 봤다. 각종 여론조사에서도 국제 문제에 개입하려는 미국의 욕망을 줄여야 한다는 응답이 더 많이 나온다. '신중한 긴축' 전략은 또 미 의회의 정치적 교착 상태를 완화시키는 데도 도움을 줄 것이고 '자유주의적 국제주의' 전략을 재구축하려는 각 정당들에게도 유용한 수단이 될 것이라고 K&T는 전망했다(Kupchan and Trubowitz 2007a).

또한 같은 논문에서 K&T는 '신중한 긴축' 전략이 미국 내에서도 폭넓은 지지를 받을 것이라고 주장했다. 북동부의 도심은 물론 태평양 연안에 사는 시민들조차도 미국의 해외 활동 축소를 원하고 있기 때문이다. 많은 미국인들은 정부가 해외 문제에 개입하기보다는 건강보험이나 교육 등 국내 문제에 더 신경써주기를 바라고 있다고 분석하면서, 해외에서 나타나고 있는 미국 리더십의 실패보다는 국내에서 폭넓은 지지를 받고 있는 '신중한 긴축' 전략이 미국 입장에서도 좋다고 강조했다.[24]

요컨대 K&T는 "'선택적 개입' 전략은 우리 시대 문제를 해결하기 위한 중요한 기준점이 될 것"이라면서, 미국의 정치가들은 "초당파주의의 몰락과 양극화의 심화를 진지하게 받아들이고 이에 따른 '개입 축소' 외교 전략을 새롭게 수립해야 한다"고 촉구했다. 그렇게 하는 것이 미국의 지정학적 요구에 부응하는 길이고 국가 전략을 일관되게 유지할 수 있는 길이라는 것이다(Kupchan and Trubowitz 2007a).[25]

2010년 중간선거와 양극화 심화

2010년 11월 2일 미국에서 중간선거가 실시됐다. 연방 상원의원의 3분의 1과 하원의원 전원을 선출하는 이 선거는 오바마 정부에 중요한 의미를 갖는 선거였다. 오바마 대통령 4년 재임기간 중 절반 정도 시점에 치러진데다가, 선거 이슈가 오바마 정부의 국정 운영에 대한 평가로 맞춰져 오바마 대통령에 대한 중간평가 성격을 띠고 있었기 때문이다. 이뿐만이 아니다. 무엇보다 이 선거가 중요했던 이유는 오바마 정부가 자신의 정책 추진을 위해 초당파적 협력을 이끌어 낼 수 있느냐 없느냐를 가늠하는 선거였기 때문이다. 오바마 정부가 막대한 재정을 투입해 경기를 부양하려면 의회의 초당파적 협력이 필요했다. 그런데 공화당이 하원을 장악하면 정치 양극화가 발생하고 그에 따라 정책 추진이 어려워지는 문제가 생기는 것이다.

선거 결과 민주당은 패배했다. 상원에서는 공화당 46석, 민주당 53석으로 우위를 지켰지만 하원에서는 공화당 239석, 민주당 187석으로 다수당 자리를 내줘야 했다. 민주당의 패배는 2008년 이후 3년간 지속된 경기회복 지연과 높은 실업률로 인해 유권자들의 불만이 가중됐기 때문으로 분석된다. 특히 이전 선거에서 민주당을 지지했던 다수의 무당파Independents가 공화당 지지로 돌아선 것이 민주당 패배의 결정적 요인이었다. 2006년 선거 당시 무당파의 지지율은 민주당 57퍼센트, 공화당 39퍼센트였다. 그러나 2010년 중간선거에서는 민주당 40퍼센트, 공화당 55퍼센트로 지지율이 변했다(고희채 2011). 또한 공화당의 경우 '티파티'를 중심으로 한 보수 진영이 결집한 반면, 민주당의 경우 지지 성향이 강한 30세 미만 유권자들의 투표율이 저조한 것도 민주당이 패배한 또 다른 요인으로 꼽히고 있다.

더 큰 문제는 하원의 다수당으로 등장한 공화당의 정책 노선이었다. 존 베이너 하원 원내대표를 비롯한 공화당 하원 지도부는 중간선거를 앞둔 2010년 9월 24일 '미국에 대한 서약A pledge to America'이라는 선거공약을 발표했다. 이 공약은 작은 정부를 지향하는 공화당의 이념을 표방하는 동시에 오바마 정부의 경제정책과 리더십에 실망감을 나타내고 있는 유권자들을 끌어안기 위한 포석으로 마련된 것이었다. 주요 공약은 첫째, 고용창출 및 경제 불확실성 종식, 둘째, 재정지출 축소 및 세금 감면, 셋째, 건강보험개혁법안 철폐, 넷째, 의회 신뢰 회복, 다섯째, 국가안보 확충 등이다. 특히 이 가운데 두 번째 주요 공약인 재정지출 축소는 오바마 정부의 경제정책과 상충되는 것이었다. '작은 정부'를 지향하는 공화당은 오바마 정부의 경기부양법안이 정부 부채만 확대시킬 뿐 경기 활성화에는 효과적이지 않으므로 현재 진행 중인 경기부양법안 예산의 미집행분에 대한 지출 중단을 요구했다. 또 연방정부의 재정적자 축소와 정부지출 확대를 방지하기 위해 연간 연방 지출을 규제하는 예산안상한budget cap을 책정하고, 파산에 직면한 기업을 대상으로 한 부실자산구제 프로그램과 같은 정부의 금융규제를 영구히 철폐할 것도 주장했다(Republican in Congress 2010).

이에 대해 오바마 대통령은 고용창출을 통한 경제 회복을 위해 사회 간접자본 투자와 기업에 대한 세액 공제를 내용으로 하는 3,500억 달러 규모의 추가적인 경기부양 방안을 제시하는 등 재정지출 확대의 필요성을 강조했다. 오바마 대통령과 공화당 간의 갈등은 이게 처음은 아니었다. 밥 우드워드는 그의 저서에서 2010년 중간선거 이전 민주당이 하원을 장악할 때도 대통령과 공화당 의원 간의 충돌은 계속 이어졌다고 밝혔다(Woodward 2012).

2009년 1월 5일, 대통령 공식 취임을 2주일 앞두고 오바마 당선인과 바이든 부통령 지명자는 의회로 향했다. 상원과 하원에 있는 민주·공화 양당 지도자들을 만나기 위해서였다. 대통령 당선 뒤 12일 동안 하와이에서 휴식을 취한 오바마 당선인은 상하 양당 지도자들에게 경제 위기를 극복하기 위해 초당파적으로 지지해줄 것을 호소했다. 오바마는 실업률이 7.2퍼센트를 넘어 계속 늘고 있고 경제 상황도 재정 시스템의 악화로 위협받고 있다고 전제한 뒤 8천억에서 1조 3천억 달러에 이르는 경기부양 패키지를 의회가 하루라도 빨리 통과시켜주길 원했다. 오바마가 제시한 경기회복 패키지에는 공화당이 원하는 세금 감면을 비롯해 도로와 빌딩 건설, 고용창출 프로젝트 등과 같은 투자도 포함되어 있었다. 오바마는 고용창출 등을 통한 경제 회복을 위해서는 새 정부 경제팀과 민주당이 추진 중인 경기부양책이 반드시 개원 의회에서 조속히 처리돼야 한다고 강조하면서, 공화당이 요구하는 정책들을 일부 포함함으로써 초당적 협력을 촉구했던 것이다. 하지만 공화당 의원들은 즉답을 피했다.

대통령 취임 3일 뒤, 회의에 참석했던 공화당 하원 원내 부대표인 에

릭 캔터Eric Cantor 의원이 오바마 대통령을 만나기 위해 백악관을 찾았다. 그는 5가지 요구 사항을 담은 1페이지 분량의 〈하원 공화당 경제회복 계획〉이라는 제목의 서류를 대통령에게 제출했다. 그러나 5가지 요구 사항들은 모두 세금 감면과 관련된 것이었을 뿐, 오바마가 구상하는 고용창출과 관련된 것은 단 하나도 포함되어 있지 않았다. 오바마는 자신이 제안한 경기회복 프로젝트는 세금 감면도 포함된 것이라고 다시 한 번 설명했다. "나 혼자서도 그 일을 할 수 있습니다. 그러나 나는 함께 가길 원합니다. 여론조사를 보세요. 여론조사는 나에게 매우 우호적입니다." 하지만 캔터 의원은 "대통령과 저는 세금 정책에 있어 서로 다른 철학을 갖고 있다"며 자신의 주장을 굽히지 않았다.

새로운 지출과 추가 세금 감면을 포함한 8천억 달러 규모의 경기회복법안은 오바마 정부의 첫 작품이었다. 1월 27일에 오바마는 또 다시 의회를 찾아 공화당원들에게 이 법안이 의회에서 통과될 수 있도록 협력을 요청했다. 그러나 1월 28일에 있었던 하원 투표 결과는 찬성 244 대 반대 188이었다. 공화당 의원 177명 전원이 반대표를 던진 것이다 (Woodward 2012, 5~23). 오바마 정부는 출범과 동시에 정치 양극화의 실상을 확실히 알게 됐다.

오바마 정부 내 정치 양극화는 정당 간의 갈등이라기보다는 오히려 공화당 내 강경파인 '티파티'의 문제로 보는 편이 더 타당할 듯하다. 좀 더 구체적으로 말한다면, 공화당 내 '티파티'라는 강경파의 등장 때문에 초당파주의가 몰락한 것 아니냐는 것이다. 2010년 중간선거에서 등장한 '티파티 운동'은 전국적으로 단일대오를 형성한 체계적인 운동이라기보다는 지향하는 목표, 관심, 쟁점, 규모 등이 무척 다양한 지역적 차원의 운동이라는 점에서 매우 독특하다(유성진·정진민 2011, 139). 물론 '티파티'는 별개의 정당이 아니라 표면상으로는 공화당에 속해 있는 정치 그룹이다. 개인의 자유와 책임을 강조하면서 비대해진 연방정부의 정치권력을 주 정부와 국민에게 환원시키고 작은 정부를 표방하는 풀뿌리 운동이다. 2010년 11월에 있었던 중간선거에서 50여 명의 의원을 당선시킨 후 원내교섭단체인 코커스Caucus를 구성하여 독자적인 목소리를 내고 있다.

전체적으로 봤을 때, '티파티' 지지 후보들의 당선율은 49퍼센트로 나타났다. 이를 선출 공직으로 구분지어보면 상원의 경우 14명의 후보 가운데 8명이 당선되어 57.1퍼센트의 높은 당선율을 보였으며, 하원에서는 총 170명 가운데 80명이 당선되어 47.1퍼센트의 당선율을 기록했다. '티파티'는 숫자상으로는 80여 명에 불과하지만 미국 정치에 돌풍을 일으키고 있다. 이들의 주장은 상당한 설득력을 얻으면서 국민들의 지지를 받고 있다. 이들은 분명한 정치철학과 신념이 있기 때문에 타협을 하지 않고 자기 신념을 관철시키는 데 전력투구하고 있다.

'티파티 운동'의 등장은 그동안 지속되어온 미국 정당정치의 양극화에도 직접적인 영향을 미칠 것으로 보인다. 다수의 '티파티 운동' 참여자들은 자신들이 주장하고 있는 작은 정부, 감세, 정부지출 축소, 재정적자 축소 등의 원칙과 관련해서는 일체의 타협이 있을 수 없으며, 이러한 원칙을 지키지 않는 공화당 의원에게는 다음 선거 후보 선출 과정에서 책임을 묻겠다고 공언하고 있다. 민주당 정책에 대한 대결 지향적 입장은 미국 정당정치의 분극화를 더욱 가속화시킬 가능성이 커 보인다. 2010년 선거에서 가장 큰 피해를 본 사람들은 중도 성향의 민주당

의원들이다. 그 결과 진보적인 민주당과 좀 더 보수적인 공화당의 구도를 강화함으로써 정당 간 경쟁이 더욱 격화되고 의회 내 의사결정 과정의 정체로 이어지기 쉬운 상황을 초래함으로써 정당정치의 양극화가 더욱 심화될 가능성이 높다(유성진·정진민 2011; Skocpol and Williamson 2012).

2010년 중간선거에서 승리한 공화당은 재정지출의 즉각적인 감축을 전제 조건으로 하는 국가채무한도 상한선 인상안을 주장했다. 그러나 오바마 정부는 유럽 재정위기로 불안해진 금융시장을 감안해 국채한도 상향조정 논쟁과 재정지출 감축 논쟁은 별도로 이뤄져야 한다며 맞섰다. 결국 연방정부 재정적자 상향조정이 이뤄지지 않을 경우 미국은 국가부도 사태를 맞을지도 모른다는 위기감이 팽배했다. 2010년 중간선거 결과로 표출된 정당정치의 양극화는 시퀘스터를 거쳐 국방예산 일괄 삭감으로까지 이어졌다. 국내 정치의 양극화 문제가 대외정책, 특히 국방정책의 판도까지 바꿔놓은 것이다.

2011~2012년 미국 신용등급 강등과 재정 위기

미국은 클린턴 정부 당시 4년간을 제외하고는 만성적인 재정수지 적자 국이었다. 오바마 정부에서도 7,872억 달러 규모의 경기부양 정책과 8,578억 달러 규모의 추가적인 경기부양 정책을 시행함에 따라 재정수지 적자가 대폭 확대됐다. 2009년 1조 4,127억 달러(GDP 대비 −10.1퍼센트)를 기록한 데 이어 2010년에는 1조 2,935억 달러(GDP 대비 −9.0퍼센트)에 달할 정도로 대규모 재정적자가 지속됐다(고희채 2012)(〈그림

미국, 아시아로 회귀하는가

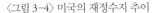

〈그림 3-4〉 미국의 재정수지 추이

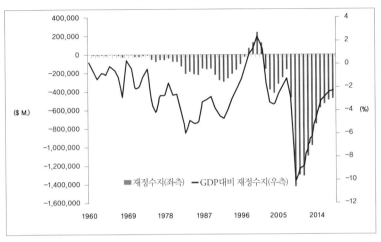

* 출처: 미국 예산관리국.

3-4〉 참조).

　더 큰 문제는 세계경제위기를 극복하기 위해 재정지출을 늘리면서 그동안 잠재되어 있던 국가부채 문제가 표면화되기 시작한 점이다. 오바마 정부 출범 2년 뒤인 2011년 1월 6일, 가이트너 재무장관은 의회 서한을 통해 미국의 국가채무한도 상향조정을 촉구했다. 이 서한에 따르면, 미국의 국가채무는 2010년 12월 말 기준 14조 250억 달러를 기록해 의회가 설정한 국가채무 한도와 3,350억 달러밖에 차이가 나지 않는다고 했다. 이러한 추세대로라면 2011년 3월 31일에서 5월 16일 사이에 한도가 소진될 것으로 예상됐다(Department of Treasury 2011a).

　실제로 2011회계연도(FY2011, 2010. 10~2011. 9. 30) 예산에서 연방정부의 재정적자는 사상 최고치(1조 2,996달러, GDP 대비 10.9퍼센트)를 기록한데다가 국가채무도 GDP대비 100퍼센트를 상회함에 따라 재정 건전성에 대한 우려는 더욱 팽배했다. 특히 2011회계연도 예산의 경우 의회에서 합의가 이뤄지지 않아 7차례의 잠정예산Continuing Resolution에 의거해 지출이 집행되다가 회계연도 개시 6개월이 지난 시점에서야 의회 승인을 통과하는 우여곡절을 겪었다(한국은행 2011a).

이런 가운데 스탠더드앤드푸어스S&P는 2011년 8월 5일 뉴욕증시 마감 이후 미국의 장기 국가신용등급을 AAA에서 AA+로 한 단계 하향조정하고 신용등급 전망을 '부정적'으로 유지했다. S&P는 또 재정건전화 계획이 제대로 이행되지 않을 경우 2년 내 신용등급을 AA등급으로 다시 하향조정할 것이라는 경고도 덧붙였다.

이에 대해 오바마 정부는 전방위적으로 S&P를 압박하기 시작했다. 이른바 'S&P 길들이기'에 나선 것이다. 미국 언론들은 "증권거래위원회가 8월 12일 국가신용등급이 하향조정되기 직전에 이상 거래 징후를 발견하고 S&P와 무디스Moody's Investors Service 등의 관계자를 소환해 내부자거래 가능성을 조사하고 있다"고 일제히 보도했다. 《뉴욕타임스》는 "법무부도 S&P가 세계금융위기 직전까지 모기지 증권의 신용등급이 우량하다고 평가했다가 위기 발발 직후 무더기로 신용등급을 하향조정한 것과 관련해 의사결정 과정의 타당성을 정밀 조사하고 있다"고 8월 18일 보도했다(한국은행 2011d).

미국 의회도 신용평가사 및 감독기구 대표들을 소환해 청문회를 개최하고 신용평가회사에 대한 규제 강화 필요성 등을 점검했다. 하지만 민주·공화 양당은 S&P의 신용등급 강등 사태를 자신들에게 유리한 정치 선전으로 활용하면서 상대방에 책임을 전가하기에 급급했다. 공화당 대통령 후보 미트 롬니Mitt Romney는 사상 처음 발생한 민간기업의 연방정부에 대한 신뢰 철회가 오바마 대통령의 경제 실정 때문이라고 공격했고, 민주당은 부시 전 대통령의 재정적자 확대와 세계금융위기가 근본 원인이라며 책임을 전임 정권에 돌렸다(한국은행 2011c).

스탠더드앤드푸어스의 미국 신용등급 강등으로 미국의 재정적자와 국가부채 문제가 더욱더 주목받기 시작했다. 연방정부의 재정수지 적자가 확대됨에 따라 이를 보전하기 위해 국채 발행이 급증했으며, 이는 결국 국가부채의 대폭적인 증가로 이어졌다. 2011년 말 기준, 미국 연방정부의 국채 발행 잔액은 9.9조 달러로 세계경제위기 전인 2007년 말 4.5조 달러에 비해 2배 이상 증가했다. 〈표 3–10〉에 나온 국가별 미국 국채 보유 현황을 보면, 2011년 11월을 기준으로 미국 국채를 가장 많이 보유하고 있는 나라는 중국이다. 1조 1,519억 달러어치의 미국 국채를 보유해 전체의 23퍼센트에 이른다. 그 다음으로 일본(1조 582억 달러, 21.2퍼센트), 브라질(2,269억 달러, 4.5퍼센트) 순이다. 중국은 2008년 9월 일본을 제치고 제1위의 미국 국채 보유국이 된 이후 줄곧 그 자리를 지키고 있다(이보람·고희재 2011; 이혜정 2011).

오바마 정부는 세계금융위기 이후 대규모 경기부양 정책을 시행하여 모두 3차례의 국채한도 상향조정을 단행했다. 2009년 2월에는 국가채무한도 상한선을 12조 1,040억 달러로 인상하는 조항이 포함된 7,872억 달러의 경기부양법안을 채택했다. 2010년 2월에는 기존 12조 3,940억 달러에서 1조 9,000억 달러 증액한 14조 2,940억 달러로 국채한도를 상향조정했다. 사상 최대 인상폭이었다(한국은행 2011a).

(단위: 십억 달러, 퍼센트)

연도	중국	일본	브라질	영국	한국	기타	국외보유 총계
2005	310.0 (15.2)	670.0 (32.9)	28.7 (1.4)	146.0 (7.2)	69.0 (3.4)	838.9 (41.2)	2,033.9 (100.0)
2006	396.9 (18.9)	622.9 (29.6)	52.1 (2.5)	92.6 (4.4)	66.7 (3.2)	924.0 (43.9)	2,103.1 (100.0)
2007	477.6 (20.3)	581.2 (24.7)	129.9 (5.5)	158.1 (6.7)	39.2 (1.7)	1,097.1 (46.6)	2,353.2 (100.0)
2008	727.4 (23.6)	626.0 (20.3)	127.0 (4.1)	131.1 (4.3)	31.3 (1.0)	1,561.4 (50.7)	3,077.2 (100.0)
2009	894.8 (24.3)	765.7 (20.8)	169.2 (4.6)	180.3 (4.9)	40.3 (1.1)	1,804.0 (49.0)	3,685.1 (100.0)
2010	1,160.1 (26.1)	882.3 (19.9)	186.1 (4.2)	271.6 (6.1)	36.2 (0.8)	2,087.7 (47.0)	4,437.9 (100.0)
2011	1,151.9 (23.0)	1,058.2 (21.2)	226.9 (4.5)	112.4 (2.2)	47.3 (0.9)	2,632.1 (52.6)	5,001.9 (100.0)

∗ 주: ( ) 안은 각국이 보유하고 있는 재무부채권 비중이며, 각 연도 말 기준임.
∗ 출처: 미국 재무부(http://www.treasury.gov/).

시퀘스터 발동과 국방예산 삭감

재정적자와 국가부채를 줄이기 위해 미국 정부와 의회가 취할 수 있는 가장 손쉬운 방법은 무엇일까? 국방예산 삭감이었다. 2009년 4월에 게이츠 국방장관은 F−22 전투기를 시작으로 약 20개의 확정된 프로그램을 중단했다(Gates 2009). 이어 2010년 8월 샌프란시스코 연설에서는, 어려운 재정 상황에서 미국이 필요한 군사력을 유지하기 위해서는 국방예산 효율화에 따라 국방부의 인원과 조직, 운영 방법을 수정하고 검토해야 할 것이라고 강조했다(Gates 2010c).

구체적인 국방예산 효율화 내용은 2011년 1월 6일에 가진 기자회견에서 자세히 제시됐다. 첫째, 육·해·공군의 사령부와 후방지원 조직을 통폐합한다. 육군에 있는 각종 태스크포스 폐지, 시설관리 부문의 통폐합, 제2함대 사령부를 폐지하고 그 기능을 함대전력 부대로 이관, 공군 항공작전센터의 통폐합 등이 여기에 포함된다. 둘째, 각 군 이외의 국방장관부와 외부의 사무실, 통합군에 있는 조직 등을 국방부 공통으로 운영한다. 통합전력군의 폐지, 국방부 직원의 급여 동결, 국방부와 외부 사무실 인원 감축 등이 여기에 포함된다. 셋째, 장비의 취득 프로그램을 재고한다. 게이츠 장관은 '합리적 일정'에 따라 충분한 수량을 생산하고 입수하도록 하는 다기능의 군사 능력을 갖추도록 요구했다. 또 해병대의 차세대 수륙양용전투차량EFV(Expeditionary Fighting Vehicle, 원정전투차량)을 시작으로 연구개발이 순조롭지 않거나 비용이 초과되는 장비는 구매 여부를 재고하겠다고 밝혔다(Gates 2011a).

게이츠 장관은 이러한 방법으로 2012~2016회계연도 5년간 4개 군에서 합계 약 1,000억 달러를 줄일 수 있을 것으로 기대했다. 그러나 이러한 국방예산 절감 대책은 2012회계연도 국방예산 요구에 따른 것이다. 2012~2016회계연도 5년간 국방예산의 실질 성장률은 연평균 1퍼센트 정도로 되어 있어 실질적인 감액은 없었다.

정부 차원의 국방예산 삭감이 '효율화'와 '합리화'에 따라 이뤄졌다면, 의회 차원의 국방예산 삭감은 '일률적'이고 '비합리적'으로 추진됐다. 2010년 11월 중간선거에서 과반수 의석을 차지한 공화당은 심각한 재정적자를 이유로 들어 연방예산을 대폭 삭감할 것을 요구했다. 심지어 공화당은 2011년 4월 8일 기한인 잠정예산의 갱신을 거부하는 자세를 보여 연방정부의 기능이 정지될 위기에 빠졌다. 이를 타개하기 위해 오바마 대통령과 하원 지도부 간의 교섭이 진행됐다. 그 결과 2011회계연도 연방예산은 2010회계연도와 비교해 약 400억 달러가 삭감되는 조건으로 통과됐다. 이 합의에 따라 오바마 대통령은 2023년까지 12년간 4조 달러의 재정적자를 감축하겠다고 선언했다. 그리고 그 일환으로 같은 기간 내에 국방비를 포함한 '안전보장관련경비'를 총 4,000억 달러 정도 삭감하겠다고 밝혔다. 또 4,000억 달러 삭감을 실현하기 위해서는 지금까지 국방부가 추진해온 '효율성과 실효성의 향상' 뿐만 아니라 지구적 차원에서 '미국의 사명, 능력, 역할'에 대한 '근본적인 수정'이 필요하며, 그 결과에 따라 삭감을 다시 결정해야 한다고 강조했다(Obama 2011a).

그러나 연방예산 삭감을 둘러싼 오바마 정부와 공화당 간의 공방은 그것으로 끝이 아니었다. 2011년 5월 16일 미국 정부의 국가채무 총액이 법정 한도액을 넘자 오바마 정부는 채무 상한액을 높이기 위해 다시 공화당과 협상을 벌여야만 했다. 그 결과 국가채무한도를 높이는 조건으로 연방예산을 큰 폭으로 삭감하는 내용의 예산통제법이 8월 2일에 통과됐다. 2011년 예산통제법(Budget Control Act of 2011)은 2012~2021회계연도 10년간 2단계로 연방예산을 삭감한다고 정했다.

1단계는 '해외긴급사태작전경비'를 제외한 재량경비를 10년간 줄이는 것이다. 이 1단계 삭감 액수는 오바마 대통령이 발표한 '안전보장관련경비' 4,000억 달러 삭감과 비슷한 규모다. 문제는 2단계 삭감안이다. 2011년 예산통제법은 의회 내에 '적자감소합동특별위원회'인 '슈

퍼커미티Super Committee'를 구성한 뒤 이 위원회가 2012~2021 회계연도 10년간 1조 5천억 달러의 적자 삭감을 목표로 하는 삭감안을 작성해 11월 23일까지 투표를 거쳐서 상하 양원에 법안을 제출하도록 되어 있다. 만약 이 법안이 2012년 1월 15일까지 수립되지 않으면, 2013회계연도 이후 제1단계 삭감부터 국방비를 포함한 모든 연방예산이 자동적으로 삭감된다. '시퀘스터', 즉 연방정부의 예산 자동 삭감이 시작된 것이다.[26]

〈그림 3-5〉 미국의 단계별 국방예산 삭감

(단위: 백만 달러)

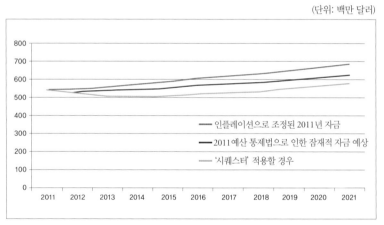

* 출처: 미국 의회예산국 (2011, 36).

〈그림 3-5〉는 재정적자와 정치 양극화에 따라 나타난 미국의 단계별 국방예산 삭감을 그래프로 정리한 것이다. 가장 위쪽에 있는 선은 인플레이션 등을 감안해 2011년에 작성된 국방예산안이다. 가운데 선은 오

바마 정부가 예산통제법에 따라 자체적으로 조정한 국방예산 삭감안이다. 그리고 가장 아래에 있는 선은 시퀘스터를 적용했을 때 삭감되는 국방예산이다.

애시턴 카터Ashton Baldwin Carter 국방부 부장관은 2012년 8월 PBS와의 인터뷰에서 "예산통제법으로 2,500개의 군 관련 프로그램이나 프로젝트가 영향을 받고 특히 군사훈련이 줄어들 수 있다"며 "미 국방부는 전력을 유지하기 위해 최선을 다하겠지만 상황은 그것을 불가능하게 만들고 있다"고 우려했다(Carter 2012). 존스홉킨스대학 국제문제연구소 석좌교수인 마이클 맨들바움Michael Mandelbaum도 2011년 8월《포린어페어스》인터넷판에 "예산통제법이 시행되면 미국의 역할은 전 세계적으로 감소할 것으로 예상된다"며 "미국의 군사력은 축소retrenchment될 것"이라고 평가했다. 그는 또 "미국의 군사력 약화는 물론 국가건설과 같은 탈냉전 이후 미국의 대외정책에도 영향을 미칠 것"이라고 밝혔다(Mandelbaum 2011). 그러나 미 국방부는 예산통제법에 따라 앞으로 10년간 4,870억 달러의 국방예산을 줄여나가겠다고 밝혔다. 2013회계연도 국방예산은 2012회계연도보다 9퍼센트 줄어든 6,130억 달러로 책정됐고, 육군 병력 규모도 57만 명에서 5년 뒤 49만 명으로 감축하기로 했다.

미국 국방부는 특히 일률적으로 대폭 삭감되는 시퀘스터를 국방예산의 '몰수Sequestration'라고 강력히 비판하면서, 각 부분에 투자하는 국방비를 고려하지 않은 23퍼센트 일률 삭감은 미국 안보에도 치명적이라고 반발했다.

시퀘스터가 작동됨에 따라 미국의 국방예산이 줄어들면 어떻게 될

까? 이와 관련해 몇 가지 우려가 제기됐다. 첫 번째 우려는 삭감이 매우 급격하고 대폭적으로 이뤄지는 데서 오는 부작용에 관한 것이다. 시퀘스터가 실시되면 2013회계연도에서 국방비는 전년도보다 최대 1,000억 달러 삭감된다. 패네타 국방장관은 삭감이 각 예산 항목에 대해 일률 적용될 가능성이 있으며, 그럴 경우 '전략적 선택'은 물론이고 광범위한 프로젝트 집행도 불가능하다고 지적했다.

두 번째 우려는 병력 삭감에 따른 군사력 저하에 관한 것이다. 패네타 장관은 시퀘스터에 따라 국방예산이 줄어들면, 미군의 전력이 1940년 이후로 가장 약화될 것이라고 지적했다. 2011회계연도 말 기준으로 약 77만 명 정도인 육군과 해병대의 병력이 최대 20만 명가량 줄어들어 약 57만 명으로 축소되는데, 이렇게 되면 미국은 동맹국에 대한 안전보장 책무를 보장하기 어렵다는 것이다.

세 번째 우려는 장비의 현대화를 이루지 못한다는 것이다. 현재 미군이 사용하는 주력 장비들은 대부분 냉전시기에 설계된 것을 토대로 만들어졌기 때문에 오늘날의 안전보장 환경에 적합하지 않다. 게다가 이라크, 아프가니스탄 전쟁에서 과다하게 사용된 것도 많고, 현재 노후화가 진행되고 있는 장비들도 적지 않다는 것이다.

4

오바마 정부, '아시아 회귀'를 국내외 위협에 맞서는 탈출구로 내세우다

제4장은 군사, 외교, 경제적 측면을 통해
'아시아 중시 정책'이 어떻게
형성돼왔는지를 알아본다.
군사적 측면에서는 미군의 전략이 어떻게
바뀌었는지, 또 잠재적 적국으로 명시한
중국에 대한 전략은 어떤 것인지 등을
소개한다. 외교적 측면에서는
'아시아 중시 정책' 선언 이후 미국이
아시아태평양 지역에서 어떻게
외교적 역량을 강화하고 있는지
알아본다. 경제적 측면에서는 미국의
자유무역협정, 환태평양경제동반자협정
참여 과정과 미국이 중국에 대해
위안화 절상 요구 등 어떠한 압력을
가하고 있는지를 분석한다.
사진은 2011년 11월 12일, 빈 라덴을
수장한 항공모함에서 열린 미국 대학농구
개막전에 참석한 오바마 대통령.
@ AP=연합뉴스

아시아 회귀, 새로운 지구촌 리더십

2011년 미국은 다양한 국내외 문제에 직면해 있었다. 아프가니스탄에서는 전쟁이 계속 진행 중이고 이라크에서는 여전히 치안이 불안했다. 파키스탄과 예맨, 소말리아에서는 테러리스트들의 활동이 다시 고개를 들었다. 유럽에서는 금융위기로 국가부도 사태를 우려하는 목소리가 나왔다. 일본은 후쿠시마 원전 사태로 더욱더 침체에 빠졌다. 북한과 이란의 핵 문제도 새로운 변수로 떠올랐다.

미국 내에서도 세계경제위기 극복 과정에서 재정지출이 확대됨에 따라 국가채무 문제가 다시 불거졌다. 2010년 중간선거 결과 '작은 정부'를 추구하는 공화당이 하원을 장악하면서 정치 양극화가 더욱 심화됐다. 그 결과 국가채무한도 상한선을 올리는 대신 연방정부 예산을 일률 삭감하는 시퀘스터가 발동됐다. 당장 직격탄을 맞은 것은 국방예산이었다. 앞으로 10년간 최고 1조 달러가 삭감될 수 있다는 우려가 나왔다.

이런 가운데 오바마가 주목한 새로운 위협은 중국이었다. 세계금융위기를 상대적으로 쉽게 극복한 중국은 연 10퍼센트에 이르는 경제성장률을 바탕으로 군사, 외교 분야에서까지 영향력을 확대하고 있다. 중국의 지구촌 경제 활동은 정치적 영향력은 물론 새로운 시장을 독점하려는 능력까지 향상시켰다. 이러한 중국의 행동은 동아시아 지역에서 미국의 영향력을 밀어내는 방향으로 표출됐다. 동남아시아에서는 ASEAN+3를 중심으로 주도권을 확보해나가고 있었고, 미국의 동맹인 한국과 일본과도 무역시장 개방 등을 통해 경제적 상호 의존을 강화하고 있었다.

국내외 위협에 직면한 오바마 정부가 선택할 수 있는 탈출구는 무엇이었을까? 답은 '아시아 회귀'였다. 한편으로는 중국의 위협을 차단하면서, 다른 한편으로는 중국의 협력을 이끌어냄으로써 새로운 미국 주도의 국제질서를 만들 수 있다는 판단에서 나온 결론이었다. 또 재정위기와 국가부채 증가, 그리고 이에 따른 국가부도사태 위기까지 경험한 오바마 정부로서는 아시아 시장을 통해 수출을 확대하고 일자리를 창출할 수 있다는 기대감도 있었을 것이다. 한마디로 오바마 정부의 '아시아 회귀'는 21세기에 맞는 새로운 형태의 지구촌 리더십을 담은 것이었다.

군사: '순환배치'와 '공해전투'로 중국을 견제하다

오바마 정부의 '아시아 회귀' 구상은 곧바로 행동으로 나타났다. 2011년 11월, 오바마 대통령과 호주의 줄리아 길러드Julia Gillard 총리는 호주 북쪽에 위치한 다윈Darwin에 미군 해병대를 순환배치하기로 합의했다. 그리고 2012년 1월에 미 국방부는《2012 신국방전략지침》을 발표했고 (Department of Defense 2012), 미군의 전략적 중심 지역을 유럽과 중동에서 아시아태평양으로 이동했다. 그리고 '대테러 전쟁'에서 중국의 'A2/AD' 전략에 맞설 수 있는 '공해전투' 전략으로 작전의 우선순위도 바꿨다. 싱가포르와 필리핀 등 미국의 동맹국들에도 연안전투함LCS(Littoral Combat Ship)을 지원하는 등 '재균형'을 위해 발 빠르게 움직였다.

미군 재배치: 아시아태평양 지역의 군사력은 그대로 유지

오바마 대통령과 패네타 국방장관은 2011년 예산통제법에 따라 국방 예산을 지체 없이 삭감하겠다고 밝혔다. 그러나 곧이어 아시아태평양 지역에 주둔하는 미군의 군사력은 그대로 유지될 것이라고 덧붙였다. 오바마 정부의 이 같은 방침은 2011년 11월에 오바마 대통령이 호주 의회에서 한 연설에서 자세히 드러났다.

항해의 자유가 보장되고, 신흥 제국(중국)이 지역의 안전보장에 이바지하고, 각국 간 마찰이 평화적으로 해결되는 지역, 그것이 우리(미국)가 바라는 미래의 모습입니다. …… 우리는 미래의 군사력을 설계하는 데 있어 무엇이 가장 시급하고 중요한지에 대한 전략적 우선순위를 결정하고, 향후 10년 동안 지출해야 할 군사비를 다시 계산하고 있습니다. 그 과정에서 바로 이곳 아시아가 중요하다는 것을 알게 됐습니다. 지금까지의 전쟁들이 끝나자마자 저는 국가안전보장팀에 아시아태평양 지역에 대한 미군의 주둔과 임무를 최우선 순위에 두라고 지시했습니다. 미국의 국방비가 삭감되더라도 아시아태평양 지역에 대한 국방비는 결코, 다시 한 번 강조하지만, 결코 줄어들지 않을 것입니다(Obama 2011c).

대규모 국방예산 삭감에도 불구하고 미국은 항공모함 11척을 그대로 유지하기도 했다(Stewart 2012). 이는 태평양 지역에서 유사시에 미군의 전력을 신속하게 전개하기 위해서는 항공모함이 필요하기 때문인 것으로 분석된다.

군사적 측면에서 봤을 때 '아시아 회귀'는 아시아태평양 지역에 배치된 해군과 공군을 중심으로 한 '해양 전쟁'에 대비한 전략이라고 할 수 있다. 패네타 국방장관은 2012년 6월 2일에 싱가포르에서 열린 연례 아시아안보회의(샹그릴라 대화)에서 2020년까지 미국 해군 함대의 60퍼센트를 아시아태평양 지역에 배치할 것이라고 밝혔다. 2015년 실전 배치를 목표로 건조 중인 신형 항공모함 '제럴드 포드호'를 추가로 확보해 항모 전단을 5척에서 6척으로 늘리는 등 2012년 현재 52퍼센트인 아시아태평양 지역의 해군력을 2020년까지 60퍼센트로 늘리겠다는 것이었다. 또 해상미사일방어체제를 강화하기 위해 이지스탄도미사일방어체제ABMD(AEGIS Ballistic Missile Defense System)도 2012년 현재 26척에서 2018년까지 36척으로 늘리는 한편, 중동과 남아시아에 투입되었던 B-1·B-2 전폭기, 무인 정찰·폭격기 글로벌 호크, 대잠 초계기 P-3 등 공군력의 상당 부분을 아시아태평양 지역으로 재배치한다는 계획이었다. 이 밖에도 패네타 장관은 태평양에서 미군의 군사 훈련과 인도양 주변 항구 방문도 계속 늘려나가겠다고 약속했다(Panetta 2012).[27]

카터 미 국방부 부장관도 2013년 3월 20일 인도네시아 국방부와 인도네시아 국방대학이 공동으로 마련한 자카르타 국제국방회의Jakarta International Defense Dialogue에 참석해 미국의 해군력뿐만 아니라 공군력도 2017년까지 아시아로 집중시키겠다고 밝혔다. 특히 미군이 갖고 있는 최신예 전투기 F-22는 물론 MQ-9 레이더, U-2, 글로벌 호크와 같은 첨단 장비를 아시아태평양 지역에 집중 배치해 정보·감시·정찰 능력을 높이겠다고 밝혔다. 이와 함께 이라크와 아프가니스탄에 배치됐던 육군과 해병대, 특수부대도 태평양으로 재배치하겠다고 선언했다(Carter 2013a).

레이먼드 오디에르노Raymond Odierno 육군참모총장은 육군의 전체 병력은 감소되겠지만 아시아태평양 지역에 주둔하는 육군의 군사력을

〈표 4-1〉 아시아태평양 주둔 미군 현황

(2011년 9월 30일 기준)

	합계	육군	해군	해병대	공군
하와이	42,371	22,895	8,630	5,905	4,941
괌	4,167	59	2,034	39	2,035
한국*	39,222	2,501	6,851	17,208	12,662
일본	24,655	16,507	242	112	7,794
호주	198	25	69	43	61
싱가포르	163	6	110	34	13
필리핀	142	9	7	116	10
태국	142	41	8	68	25
인도네시아	29	7	5	13	4
해상 주둔 병력	15,599	0	11,224	4,375	0

* 주: 한국은 2008년 12월 31일 기준.
* 출처: 미국 국방부(2008, 2011).

감축하는 것은 아니라고 말했다. 그는 또 지금까지는 아시아태평양 주둔군을 역외(이라크 등)에 파견하는 경우 부대 보충을 하지 않았지만, 앞으로는 다른 지역의 부대를 보충함으로써 아시아태평양 지역의 전력을 유지할 것이라고 덧붙였다(Garamone 2012a).[28]

하지만 문제는 예산이다. 국방예산이 대규모로 삭감되는 현실과 아시아태평양 지역에 대한 미군 증강이 양립 가능한 것인지 의문을 갖지 않을 수 없다. 2012년 1월, 로버트 윌러드Robert Willard 태평양사령관은 아시아태평양 지역에서 새로운 미군 기지를 신설할 계획은 현 단계에서 없다고 말했다(Willard 2012). 조나단 그리너트Jonathan Greenert 해군작전부장도 해외에 대규모 기지를 건설하는 것은 재정적으로도, 외교적으로도 곤란하다며 앞으로는 접수국의 항만 시설에 좀 더 많이 의존할 계획이라고 말했다(Greenert 2011). 2011년 6월에 게이츠 미 국방장관이 "주둔 규모를 기지와 병력 수로 판단하는 것은 잘못된 시각"이라며 "다국 간 훈련에 참여하는지, 함정의 기항이 가능한지, 그리고 파트너국의 군사능력 향상에 기여하고 협력하는지를 종합적으로 고려해야 한다"고 말한 것도 이러한 맥락에서 나온 발언이다(Gates 2010a, 2011c). 또 2012년 1월에 발표된 《2012 신국방전략지침》에서도 '혁명적이고 비용이 적게 드는 전개부대'를 강조하면서, 공동 연습 참가와 부대의 순환배치 증가 방침을 제시했다(Department of Defense 2012, 3). 물론 이런 배경에는 재정적자와 국방비 삭감으로 인해 대규모 병력의 신규배치가 사실상 어려워졌다는 이유가 깔려 있었다.

결국 미국은 아시아에 추가적인 기지와 시설, 그리고 기항지를 확보해 미 해군의 접근 능력과 신속성 및 기동성을 대폭 강화한다는 전략을 세운 것이다. 실제로 미국은 2000년대 초반부터 지역해양안보구상 RMSI(Regional Maritime Security Initiative)과 대량살상무기확산방지구상 PSI(Weapons of Mass Destruction Proliferation Security Initiative) 등을 주도하면서 동맹국과 우방국 들을 미국의 해양 전략 안으로 끌어들이고 있다. 미국은 또 최근 격화되고 있는 동아시아 영토 분쟁을 이러한 전략을 실현할 수 있는 호기로 여기고 있다. 미국은 2010년부터 "남중국해에서 항해의 자유를 보장받는 것은 미국의 국익"이라며 이 지역에서 중국과 동남아 국가들 사이의 영유권 분쟁에 적극 개입하는 태도를 보여왔다 (Clinton 2010d).

〈그림 4-1〉 아시아태평양 지역 미군 재배치 계획

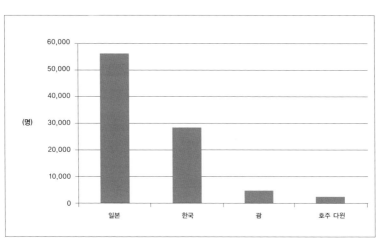

* 주: 싱가포르 및 호주 퍼스의 경우, 미 해군함을 추가 배치할 계획임.
* 출처: Manyin, Daggett, Dolven, Lawrence, Martin, O' Rourke, and Vaughn(2012).

대중국 군사 전략
: 중국의 전략을 무력화하고 미국의 접근자유를 강화

오바마 정부의 '아시아 회귀', 그중에서도 군사적 변화에 가장 민감하게 반응한 나라는 중국이었다. 중국은 《인민일보》를 비롯한 자국 언론 매체 등을 통해 미국과 아시아 국가들 간의 군사협력이 지역의 안정을 저해한다며 강하게 비판했다. 중국은 미국의 저의가 무엇인지에 대해 촉각을 곤두세웠다. 2011년 10월 31일자 《인민일보》는 "미국이 아시아태평양 지역에서 군사적인 역량을 유지하고 강화할 필요성을 강조하는 것은 한편으로는 아시아태평양 지역에서 미국의 이익을 수호하고 동맹 및 파트너 국가들의 우려를 불식시키려는 목적을 가지고 있지만, 다른 한편으로는 중국을 겨냥하려는 속셈이 있다"고 분석했다.

《인민일보》는 2011년 10월 초 패네타 장관이 이탈리아 주둔 미군에게 "미국의 군사력을 아시아태평양 지역에 투입하고, 미군 항공모함을 아시아태평양 지역에 배치하겠다"는 내용의 연설을 한 것을 미국의 '아시아 회귀'의 신호탄으로 꼽았다. 또 "미군은 이라크와 아프가니스탄 철군을 시작으로 전략적 조정을 하는 중요한 계기를 마련하게 됐다"며 "냉전이 끝나면서 미국의 영향력은 점점 약화됐지만 아시아태평양 지역에서 미국의 군사력은 여전히 강력하다"고 평가했다. 그러면서 "문제는 중국이 아시아태평양 지역 국가들과 긴밀해져가는 상황에서 미국이 중심이동Pivot을 실시하고 있다는 것이고, 이 때문에 아시아태평양 지역의 안보는 더욱 민감하고 복잡한 구도로 변했다"고 덧붙였다(人民日報 2011a).

특히 중국은 미국과 필리핀 간의 군사협력에 강한 의구심을 나타냈다. 같은 날짜 《인민일보》는, 미국은 필리핀을 통해 중국을 견제하려 하고 있고, 필리핀은 미국이 제공하는 현대적인 군사 장비를 이용해 군 현대화 사업을 추진할 뿐만 아니라 미국의 힘을 빌려 남중국해 영유권 문제를 국제화하려는 의도가 있다고 보도했다. 그렇지만 이러한 미국과 필리핀의 의도가 제대로 실현되기는 어려울 것이라고 전망했는데, 그 이유로 대다수의 아시아 국가들이 미군과의 협력에 대해 점점 더 신중한 입장을 취하고 있다는 점을 꼽았다. 대표적인 사례로 일본과 한국에서 벌어지는 미군기지 반대 시위와 필리핀에서 나오고 있는 미군과의 합동 훈련에 반대하는 목소리를 들었다. 그러면서도 중국은 겉으로 드러내 놓고 미국을 비판하지는 않았다. 오히려 미중관계가 더욱더 가까워지고 있으며 국제사회 문제 해결에서 양국 간 협력이 무엇보다 중요하다는 점을 강조했다.

2011년 11월 19일에 인도네시아 발리에서 개최된 동아시아정상회의 EAS 기간 중 원자바오 총리와 오바마 대통령이 가진 회담에서도 이러한 중국의 입장을 확인할 수 있다. 이 자리에서 원자바오 총리는 "미중관계의 안정적 발전을 수호하는 것은 양국과 세계 모두에 이로운 일"이라고 말했고, 오바마 대통령도 "미중관계는 양국뿐만 아니라 세계에서도 매우 중요한 양자관계로, 지난 3년간 양국은 대화와 협력을 펼쳐 왔고 앞으로도 협력과 이해의 정신을 바탕으로 경제적인 이견을 해결할 것이며, 양국 관계가 지속적으로 새로운 단계로 나아갈 수 있도록 노력해야 한다"고 밝혔다(人民日報 2011c).

하지만 중국은 자신의 자존심을 자극하는 행위에 대해서는 단호한 입장을 유지했다. 특히 미국의 중국 인권 문제 발언에 대해서는 무책임한 발언을 즉각 중지하라며 강도 높게 비판했다. 2011년 12월 4일, 중국 외교부 류웨이민劉爲民 대변인은 클린턴 국무장관이 '세계 인권의 날'을 맞아 인권과 인터넷 자유에 관한 연설을 하면서 류샤오보劉曉波를 언급한 데 대해 "중국 정부는 국민의 기본 인권 보장에 매우 관심을 기울이며 법에 따라 국민들의 종교와 자유를 존중한다"며 "중국은 인권 분야에서 많은 성과를 거뒀고 전 세계가 이를 주목했다"고 주장했다. 그는 또 "중국은 평등과 존중을 바탕으로 인권 문제에 대해 미국과 대화를 전개하길 원하지만 미국이 인권 문제를 가지고 중국 내정을 간섭하는 것은 용납할 수 없다"고 강조했다. 아울러 류웨이민 대변인은 "중국은 법치국가로서 법에 따라 관련 문제를 처리할 것"이고 "미국은 중국의 내정과 사법 주권을 간섭할 아무런 권한이 없다"며 중국은 "인터넷 발전에 매우 관심을 가지고 있으며 합법적으로 관리하고 있다"고 덧붙였다(人民日報 2011d).

또한 영토 분쟁에 있어서도 분명한 입장을 견지했다. 중국 정부는 일본과 영토 분쟁을 빚고 있는 댜오위다오(일본명 센카쿠)가 미일안보조약 대상에 포함되는 것을 단호히 반대한다는 입장을 미국 측에 전달했다. 2012년 8월 28일자 《인민일보》는 미국을 방문 중이던 차이잉팅蔡英挺 중국 인민해방군 부참모장의 말을 인용 보도했다. 차이잉팅 부참모장은 "미일안보조약을 댜오위다오 문제에 적용한 것은 불 위에 기름을 붓는 격으로 일본이 불장난을 하도록 용인해 동아시아의 평화와 안정을 잘못된 길로 이끄는 것에 불과하다"고 강력히 비난했다. 또한 그는 "일본이 각양각색의 연기를 하더라도 댜오위다오가 중국의 영토라는 사실을 바꿀 수는 없다"고 역설했다. 같은 날짜《인민일보》는 "댜오위다오 문제에서 중국 측의 핵심이익을 존중하는 것이 미중 양국 관계의 중요한 과제"라고 논평했다(人民日報 2012).

중국의 군사 전략: '현존함대 전략'과 'A2/AD'

크리스티앙 르미에르는 중국 해군이 현재 펼치는 전략이 '현존함대 전략'과 매우 유사하다고 말했다(Le Miere 2012). 현존함대 전략의 기원은 17세기로 거슬러 올라간다. 당시 영국과 프랑스 해군은 도버해협의 통제권을 놓고 대결하고 있었다. 전함 70척을 보유한 프랑스가 57척을 보유한 영국에 비해 전력상 우세를 점하고 있던 상황이었다. 이때 영국 해군의 총책임자였던 허버트Arthur Herbert 제독은 싸움을 거는 것보다 적이 공격을 못하도록 현상을 유지하는 것이 더 낫다고 판단하고 본국에 다음과 같이 보고했다.

프랑스 함대는 우리 함대를 능히 제압할 수 있는 전력을 갖췄다. 따라서 교전을 벌인다면, 우리는 함대를 상실할 위기에 직면할 뿐만 아니라 결국 우리 국토의 안녕 또한 위태롭게 될 것이다. 만약 우리가 그들과 싸워 패한다면 그들은 해상의 패권을 장악하고 상당한 행동의 자유를 누리게 될 것이 분명하다. 그러나 우리가 그들을 감시하는 한 그들은 어떠한 기획도 하지 못할 것이다. 우리 함대가 교전을 피하면서 프랑스 함대를 감시하는 동안에는, 그들은 막대한 손실을 각오하지 않는 한 해양이나 육지에서 어떠한 침공도 기도하지 못할 것이다. 대부분의 사람들이 프랑스가 침공할지 모른다는 공포에 사로잡혀 있으나 나는 그렇게 생각하지 않는다. 내가 항상 주장하듯이 우리 함대가 존재하는 한, 적은 어떠한 공격도 감히 기획하지 못할 것이다 (Reynolds 1998, 62).

허버트 제독은 약세 함대라도 냉정하고 올바르게 전술 운용만 한다면 자신의 전투력에 비해 상당한 전략적 영향력을 행사할 수 있다는 것을 보여줬다. 즉 약세 함대일지라도 적극적인 방어 태세만 견지한다면, 자국 영토에 대한 적의 어떠한 해상 공격도 막아낼 수 있다는 것이다.

오늘날의 현존함대 전략은 이보다 더 큰 의미를 담고 있다. 단지 현존 해군력을 과시해 상대방의 공격을 억제하는 수동적인 행동이 아니라 좀 더 적극적이고 공세적인 행동을 취한다. 즉 먼저 전쟁을 거는 것은 아니지만, 제한된 공격과 보급망 차단 등을 통해 상대방의 힘을 약화시킨다는 것이다. 제프리 틸Geoffrey Till 교수에 따르면, 이러한 전략의 목적은 다음 4가지로 요약할 수 있다. 첫째, 전투를 피하면서도 해상을 통제할 수 있다. 둘째, 상대방을 패배시키는 것까지는 아니더라도 적의 무역이나 해안선 등을 공격함으로써 해상에서 전략적 이익을 얻을 수 있다. 셋째, 지속적인 괴롭힘 또는 회피를 통해 힘이 우세한 상대방의 능력을 약화시킬 수 있다. 넷째, 허약한 함대라도 계속 생존할 수 있다는 확신을 가질 수 있다(Reynolds 1998, 84).

이상에서 살펴본 것처럼 '현존함대 전략'은 '해상통제 전략sea-control strategy'에 반대되는 '해상거부 전략sea-denial strategy'이다. 즉 해상권을 직접 장악하겠다는 전략이 아니라, 강대국이 해상권을 장악하지 못하도록 막는 것이 1차 목적이고, 보급로 차단이나 작은 규모의 공격을 통해 강대국의 해군력을 약화시켜 최종적으로 해상을 장악하겠다는 것이

2차 목적이다.[29]

이러한 관점에서 봤을 때 중국이 내세우는 '접근차단/지역거부A2/AD'[30]는 현존함대 전략 가운데 하나다. 중국은 1980년대 중반부터 미 해군이 중국의 원해와 근해에 접근하는 것을 막는 'A2/AD' 전략을 실시하고 있다. 이를 위해 중국은 대규모 잠수함 부대와 대함탄도미사일(일명 항공모함 킬러) 등을 동원해 미군의 접근을 저지하고 있다.

그렇다면 A2/AD 능력이란 무엇일까? 먼저, 'A2' 능력은 ① 사정거리 1,800킬로미터 이상의 탄도·순항미사일이다. 이 미사일은 해상·공중·잠수함에서 모두 발사할 수 있다. ② 장거리 정찰·감시 체계다. 위성, 항공기, 육상 레이더, 해상 레이더 등으로 목표 조준에 필요한 정보를 제공한다. ③ 운동 에너지와 비운동 에너지를 모두 이용하는 위성 공격 무기다. 이 무기는 위성 시스템을 파괴할 수 있다. ④ 미군 기지와 작전 지역 사이의 해상교통로를 차단하는 잠수함 세력, 지휘통제 시스템과 필수 기반 시설을 교란하는 사이버공격, 테러리스트, 특수작전 세력 등을 포함한다.

'AD' 능력이란 ① 미군의 우세한 공군력과 해군력에 맞설 방공 시스템, 단거리 미사일과 첨단 어뢰를 장착한 잠수함, 보통 탄두보다 정확도와 살상력을 더 높인 정밀유도 로켓 등이다. ② 화학·생물 무기, 컴퓨터·전자 공격도 포함한다.

미 국방부가 발표한 2011년 보고서에 따르면 중국군의 미사일 보유 수는 〈표 4-2〉와 같다. 여기에는 핵전력과 통상전력이 포함되어 있지만 해상·수중 항공 발사형 미사일은 제외됐다. 중국군은 대함탄도·순항미사일과 공격형 잠수함을 강화하여 중국 연안부로부터 1,850킬로미터 권내의 적 함대를 공격할 수 있는 능력을 갖췄다(Department of Defense 2011, 29). 중국은 사정거리 약 3,000킬로미터 탄도미사일 DF-3(CSS-2)도 보유하고 있기 때문에 중국 연안부로부터 약 3,000킬로미터 떨어져 있는 '괌'도 안전하다고 말하기 어려워졌다.

〈표 4-2〉 중국의 미사일 보유수

	미사일 보유수	사정거리
대륙간탄도미사일 ICBM	50~75	5,400~13,000킬로미터
중거리탄도미사일 IRBM	5~20	3,000킬로미터
준중거리탄도미사일 MRBM	75~100	1,750킬로미터
단거리탄도미사일 SRBM	1,000~12,000	300~600킬로미터
지상발사순항미사일 GLCM	200~500	1,500킬로미터

* 출처: Department of Defense(2011, 78).

미군의 새로운 군사 전략: 공해전투와 합동작전접근개념

2012년 1월 5일에 《2012 신국방전략지침》이 발표됐다. 이 문서의 가장 중요한 특징은 '해군력'과 '공군력'을 중심으로 전략과 예산계획을 세운 것이다. 이는 그동안의 육군 중심 '대테러/대반란' 작전에서 'A2/AD'에 맞설 수 있는 '공해전투'로 작전을 전환하겠다는 뜻이다. 이 문서에서 미국은 'A2/AD' 능력을 향상시키는 나라로 중국과 이란을 지목했으며 'A2/AD'에 대항하는 능력, 특히 수중 미사일 발사, 신형 스텔스 폭격기, 미사일방어, 우주 능력에 중점적으로 투자하겠다고 밝혔다

미국, 아시아로 회귀하는가

(Department of Defense 2012, 4~5). 또 양대전쟁 전략이 종식됨에 따라 아시아태평양 지역으로 미국의 군사력을 재조정하겠다는 방침도 재확인했다. 이처럼 미군의 전략이 급속하게 바뀐 데는 무엇보다 중국의 위협에 대한 인식이 강하게 작용했다. 한마디로 '공해전투' 전략은 미 공군, 해군, 해병대가 합동 전력을 구축해 중국의 '거부 전략'(미국이 중국의 세력권 안으로 들어오는 것을 차단하는 전략)을 무력화하고, 아시아태평양 지역에서 미국의 '접근의 자유freedom of access'를 유지·강화하겠다는 목적에서 나온 것이다.

이러한 '공해전투' 전략은 《2010 4개년국방검토보고서》에서도 이미 제시된 바 있다. 민간 싱크탱크인 전략예산평가센터CSBA(Center for Strategic and Budgetary Assessments)도 이와 관련된 보고서를 2010년 5월 발표했다. 이 보고서는 중국군이 미군이나 동맹군에 대해 강력한 선제공격을 행할 계획을 갖고 있다고 주장했다. 보고서에 묘사된 중국의 선제공격 내용은 대략 이러하다. 첫째, 괌과 주일 미군기지에 탄도·순항미사일을 일제히 발사한다. 둘째, 대함탄도·순항미사일을 발사해 미군과 동맹국의 함정을 공격한다. 셋째, 전자병기와 위성병기를 이용해 미군과 동맹국군의 정보·감시·정찰ISR 시스템을 무력화시킨다. 넷째, 잠수함 전력이 있는 태평양 해상선을 차단한다(Tol 2010).

'공해전투'란 이러한 중국의 선제공격에 대항하는 군사 전략이다. 보고서에 묘사된 시나리오는 다음과 같다. 먼저, 미군은 조기경계 시스템을 구축하고 후방 기지의 공군력을 즉시 분산시킨다. 그리고 안전한 대피소를 설치함과 동시에 미사일방어에 따른 기지의 방호 능력을 강화한다. 이때 가장 중요한 것은 적의 1차 공격으로부터 생존력을 높이는 것이다. 미군의 '공해전투'는 적의 1차 공격이 끝나면 곧바로 시작된다. 중국군의 ISR 시스템을 가장 먼저 공격하고 동시에 중국군의 장거리공격 능력, 특히 미사일 전력을 파괴한다. 그 다음에는 구축함과 잠수함 등 중국군의 함정을 공격한다. 그리고 나서 항공 전력을 파괴해 바다·하늘·우주에서 우세를 확보하면서 중국으로 향하는 해상 수송로를 차단한다(Tol 2010, 53~79).

이와 같은 작전을 수행하기 위해서는 공군의 대우주작전 능력과 장거리공격 능력, 해군의 미사일방어 능력과 잠수함·항공 전력 등을 유연하게 조합해야 한다. 즉 반드시 공군과 해군이 긴밀하게 연대해 작전을 펼쳐야 한다.

《2012 신국방전략지침》이 발표된 지 2주가 채 안 된 2012년 1월 17일에 미 국방부는 새로운 작전 개념인 '합동작전접근개념JOAC'을 담은 서류를 배포했다. 이 서류는 더욱 강력해진 중국의 'A2/AD'에 대한 미국의 대응 방안을 자세히 설명했다.

'합동작전접근개념'은 전통적인 육·해·공군의 전장에 우주·사이버 공간을 통합하는 것을 상정하여 만들어졌다. 여기서 핵심은 전투영역 간 시너지 효과다. 전투영역 간 통합 수준을 높이고 협력관계를 더 낮은 지대에서부터 확립하면 작전 속도를 높여 적의 시스템을 파괴시킬 수 있다는 것이다. 이를테면 공군력으로 대함 무기를 부수고, 해군력으로 방공망을 파괴하고, 육군력으로 해·공군에게 위협적인 지상 무기를 무력화하고, 사이버 작전으로 우주 시스템을 마비시키는 것 등이 그것이다. '합동작전접근개념'은 기획과 실행 단계의 상황에 따라 적용되는 일반적인 원칙 11개를 제시한다. 이 원칙들 가운데 가장 관심을 끄는 사항은 작전지역의 기지다. 작전을 수행하는 병력이 사용할 전방기지는 부대와 보급품의 분배를 지원하는 매우 중요한 '접근기반시설'이기 때문에 적은 'A2/AD' 전략의 일환으로 이 기지를 공격할 것이다(김성걸 2013).

동맹·파트너의 안보 능력을 강화하라

'아시아 중시 정책'의 군사적 특징 가운데 하나는 동맹과 파트너의 안보 능력을 강화하는 것이다. 백악관과 국방부는 좀 더 유연하고 협력적인 안보 지원 메커니즘을 갖추기 위해서는 핵심 파트너 국가들의 독립적인 안보 능력을 강화하는 것이 무엇보다 중요하다고 인식했다. 이를 위해 오바마 정부는 동맹 및 파트너 국가들과의 합동 훈련이나 연습을 늘리는 데 역점을 뒀다. 그렇게 함으로써 '공동의 이익을 추구하기 위한 통합적 능력'을 갖출 수 있다고 본 것이다(Manyin, Daggett, Dolven, Lawrence, Martin, O'Rourke, and Vaughn 2012, 10~13). 우선 미국은 전통 동맹국인 호주, 필리핀, 한국과의 군사협력을 강화했다. 이어 전략적 파트너인 싱가포르와 부시 정부 때부터 미국의 파트너인 인도, 인도네시아, 뉴질랜드, 베트남과도 관계를 강화해나갔다.

그러면 '아시아 회귀' 선언 이후 오바마 정부가 동맹이나 파트너 국가들의 능력을 높이기 위해 어떠한 군사 지원과 협력을 하고 있는지 구체적으로 알아보겠다.

호주: 미 해병대 2,500명 순환배치

'아시아 회귀'의 목적은 아시아에서 미군의 배치를 더 넓게 분산시키는 것이다. 호주 북부에 위치한 다윈 시에 미 해병대가 순환배치됐다는 사실은 미군의 작전 반경을 훨씬 더 유연하게 만들었음을 의미한다. 미 의회보고서는 북동 아시아보다 남쪽에 미군을 주둔시키는 것이 미군 작전에 훨씬 더 유연한 모델을 제공해 미국의 이익에도 도움이 될 것이라고 밝혔다(Manyin, Daggett, Dolven, Lawrence, Martin, O'Rourke, and Vaughn 2012, 10~13).

2011년 11월 16일, 오바마 대통령과 길러드 호주 총리는 호주 주둔 미군의 확대에 정식으로 합의했다. 합의 내용은 호주 북부에 최대 2,500명(당초는 250명)의 미 해병대를 순환배치하고 미 전투기들도 증강 배치하여 미국-호주 군이 합동군사훈련을 실시하고, 이에 필요한 물자를 호주 내에 미리 모아두는 것이다(The White House 2011a). 이 밖에도 미국과 호주는 미군 수상함과 잠수함의 호주 해군기지 기항을 확대하는 것도 검토했다(Coorey 2011). 2012년 3월 27일자 《워싱턴포스트》는 "미국과 호주가 호주 북부에 미 해병대 2,500명을 순환배치하는 것뿐 아니라 인도양 동부에 있는 호주령 코코스제도를 미군 무인항공기 기지로 사용하는 방안도 고려하는 등 군사동맹을 확대하고 있다"고 보도했다(Whitlock 2012b). 양국은 또한 호주 남부의 퍼스Perth에 위치한 호주 해군기지에 미군 함정이 접근하는 것을 허용하는 것에 관해서도 논의했다. 실제로 2012년 4월 4일, 미 해병대 소속 폭스 중대의 병력 200명이 호주 북부에 있는 로버트슨 기지에 도착했다.

미국이 호주와 군사협력을 확대·강화하는 이유는 무엇보다 호주가

믿을 만한 동맹국이기 때문이다. 미국은 1951년 9월에 호주, 뉴질랜드와 함께 앤저스동맹ANZUS 조약을 체결하고 군사동맹 관계를 구축해왔다. 호주는 미국이 주도한 이라크전쟁에 2만 명을 파병했고, 아프가니스탄전쟁에도 참전했다. 이러한 군사적 협력을 바탕으로 미국과 호주는 2010년 11월 외무·국방장관회의(2+2회의)에서 호주 주둔 미군의 태세를 점검하는 작전회의를 설치하는 것에 합의했다(Department of State 2011e). 2011년 9월에 열린 2+2회의에서는 다음과 같은 주요 합의를 이뤄냈다. 호주군의 연습장 등에 미군의 접근을 증대시키고, 호주 국내에 있는 미군의 물자(주로 인도지원 물자)를 사전 집적하고, 미군의 호주 시설 및 항만 사용을 확대하고(단, 군사시설과 관련해서는 호주군 기지를 공동으로 사용하고 미군 기지는 신설하지 않기로 함), 미국과 호주의 공동 활동을 강화하는 것이다(Department of State 2011c, 2011d).

필리핀: 미 아시아태평양 지역 전진기지로 부활

2011년 10월 31일자 《인민일보》는 필리핀과 미국이 10월 17일부터 28일까지 수륙상륙작전 향상을 취지로 필리핀군 1,000명과 미군 2,000명의 해병대가 동원된 합동군사훈련을 실시했다고 보도하면서, 이 훈련은 중국 난사南沙군도 주변 해역에서 미국이 세력을 표시하려는 의지를 보인 것이었다고 논평했다. 미국의 군사 대변인은 이 훈련의 목적은 중국을 겨냥한 것이 아니고, 미국은 중국을 적으로 설정한 바도 없다고 밝혔다. 그러나 중국은 동중국해 분쟁을 계기로 필리핀과 미국이 협력을 강화하고 있다고 분석했다(人民日報 2011b).

미국과 필리핀 양국 간의 군사협력 움직임은 2011년 11월경 오바마 정부가 '아시아 중시 정책'을 선언한 이후 더 큰 폭으로 늘었다. 2012년 1월 25일자 《워싱턴포스트》는 미국과 필리핀 정부가 역내 미군 전력 증강 방안을 논의하기 위해 실무 협의를 갖고 있다고 보도했다(Whitlock 2012a). 2012년 1월에 열린 제2차 전략대화에서는 미군이 필리핀을 방문할 경우 필리핀 정부는 신속한 수속을 해줄 것, 미군은 필리핀 연안경비대 훈련을 지원(통신시스템 제공 등)해줄 것 등이 합의됐다(Department of State 2012a). 미국은 2011년 8월에 이미 필리핀 해군력 강화에 대한 지원의 일환으로 중고 대형순시선 1척을 필리핀 해군에 유상 공급한 바 있으며, 2012년 2월에는 2번째 순시선 제공을 미국 의회가 인가했다. 또한 미국은 연안전투함과 P-3C 소계기의 필리핀 배치도 검토했다(Shalal-Esa and Danubrata 2011). 연안전투함은 주로 연안 지역에서 활동하기 위해 개발된 소형 함정이다. 그 자체로는 큰 화력이 없지만 기동력과 네트워크 능력이 우수하여 전선에 있는 정보 수집과 정찰활동, 해상저지 작전, 특수부대 지원 등의 임무 수행에 매우 적합하다. 그리너트 해군작전부장도 해양에서의 상황인식 능력을 높이기 위해 필리핀과 태국에 신형소계기P-8A와 무인항공기를 정기적으로 투입하고 싶다고 밝혔다(Greenert 2011).

2012년 3월에는 미 해군 구축함 디케이터 호와 잠수함 오하이오 호가 옛 미군기지인 수비크만과 마닐라를 각각 찾았으며, 비슷한 시기에 미 7함대의 대표적 기동 잠수함 정비함인 프랭크케이블 호도 세부를 방문했다(Shalal-Esa and Danubrata 2011). 2012년 4월에는 미군과 필리핀군이 매년 한 차례씩 실시하고 있는 '발리카탄Balikatan 합동군사훈련'을 실시했고, 미국과 필리핀 국방장관이 참여하는 '2+2회담'이 워싱턴에서 개최됐다.

2012년 6월 2일, 패네타 미 국방장관과 가즈민Voltaire Gazmin 필리핀 국방장관은 싱가포르에서 열리는 제11차 아시아안보회의(샹그릴라 대화)에서 다시 한 번 회담을 가졌다. 지역안보 방안과 양국 간 합동군사훈련 등이 주요 안건으로 다뤄졌다. 조지 리틀George Little 미 국방부 대변인은 이 회담에 대해 "필리핀은 미국의 동맹으로서 1951년 상호방위조약을 체결했다"고 강조한 뒤 "이번 만남은 아시아태평양 지역에 미군이 주둔하는 것이 양국에 이익이 된다는 점을 재확인하는 자리였다"고 평가했다. 리틀 대변인은 또 "필리핀은 미국 안보의 주춧돌이며 미국이 필리핀의 군사력 증진에 도움을 주는 것이 아시아태평양 지역의 안전에도 도움을 줄 것"이며 "양국의 작전 능력 향상이 재난 시 인도주의적 도움은 물론 대량살상무기 확산 방지에도 효과적"이라고 덧붙였다(Garamone 2012b).

2012년 6월 3일에는 마틴 뎀프시Martin Dempsey 합동참모본부의장이 제시 델로사Jessie Dellosa 필리핀 합동참모본부의장에게 "미군은 '재균형 방어 전략rebalancing defense strategic'에 따라 필리핀을 찾았다"고 말하면서, 미국은 "동맹국들과 주요 파트너들과의 관여와 군사동맹을 최우선 순위에 두고 있다"고 강조했다(Parrish 2012).

2012년 7월 18일에는 새뮤얼 로클리어Samuel Locklear 미 태평양군사령관이 필리핀을 찾아 아키노Benigno Aquino 대통령과 가즈민 국방장관 등을 만나 해양과 지역 안보에 관한 이슈 등을 폭넓게 논의했다. 로클리어 사령관은 "우리는 지난 수십 년간 내적인 안보 이슈에 초점을 맞춰왔다. 하지만 지금은 우리를 위협하는 도전 세력들이 초국가적으로 늘어나고 있고 전 세계적으로 퍼져 있기 때문에, 필리핀 정치·군사 지도자들도 그 역할을 확대해야 할 것"이라고 충고했다. 이와 함께 미군은 필리핀군이 추진하고 있는 C4I(Command(명령), Control(통제), Communication (소통), Computer(컴퓨터)+Intelligence(정보)) 향상에 도움을 주겠다고 약속했다. 로클리어 사령관은 또 "오바마 정부가 추진하는 미군의 필리핀 주둔 방식은 수비크만이나 클라크 공군 기지에서 미군이 영구 주둔하던 과거와 같은 방식이 아니라 순환배치 전략"이라고 덧붙였다(Miles 2012). 2012년 9월 26일에는 마크 리퍼트Mark W. Lippert 아시아태평양담당 차관보가 미국과 필리핀 동맹이 아시아태평양 지역의 안보에 중요한 역할을 하고 있다며 양국 간 군사관계를 계속 유지해나갈 것이라고 강조했다(Marshall Jr. 2012). 2012년 12월 11일과 12일 이틀간에 걸쳐 마닐라에서는 미국과 필리핀 간의 제3차 '전략대화'가 열려 군사와 안보 현안을 논의했다. 이 회의의 주요 안건은 필리핀 내 미군의 순환배치 지역을 확대하는 것이었다.

2013년 4월 2일, 새로 임명된 헤이글Chuck Hagel 국방장관과 카터 국방부 부장관은 필리핀 외무장관인 알베르트 델 로사리오Albert Del Rosario와 미 국무성에서 회담을 가졌다. 이 자리에서 헤이글 국방장관은 "로사리오 장관은 미국과 필리핀 동맹에 헌신적으로 기여하고 있다"며 "양국은 필리핀 주둔 미군의 순환배치 확대에 인식을 같이했다"고 발표했다. 특히 이 회담에서는 필리핀의 군 현대화 사업에 대해 미군이 적극적으로 지원할 것을 합의했고, 남중국해를 포함해 북한 문제 등에 대해서도 폭넓게 의견을 교환했다(Department of Defense 2013b).

같은 해 4월 6~12일에 미국과 필리핀의 합동군사훈련이 실시됐다.

이 훈련에는 F/4 호넷 전폭기, C-130 수송기 등 항공기 30대와 상륙함 토투가Tortuga(LSD-46) 함정 3척, 양국 해병대 8천 명이 참가했다. 로사리오 필리핀 외무장관은 합동군사훈련 개막식 연설에서 "(중국의) 과도한 해양 영유권 주장은 역내 불확실성을 초래했으며, 이는 (국제)법규를 위반한 것이다. 이로 인해 역내 평화와 안정이 심각한 위기에 처했다"며 중국을 간접적으로 비난했다.

싱가포르: 미 연안전투함 4척 배치, 말라카 해협 봉쇄

2012년 4월 5일, 패네타 미 국방장관과 응 엥 헨Ng Eng Hen 싱가포르 국방장관은 워싱턴에서 회담을 갖고 공동성명을 발표했다. 성명의 핵심은 아시아태평양 지역의 안정과 안보를 위해 미군의 주둔이 필요하고 양국 간 상호 방위협력을 더욱 강화해나간다는 것이었다. 구체적으로 미국은 2016년까지 연안전투함 4척을 싱가포르에 순환배치하기로 합의했다. 양국 장관은 공동성명에서 "연안전투함의 파견은 이 지역에 대한 미국의 관심을 보여주는 것이며, 이 지역에서 미국의 강력한 존재가 역내 안정과 안보를 증진시킬 것"이라고 강조했다(Pellerin 2012).

미국의 연안전투함 싱가포르 순환배치는 2005년에 양국이 체결한 전략 합의에 따른 것이다. 이후 2011년 6월 아시아안보회의(샹그릴라 대화)에서 게이츠 국방장관이 싱가포르에 연안전투함 배치를 표명했고, 패네타 국방장관도 2012년 아시아안보회의(샹그릴라 대화)에서 연안전투함 4척을 싱가포르에 배치하겠다고 재차 확인했다(Panetta 2012). 미 국방부 대변인 홀 라이드Hull Ryde도 "연안전투함을 싱가포르에 순환배치하는 것은 미군의 협력 관계에 중대한 전환점을 나타내는 것"이라고 평가했다. 그동안 싱가포르를 미군 군함을 수리하거나 물자를 공급하는 기항 정도로 여겨왔던 미국이 향후 이 지역에 연안전투함을 배치하겠다는 것은 적극적으로 남중국해에서 미군의 영향력을 확대하겠다는 의도로 분석된다. 미국이 남중국해와 말래카 해협의 길목에 위치한 전략 요충지인 싱가포르에 연안전투함을 배치한다면, 중국 해군력을 가장 효과적으로 견제할 수 있을 것이다. 연안전투함은 고도의 기동성과 네트워크 작전능력을 갖춘 데다 선체 외부를 알루미늄으로 제작해 레이더에 포착되지 않는 스텔스 기능까지 보유했다.

그 밖에도 미국과 싱가포르는 국방부 고위층 간의 전략정책대화를 정례적으로 열고 있고, 양국 공군이 함께 참여하는 '코만도 슬링Commando Sling' 항공 훈련도 매년 실시하고 있다.

2013년 4월 1일, 헤이글 국방장관은 리셴룽李顯龍 싱가포르 총리를 워싱턴에 초청했다. 두 사람은 동·남중국해에서 영토 분쟁과 관련된 이슈를 어떻게 하면 평화적으로 해결할 수 있는지에 대해 심도 있게 논의했다. 헤이글 장관은 특히 연안전투함 4척을 싱가포르 내 순환 기지에 배치할 수 있도록 협력해준 데 대해 감사를 표했다. 이 4척 가운데 1척인 프리덤호USS Freedom는 2013년 3월 미국 샌디에이고 항을 출발해 4월 18일 싱가포르에 도착했다(Department of Defense 2013a).

인도네시아: 미 F-16 전투기 공급, 군 현대화 사업 지원

오바마 정부는 중국의 해양 진출을 막기 위해 인도네시아와의 관계도 강화했다. 2010년 6월에 미국과 인도네시아 양국 국방장관은 안전보장 대화, 군사 훈련, 장비 조달, 해양안전보장 등의 분야에서 협력 확대를 목적으로 하는 협정을 체결했다(Jakarta, Indonesia Embassy of the United States 2010). 같은 해 7월에는 게이츠 국방장관이 인도네시아를 방문해 인도네시아 육군특수부대 코파수스KOPASSUS의 지원을 개시하겠다고 밝혔다. 양국은 해양안전보장, 인도 지원, 평화유지 활동 등 3가지를 방위 협력의 중점 분야로 삼았으며, 미국은 해상감시능력 향상을 위해 레이더 등의 장비를 인도네시아에 제공하기로 했다(Gates 2010b). 그러자 인권 단체와 일부 미국 의원들로부터 비판과 반대의 목소리가 터져 나왔다. 코파수스가 동티모르 등에서 인권 탄압을 반복한 부대였기 때문이다. 그러나 인도네시아 정부는 코파수스의 지원 재개를 강하게 요구했으며, 이것이 이루어지지 않을 경우 중국과의 협력을 검토할 가능성까지 시사하는 등 코파수스 지원 문제는 양국의 협력관계를 확대하는 데 있어서 중요한 사안이었다(Bumiller and Onish 2010; Human Right Watch 2010).

2010년 9월에는 양국 외무장관을 의장으로 하는 '포괄적 파트너십에 관한 공동위원회'가 처음으로 개최됐다. 이 자리에서 미국은 인도네시아의 국방 개혁을 지원하겠다고 재확인했다(Department of State 2010c). 2010년 11월에는 오바마 대통령이 인도네시아를 방문해 무역과 교육, 그리고 안전보장에 이르기까지 광범위한 분야에서 양국 간의 협력을 확대하는 포괄적 파트너십 협정에 서명했다(The White House 2010c; Vaughn 2011). 이후 인도네시아는 자국의 C-130 수송기를 미국 내 시설에서 정비하기 시작했고(Gates 2010b), 2011년 10월에는 통합해양감시선 시스템(함선 레이더 11기, 육상감시 스테이션 18개소, 함대사령센터 2개소 등에 따라 구성된 시스템)을 미 해군으로부터 넘겨받았다(Department of State 2011e).

2011년 10월 23일, 인도네시아 발리에서 ASEAN 10개국 국방장관 회담이 열렸다. 여기에서 패네타 미 국방장관은 "미국은 이 지역에 이해관계가 있는 태평양 지역 국가로서, ASEAN 국가들과의 협력을 강화할 뿐만 아니라 동맹국 및 파트너에 대한 신의도 지킬 것"이라고 밝혔다. 또한 "아시아태평양 지역에서 영향력을 유지하기 위해 ASEAN 국가들과 합동군사훈련을 적극적으로 진행할 것"이며, 남중국해 문제에 대해서는 "법적 구속력이 있는 준칙을 제정하는 데 찬성한다"고 밝히기도 했다(人民日報 2011b).

이 회의에서 패네타 국방장관은 푸르노모 유스기안토로Purnomo Yusgiantoro 인도네시아 국방장관과 양국 국방장관회담도 가졌다. 패네타 장관은 "지역과 지구촌 문제에 있어 인도네시아의 리더십이 크게 발휘되고 있다"고 칭찬한 뒤 "포괄적인 파트너십을 발전시키기 위해서는 양국 간 방위협력을 지속적으로 유지해나가야 할 것"이라고 강조했다. 패네타 장관은 세 가지 영역(인도주의 협력, 해양 안보와 자유로운 해양 접근, 평화유지 작전)에서 양국 간 협력을 더 늘려야 한다고 말했다. 또한 "미국은 인도네시아의 군 개혁을 지속적으로 도와주겠다"고 약속하면서 "복잡한 아시아태평양 지역의 안보환경을 극복하기 위해서는 더 큰 규모의 군사협력과 강력한 지역기구가 필수적"이라고 주장했다. 패네타는 또 회의에 참석한 ASEAN 국방장관들에게 아시아태평양 지역에서 미군의 전력과 주둔은 계속 유지될 것이라고 강조했다.[31]

2011년 11월 18일 인도네시아 발리에서 동아시아정상회의EAS가 열렸다. 미국은 러시아와 함께 회원국 자격으로는 처음 참석하는 자리였다. EAS와는 별도로 오바마 대통령은 유도요노 인도네시아 대통령과 전략적 정치·안보 이슈를 논의한 뒤 공동성명을 발표했다. 핵심 내용은 미국의 F-16 전투기를 인도네시아에 공급한다는 것이었다. 백악관은 F-16 전투기 공급은 인도네시아의 공군력 증강에 큰 도움을 줄 것이라고 평가했다. 홀 라이드 미 국방부 대변인은 "인도네시아는 미국의 중요한 파트너이고 동남아시아의 리더"라고 치켜세우면서 "미 국방부는 인도네시아군의 현대화를 위해 지원을 아끼지 않고 있다"고 설명했다(Parrish 2011b). 백악관도 "인도네시아에 F-16 전투기를 공급하기로 결정한 것은 양국 방위조약에 가장 큰 전환점"이라고 평가했다(The White House 2011b).

베트남: 적국에서 군사협력 파트너로 전환

베트남전쟁에서 미군은 58,282명이 전사했고 수천 명이 다쳤다. 베트남전쟁이 끝난 지 정확히 20년이 지난 1995년 7월, 미국과 베트남은 국교정상화 성명을 발표했다. 이후 미국은 베트남과의 군사협력을 높이기 위해 다각적인 방법을 동원했다. 특히 2010년 8월 하노이에서 차관급 국방정책대화를 개최한 것을 시작으로 매년 고위급 접촉을 가져왔다.

2010년 10월 11일, 게이츠 국방장관은 베트남국립대학을 방문해 학생들을 상대로 '미국과 베트남 간의 협력 증진 방안'이라는 주제로 연설을 했다. 게이츠는 미국과 베트남 간의 파트너십은 양국뿐만 아니라 지역 전체를 위해서도 중요하다며 오늘날 아시아, 특히 지구촌의 중요한 무역 통로에 위치해 있는 역동적인 동남아 지역의 지정·지경학적 중요성을 강조했다. 다양한 인종과 종교의 고향이라는 지역적 특성에도 불구하고 동남아 국가들이 아시아 지역 기구를 활성화시키는 선도적 역할을 하고 있는 점을 높이 평가하며, 지역과 지구촌이 직면한 도전에 대처하기 위해 미국에게 중요한 안보 파트너로 다가가고 있다고 설명했다.[32]

2012년 6월 3일, 패네타 국방장관도 베트남 캄난 만에 정박 중인 미국 함정에 올랐다. 미군 공급 함정이 캄난 만에 접근했다는 것은 단순히 선박 수리 기능뿐만 아니라 정치적으로 중요한 의미를 갖는다. 양국의 협력 강화는 중국에 대항하기 위한 것임을 암시하는 사건이었다. 패네타는 "양국이 베트남전쟁이라는 과거의 상흔을 벗어버리고 강력한 파트너십을 맺을 수 있다면, 과거의 상처를 지우는 일을 시작하는 것뿐만 아니라 아시아태평양 지역에서 모두를 위해 더 나은 미래를 열 수 있을 것"이라고 강조했다. 이는 양국관계가 파트너십 단계로 나갈 수 있음을 보여주는 것이었다.[33]

2012년 6월 20일 하노이에서 개최된 제5차 정치안보국방대화에서 양국은 대량살상무기 확산 억제 등 국제적인 현안에서 상호 협력을 확대하기로 했다. 양국은 특히 아세안지역안보포럼ARF, 아세안확대국방장관회의ADMM+ 등 지역 내 협력체와 국제포럼 등에서 협력을 강화해나가기로 했다. 또 고위급 교류를 활성화하고 경제와 통상, 투자, 과학기술, 교육훈련, 기후 변화, 전후 복구, 테러 척결 등 제반 분야에서 협력을 확대하기로 했다. 또한 양측은 남중국해 영유권을 둘러싼 분쟁과 관련해 무력 사용 대신에 협상을 통해 문제를 해결해야 한다는 입장을 거듭 확인하고 영토·영해에 대한 주권 선언은 UN해양법협약UNCLOS (UN Convention on the Law Of the Sea) 등 국제법의 테두리 안에서 이뤄져야 한다고 강조했다. 양국은 특히 중국과 아세안이 1992년에 공동 서명한 분쟁당사자행동선언DOC이 영유권 분쟁을 해결하는 데 중요하다며 분쟁 당사자들이 지역 내 평화와 안정, 그리고 발전을 위해 먼저 남중국해행동규약CDC에 대한 합의를 이뤄야 한다고 역설했다.

2013년 5월에는 미국과 베트남이 불법 조업 등 해상 위법 행위에 대한 단속 역량을 강화하기 위해 공동훈련에 나서는 등 해양 협력을 확대하기로 합의했다. 양측은 2주간 실시되는 공동훈련 과정에서 해상범죄 인지, 불법 행위 단속과 관련한 경험과 노하우 등을 공유했다.

2013년 6월 16일에는 도 바 띠 베트남 국방차관 겸 총참모장이 마틴 뎀프시 미 합동참모본부의장의 초정으로 엿새 일정으로 미국을 방문했다. 베트남 대표단에는 쯔엉 밍 화 공군사령관과 응웬 반 닌 해군 부사령관 등 군 수뇌부가 포함됐다. 이 방문은 지역 내 평화와 안정, 협력, 발전을 위해 베트남 인민군과 미군의 우호관계를 발전시키기 위한 것이라고 베트남《인민군보》는 전했다.

외교: '관여'를 확대하고
미중관계를 성공적으로 처리하다

외교적 측면에서 볼 때 오바마 정부의 '아시아 중시 정책'은 크게 두 가지 기준을 갖고 있다. 하나는 아시아태평양 지역 내 다자기구에서 '관여'를 확대하는 것이고 다른 하나는 미중관계를 성공적으로 다루는 것이다. 실제로 클린턴 국무장관은 취임 후 첫 해외순방지로 아시아를 택했다. 1961년 딘 러스크 국무장관 이후 미국 국무장관이 해외순방지로 아시아를 택한 것은 처음 있는 일이었다. 이를 두고 미 국무부는 "아시아태평양 지역의 국가이자 파트너로서 미국이 아시아에 완전히 관여할 것임을 명백히 보여주는 것"이라고 평가했다.

<표 4-3> 역대 미국 국무부장관의 지역별 방문 횟수

지역	클린턴		라이스		파웰		올브라이트	
	전반기 (3년)	전반기 (3년) (퍼센트)	전반기 (3년)	전반기 (3년) (퍼센트)	전반기 (3년)	전반기 (3년) (퍼센트)	전반기 (3년)	전반기 (3년) (퍼센트)
아프리카	13	7.1	4	2.2	14	9.0	14	7.1
동아시아, 태평양	36	19.7	18	9.8	21	13.5	26	13.2
유럽, 유라시아	54	29.5	64	35.0	48	31.0	100	50.8
근동	30	16.4	63	34.4	41	26.5	39	19.8
남아시아, 중앙아시아	17 *1*	9.3	13 *4*	7.1	11 *1*	7.1	2 *1*	1.0
서반구	33	18.0	21	11.5	20	12.9	16	8.1
합계	183	100	183	100	155	100	197	100

* 출처: 미국 국무부(http://www.state.gov/).

<표 4-3>은 클린턴 정부 때부터 오바마 정부 때까지 정권 출범 후 첫 3년 동안 각각의 국무장관들이 해외순방한 횟수를 정리한 것이다. 오바마 정부 1기에 힐러리 클린턴 국무장관의 동아시아와 태평양 방문 횟수는 모두 36번으로 전체 해외순방 횟수 가운데 19.7퍼센트를 차지했다. 이는 부시 정부 때의 라이스(9.8퍼센트) 국무장관과 파월Collin Powell(13.5

미국, 아시아로 회귀하는가

퍼센트) 국무장관은 물론 클린턴 정부 때의 올브라이트Madeleine Albright (13.2퍼센트) 국무장관보다도 훨씬 더 높은 비율이다. 그만큼 클린턴 국무장관이 아시아태평양 지역을 중시하고 있다는 것을 반증하는 자료다. 이처럼 오바마 정부는 '미국은 아시아에서 역외국가가 아니며, 역내 문제에 적극적으로 참여한다'는 인식을 바탕으로 아시아태평양 정책을 추진하고 있다(Manyin, Daggett, Dolven, Lawrence, Martin, O'Rourke, and Vaughn 2012).

새로운 동아시아 아키텍처: ASEAN의 중요성 재인식

오바마 정부의 대아시아 외교정책은 크게 양자주의와 다자주의로 나눌 수 있다. 양자주의 외교에서는 한국, 일본, 오스트레일리아 등 전통적인 동맹국들과 공조·협력관계를 심화·발전시켜나가는 것이 무엇보다 중요하다. 또 개별 ASEAN 국가들과의 포괄적인 협력관계를 증진시키는 것 역시 시급하다. 특히 아시아 정책의 핵심이라 할 수 있는 중국과는 '적극적·협력적·포괄적 관계'를 발전시켜나가면서 중국을 견제할 대안 세력으로 인도와의 협력도 강조되고 있다.

다자주의 외교는 지역 내 다자기구를 중심으로 관여를 확대하는 것이다. 아시아태평양 지역에는 현재 동남아시아국가연합ASEAN, 아세안지역안보포럼ARF, 동아시아정상회의EAS, 아시아태평양경제협력체APEC 등이 있으며, 이 다자기구들은 미국과 중국을 중심으로 합종연횡하고 있다. 이 때문에 오바마 정부는 2009년 7월 ARF 각료회의에 클린턴 국무장관을 참석시켰으며, 2011년 11월 12일부터 2011년 11월

13일까지 하와이에서 APEC 정상회의를 개최하고, 동남아시아우호협력조약TAC(Treaty of Amity and Cooperation in Southeast Asia) 가입을 추진하고 있다. 또한 역내 문제 해결을 위해 6자회담, 미국·일본·호주 3자 협력 등 협의체를 활용하고 있으며, 사안별 공동의 관심 및 관련 역량을 보유한 국가들 간의 협조를 구축하고 있다.

특히 오바마 정부는 2011년 11월에 '아시아 중시 정책'을 발표한 이후 ASEAN 10개국[34]을 중심으로 한 동남아 국가들에 더욱 주목했다. 이른바 '새로운 동아시아 아키텍처'가 등장한 것이다. 그리고 그 중심축은 아시아태평양 지역의 다자기구인 ARF와 EAS[35]다. 실제로 카터 국방부 부장관은 "'재조정'은 아시아태평양으로의 재균형뿐만 아니라 아시아태평양 내에서의 재균형도 의미한다"고 설명하며, 동남아시아의 중요성을 강조했다(Carter 2013b).

그렇다면 왜 오바마 정부는 동남아시아를 중요하게 간주한 것일까? 먼저 경제적 중요성 때문이다. 도닐런 백악관 국가안보좌관은 "인도양과 태평양 주변에 걸쳐 흩어져 있는 ASEAN 10개국은 전체 인구가 6억이 훌쩍 넘는다"며 "태국과 같은 국가들의 놀라운 성장률과 2011년 국제 투자의 25퍼센트 증가로 인해 ASEAN 국가들의 정치적, 경제적 중요성은 더욱 커져갈 것이다"라고 강조했다(The White House 2013a). 오바마 대통령도 지역의 자유무역 구축을 위해 환태평양경제동반자협정TPP 교섭을 추진하면서 미국 내 고용창출 등의 내정 과제를 해결해나갈 뿐만 아니라 아시아의 성장을 하나로 묶어서 '태평양 국가'라는 동맹, 우호국과의 긴밀한 협력을 구축하는 장기적인 과제도 추구해나가겠다는 결의를 표명했다.

미국, 아시아로 회귀하는가

두 번째, 동남아 지역에서 미국의 리더십을 발휘하려는 의도다. 오바마 정부는 ASEAN 상주 미국 대사를 임명한 데 이어 대통령이 직접 ASEAN 정상들과 매년 정례 회담을 가졌다. 또한 EAS를 아시아의 정치·안보 현안을 해결할 수 있는 장으로 승격시키기 위해 부단히 노력했다. 그 결과 오바마 대통령은 2011 EAS에 회원국 자격으로는 처음으로 참석할 수 있게 됐다. 이 날 오바마 대통령은 동중국해의 해양안전 보장 문제에 관한 토의에서 주도권을 갖고 '항해의 자유'를 호소했고, 이에 대해 싱가포르, 필리핀, 베트남에 이어 말레이시아도 "영토, 영해를 둘러싼 분쟁은 반드시 다자간 협의로 해결해야 한다"고 주장해 양자 간의 해결을 원하는 중국을 강하게 압박했다. 중국의 원자바오 총리는 "해양안보 논의는 본회의에 적합하지 않다"고 항의했지만 의장국인 인도네시아의 유도요노 대통령은 "해양 안보도 회담에 적합한 의제다"라고 정리했고, 러시아도 여기에 동조했다(The White House 2011c).

세 번째, 중국을 견제하려는 의도다. 동남아시아에서 날로 영향력을 넓혀가는 중국을 견제하는 것도 오바마 정부가 '새로운 동아시아 아키텍처'를 결정하게 된 또 다른 이유다. 미국이 대테러 전쟁에 치중하는 사이 중국은 이 지역에서 지역 대화와 FTA를 열성적으로 추진했다. 그 결과 ASEAN+3의 경우 중국 주도로 움직이는 등 중국의 영향력이 계속 확대되고 있다. 이 때문에 일부 전문가들은 아시아태평양 지역에서 미국이 소외될지도 모른다고 우려했다. 결국 오바마 정부는 2009년 TAC를 통해 지역 내 다자기구에서 정치적 범위를 넓혀갔다.

미국과 중국은 2012년 11월 캄보디아에서 열린 제7차 EAS 회의에서 남중국해 영유권 및 경제협력 문제를 놓고 충돌했다. 재선에 성공한 오바마 대통령은 남중국해 영유권 분쟁에서 ASEAN에 상당한 힘을 실어 줬다. 오바마 대통령은 동아시아 각국 정상에게 "남중국해를 비롯한 영토 분쟁 지역에서 갈등을 완화하라"고 촉구하며, 특히 남중국해 영유권 분쟁 당사국들에게 행동수칙 협상에서 진전을 보일 것을 당부했다. 이는 남중국해를 비롯한 영토 분쟁과 관련한 갈등을 중국과 개별 국가가 일대일로 해결할 것이 아니라, 여러 국가가 참여해 다자간으로 해결해야 함을 의미한다(The White House 2012).

오바마 대통령은 남중국해 영유권 분쟁을 놓고 중국을 공식 비판했다. 로즈 부보좌관은 "미국은 남중국해에 대한 권리는 없지만, 국제경제에서 남중국해가 수행하는 기능을 고려할 때 중대한 이해관계를 가질 수밖에 없다"고 밝혔다. 오바마 대통령이 이처럼 강력한 공세에 나선 이유는 ASEAN 회원국을 자국 편으로 만들기 위해서였다. EAS 회의에 앞서 2012년 11월 18일 열린 ASEAN 정상회의에서도 미국은 ASEAN 회원국들의 입장을 두둔했다. 그 결과, 센카쿠 열도 영유권 문제로 중국과 갈등을 빚던 일본이 미국을 지지했고 인도와 호주도 미국 쪽으로 돌아섰다. 이에 대해 중국은 "남중국해 영유권 분쟁은 당사국들이 해결해야 한다"는 종전 입장을 주장하며 미국을 비판했다.

오바마 정부의 '새로운 동아시아 아키텍처'와 함께 주목받는 나라가 '미얀마'다. 오바마 대통령은 2012년 11월 19일 미국 대통령으로서는 처음으로 미얀마를 방문했다. 양곤에서 테인 세인Thein Sein 대통령과 정상회담을 가진 오바마 대통령은 미얀마의 민주화 개혁을 높이 평가하면서 앞으로 2년간 1억 7,000만 달러를 지원하겠다고 약속했다. 더 놀라운 사실은 이후 전개된 공동 기자회견이었다. 오바마 대통령은 세인 대통령과의 공동 기자회견에서 미얀마를 '버마'로 부르지 않았다. 이는 중국과 우호적인 관계를 맺어온 미얀마를 미국 측으로 끌어 들이기 위한 외교적 제스처였다. 그동안 미국 정부는 군사 독재정권이 나라 이름을 버마에서 미얀마로 바꿨다며 '미얀마'라는 국명을 일부러 사용하지 않았다.

6개월 뒤인 2013년 5월 18일에는 세인 대통령이 미국 워싱턴을 방문했다. 미얀마 국가 최고 지도자가 미국을 공식 방문한 것은 1966년 이후 47년 만에 처음 있는 일이었다. 백악관은 "오바마 대통령이 지난해 11월 역사적으로 미얀마 수도인 양곤을 찾은 이래 아웅산 수치 여사나 사회 지도자, 국제 공동체와의 긴밀한 협조 속에 세인 정부가 취해온 개혁·개방을 지지해왔다"며 "오바마 대통령은 세인 대통령과 함께 민주주의 발전을 이루고 이념·종교 간 갈등을 해결하며 경제를 발전시킬 방안을 논의하는 한편 미국이 도울 방안을 강구할 것"이라고 설명했다 (The White House 2013b).

미중관계, 진화하다

'아시아 회귀' 선언 후 첫 미중 전략·경제대화S&ED

오바마 정부의 '아시아 회귀'가 선언된 지 다섯 달이 지난 2012년 5월 3~4일에 제4차 S&ED가 베이징 댜오위타이钓鱼台에서 열렸다. 제4차 S&ED는 처음부터 긴장감이 돌았다. 지금까지의 회의 중에서 이 기간만큼 미중 양국 정부가 강도 높은 긴장을 보인 적은 없었다. 회담 직전 미국에 망명을 요구하여 베이징 미 대사관에서 신병을 보호하고 있던

맹인 중국인 인권활동가 천광청陳光誠을 둘러싼 문제 때문이었다.

중국 정부는 베이징에 있던 캠벨Kurt Campbell 동아시아태평양담당 차관보와 사전 협의를 통해 절충점을 찾았지만, 쌍방의 입장차가 너무 커 난항을 겪었다. 중국은 대화 개막 이틀 전에야 천광청의 안전 보증을 약속했다. 천광청은 미 대사관을 나와 시내 병원으로 옮겨진 후 처자와 도 재회했다. 클린턴 장관은 "천 씨는 망명을 희망하지 않고 중국에 머무른다"고 성명을 발표했다. 그런데 천광청이 갑자기 CNN과의 전화 인터뷰와 미 의회 공청회를 위한 전화 증언에서 "위험을 느꼈다"고 호소하면서 다시 미국 망명을 강하게 요구했다. 이로 인해 문제는 복잡해졌다. 중국 외교부는 미국의 대응에 대해 "내정간섭이고 미 대사관은 국제법과 중국의 국내법을 지킬 의무가 있다"고 비난하면서 사죄와 관련자의 처벌을 요구하는 등 강하게 항의했다. 미 의회 내 보수파는 다른 측면에서 오바마 정부를 비판했다. 중국 인권 문제에 대해 미온적인 태도를 보였다는 이유에서였다. 문제는 천광청 부부와 가족이 중국 당국의 정식 수속을 받아 뉴욕으로 출국하는 것이 결정되면서 일단락됐다.

후진타오 주석은 제4차 S&ED를 축하는 기념사에서 당나라 시인 한유韓愈가 쓴 칠언절구 시 〈만춘晩春〉의 첫 두 구절을 읊었다.

草木知春不久歸 풀과 나무는 머지않아 봄이 다시 온다는 것을 알고
百般紅紫鬪芳菲 백 가지 울긋불긋한 꽃이 향기를 다툴 준비를 한다

후진타오는 "시간은 우리를 기다리지 않는다. 성과를 위해 분발해야 한다"는 뜻이 있다는 설명도 곁들였다. 이 언급은 '미국은 중국의 인권

문제를 집중적으로 거론하면서 경제 등 시급한 현안들을 지체하지 말라'는 의미로 풀이됐다. 후 주석은 또 "노력하는 사람은 반드시 성공하고 길을 떠나는 사람은 반드시 목적지에 도착한다"는 안자晏子의 "위자상성 행자상지爲者常成 行者常至"라는 말을 인용해 "미국과 중국이 현재 여러 가지 이견이 있지만 꾸준히 대화하면 서로 이익을 보며 함께 발전하는 관계를 구축할 수 있을 것"이라며 양국관계의 지속적 관계의 중요성을 강조했다. 또한 "양국은 기회를 잡아야 하지만 상대방 국가에 대한 간섭을 배제하고 서로 존중하면서 협력하는 새로운 대국관계의 길을 개척해나가야 한다"고 강조했다(Jintao 2012).

이날 개막식 발언에서도 미중 양국은 천광청 문제를 직접 거론하지는 않았으나 인권 문제를 놓고 날선 공방을 주고받았다. 후진타오 국가주석은 관영 CCTV로 중계된 개막식 축사에서 "중국과 미국은 서로 나라의 사정이 달라 모든 의견이 일치할 수 없다"며 "중국과 미국은 상호이익과 관심사를 존중하면서 현존하는 문제들을 타당한 방식으로 처리함으로써 양국 관계의 큰 틀에 악영향을 주지 말아야 한다"고 지적했다. 그는 또 "중국과 미국의 대립은 세계에 거대한 손해를 끼친다"며 "국제적 상황이 어떻게 변하든, 중국 국내 상황이 어떻게 전개되든 쌍방은 협력을 견지해야 한다"고 덧붙였다. 그러나 미국 대표단을 이끄는 클린턴 장관은 "미국은 모든 정부가 '우리 시민들'의 존엄에 대한 열망과 법에 의한 통치에 답해야 한다고 믿는다"며 "어떤 나라도 이런 권리를 부정할 수 없고, 부정해서도 안 된다"고 반박했다. 여기에 대해 다이빙궈 중국 외교담당 국무위원은 4일 대화 폐막 후 가진 공동기자회견에서 "우리들에게는 견해차가 있다. 중국은 인권 문제에 진보를 이루고 있다"고 반론했다.

이처럼 대화는 개회부터 폐막까지 미중의 인식차가 분명했다. 공동 발표문에 '협조와 협력', '21세기 새로운 국가관계의 모델'이라는 표현이 등장했지만 뜻있는 진전으로 해석하는 이들은 없었다.

제4차 미중 전략·경제대화 평가

〈표 4-4〉 2012 미중 전략·경제대화S&ED

트랙	내용
전략 트랙	1. 고위급 교류 촉진 • 서울 핵안보정상회의에서의 양국 정상 회동, 양국 부통령(부주석) 바이든과 시진핑의 상호 방문 성과에 대한 평가. 2. 양자 대화 및 협의 • 제2차 미중전략안보대화의 성공적 개최 확인 및 평가. • 제4차 미중 아시아태평양협의체 개최 합의(2012년 하반기). • 상호존중 및 평등 원칙에 입각한 건설적인 인권 관련 대화를 지속해 나갈 것을 다짐. 2012년 여름에 양자 간 인권 대화 개최 합의. • 중동 문제에 대한 미중 간 협의체 구성에 대한 협의체를 구성하기로 합의함. 아프리카, 남미, 남아시아, 중앙아시아 지역 이슈 논의를 위한 차기 회의 개최 합의. • 주요 국제 안보 및 비확산 이슈에 대한 양국 간의 대화 및 협력 강화 원칙 재확인. • 양국 간의 공통의 이해가 걸린 이슈에 대해 법률 적용에 대한 협력 강화 결정(지적재산권 적용, 망명, 인신매매, 추방, 사이버 범죄, 부패, 법률 지원, 불법자금 검색 등). • 미-중 해양 안전 대화 메커니즘의 설치에 대한 양국의 의지 재확인. • 제3차 바이오연료 포럼, 제3차 재활용 에너지 산업 포럼, 20차 석유 및 가스 산업 포럼 개최 합의. • 불법 벌목 및 관련 무역 방지를 위한 미중 간 포럼에 의거, 양국은 정보 교류 등을 명시하고 있는 양국 간의 양해각서의 목적에 따라 관련 활동들에 대한 건설적인 협력을 약속. • 미중 공동 환경조사 워킹 그룹 2012년 6월 개최 합의. • 제10차 농업과학 및 기술 협력에 대한 공동 워킹 그룹을 2012년 8월 상하이에서 개최하기로 합의. • 해양법 및 극지 이슈에 대한 제3차 대화를 2012년 5월 22일부터 23일까지 베이징에서 열기로 합의.

미국, 아시아로 회귀하는가

3. 지역 및 국제안보 문제
- 다자간 메커니즘(평화유지 활동 등)을 통한 지역 및 국제안보 문제에 대한 교류 및 협력을 강화하기로 결정.
- 양국은 한반도와 이란 핵 문제에 대해서는 2011년 제3차 전략대화에서 합의된 내용을 재확인.

4. 미중 간 협력 증진
- 양국 지방정부 간 협력 증진을 위한 미중행정관포럼의 설립을 환영.
- 5년 복수비자 발급을 위한 구체적 회담 개최 합의.
- 미 국토안보부, 관세국경보호청과 중국 국세청 간의 물류보안과 행동 플랜의 원활화를 위한 양해각서를 지속할 것에 대해 합의.
- 핵무기 및 관련 물질의 밀수를 적극적으로 방어하겠다는 원칙의 재확인.

5. 기후 변화, 에너지, 환경, 과학, 기술에 대한 협력
- 기후 변화정책대화와 실용적 협력을 계속하기로 합의.
- 에너지와 환경 협력에 관한 미국과 중국 간의 10년 프레임워크의 성과를 환영. 양국은 맑은 물, 맑은 공기, 친환경 교통수단 및 전기 등의 분야에 있어 협력하고, 더 나아가 에코 파트너십 프로그램을 시행하기로 합의.
- 양국 간 에너지 안보 협력에 대한 공동성명을 재확인(세계 에너지 최대 생산국이자 최대 소비국으로서, 에너지 안보와 공동의 위협을 대처하기 위해 책임을 공유하겠다는 내용).
- 핵 비확산, 핵 안보, 핵 테러 방지를 위한 협력 강화를 위해 핵안보 센터를 설치하는 데 대한 양국 간의 양해각서를 재확인.
- 양국 간의 원자력 발전소에 대한 안전, 그리고 상호간 핵 안전 전문가와 경험을 서로 맞교환하는 것에 대한 중요성을 재확인.
- 제1차 양국 간 셰일가스 평가의 완료를 환영하고, 현재의 진행 사항을 바탕으로 양국 간의 미래 협력을 강화하기로 합의.
- 아시아태평양 에너지 규제 포럼에 파트너로 참여하여, 에너지 규제 및 정칙 실행에 대한 경험을 공유하기로 합의.
- 미국무역개발청은 통합 스마트그리드 통신 모델과 전력 발전소 배기가스의 탈질소화에 대해 양국의 협력 연구를 발표.
- 선진 바이오연료 영역에 대한 추가적인 협력과 항공 바이오연료 개발에 대한 협력 약속.
- 토양 개선 등을 포함한 지하수 조사에 대한 추가적인 협력사업 발표.
- 아시아태평양 지역의 삼림 보존 및 관리를 위한 공동의 노력 약속.
- 식량 안보, 식량 안전, 지속 가능한 농업 등에 관련한 미국과 중국 간의 과학, 기술, 정책 교류를 강화할 것을 약속.
- 멸종 위기에 처한 동식물에 대한 공동의 보호 노력을 강화하기로 결정.
- 2011~16년 해양, 수산과학 및 기술 협력에 대한 프레임워크 계획에 서명.

전략
트랙

<table>
<tr>
<td rowspan="2">경제
트랙</td>
<td>

1. 거시경제 협력 강화
- Los Cabos G-20 정상회의의 합의내용에 입각한 양국 간의 협력을 재확인.
- 미국은 높은 투자 및 수출수준의 유지, 그리고 중기 총저축의 확대를 바탕으로 한 경제 성장 패턴으로 이행할 것. 미국은 향후 10년간 5조 원가량의 예산 감축을 달성할 것.
- 중국은 인민들의 삶의 질 향상과 내수의 확대, 소비의 확대에 바탕한 경제 발전 패턴으로 변환할 것. 이를 위해 중국은 강력한 구조적 조세 감면을 강화할 것(수입관세 인하를 통해).
- 중국은 점진적으로 국영기업의 배당률을 높이고 정부에 배당금을 지불하는 중앙 및 지방 국영기업의 수를 확대함으로서 국가소유 자본의 회수 시스템을 강화할 것.
- 중국과 미국은 시장결정적 환율시스템으로 보다 빠르게 이행하며 기저의 경제 펀더멘털을 반영하는 환율 유연성을 강화하기로 합의한 G-20 결의사항을 이행하기로 한 내용을 확고하게 재확인.
- 미국과 중국은 유럽 금융시장의 발전에 대한 의견 교환을 계속할 것과, 이들의 금융 안정과 성장을 복원하기 위한 유럽의 자구 노력을 지원하기 위한 방안들의 논의를 계속하기로 합의.

2. 개방무역 및 투자 촉진
- 양국은 개방되고, 공정하고, 투명한 투자환경 조성의 중요성을 재확인.
- 양국은 제7차 미중투자협정 및 후속 협상을 열 것을 합의.
- 양국은 보다 개방된 국제경제 시스템을 구축하기 위한 의지와, 무역 보호주의에 대한 저항 의지를 확고히 함.
- 양국은 지적재산권 침해에 대한 법률 집행에 필요한 능력 및 자원을 강화하겠다는 의지를 표명함. 중국은 지적재산권 관련 법률 및 규제를 강화하고, 위법 행위에 대항하기 위한 조치를 강화하기로 함.
- 양국은 기업 비밀의 보호가 지적재산권 보호에 중요한 부분임을 재확인하고, 기업 비밀 유출에 대한 조치를 강화할 뜻을 확고히 함.
- 미국은 수출통제 시스템의 개혁을 통해 중국산 물품에 대한 평등한 대우를 요구하는 중국의 요청을 검토할 뜻을 전달.
- 미국은 특정 이중 사용 물품에 대한 규제를 개정하기로 함.
- 미국은 정부조달협정 체결국들로 하여금 중국이 2011년 제출한 가입 요청을 수정·개정할 것을 요청할 것을 촉구하기로 함. 중국은 체결국들의 요청에 있을 경우 포괄적으로 개정된 가입 요청을 다시 제출하기로 함.
- 미국은 미 외국인투자위원회가 투자자의 출신 국적에 상관없이 같은 규정과 기준을 적용할 것을 약속.
- 중국은 중국에 투자하는 외국인 투자자들에 대해 공정한 대우를 할 것을 약속.
- 미국은 인프라 영역에 대한 확대, 인프라 투자에 대한 시장 메커니즘의 강화, 국제적인 인프라 시스템에서 획득한 교훈의 적용, 공공-민간 파트너십PPP의 강화를 약속.
- 중국 정부는 공정 경쟁에 대한 시장 환경을 발전시키기로 약속하고, 모든 종류의 기업에 대해 비차별 원칙을 적용할 것을 약속.
- 중국은 국부펀드에 대한 합의된 원칙 및 관례를 충실히 따를 것을 재확인.

</td>
</tr>
</table>

미국, 아시아로 회귀하는가

	• 미 연방 정부는 양국 간의 민간 경제협력을 강화하고 활발히 지지할 것을 약속. • 미 민간항공국과 중국은 항공기 내공성 인증 영역에서 교류와 협력을 확대할 것을 약속. 3. 국제 규범 및 글로벌 경제 거버넌스 • 2012년 2월 발표된 '미중 경제관계 강화를 위한 Fact sheet'에 기반하여, 양국은 공식 수출 금융에 대한 국제적 가이드라인을 진전시키기 위한 국제적 워킹 그룹을 설립하기로 합의. • 양국은 TPP, 중국-ASEAN FTA, 그리고 기타 자유무역협정 내에서의 정보 교류를 확대할 것을 약속. • 양국은 양자 간 무역에 대한 통계 방법론 연구를 심화할 것을 약속. • 양국은 SDR 바스켓의 통화는 일정한 기준을 갖춘 것들이어야만 한다는 것에 대해 공감하고, 이에 따라 미국은 위안화가 IMF의 기준의 충족될 경우 인민화의 SDR 바스켓 포함을 지지하기로 약속. • 환율 정책에 대한 강력한 감시의 중요성을 인식하며, 미-중 양국은 더욱 포괄적인 감시 활동을 지지(국제 유동성, 자본의 흐름, 자본계정 측정, 외환보유고 및 재정, 통화, 금융섹터의 정책 등에 대해).
경제 트랙	4. 금융시장 안정성 및 개혁 조성 • 양국은 실물 경제를 지원하는 건전한 금융 시스템의 건설을 위해 노력하기로 약속했으며, G-20 합의에 기반한 국제 금융 규제 프레임워크의 효과적인 적용을 위해 노력할 것을 약속. • 미국은 중국계 은행, 증권사, 펀드사에 대해 같은 규제 기준이 계속하여 적용될 수 있도록 노력하기로 약속. • 양국은 금융시장 인프라 전반에 대한 정보 협력을 강화하고, 환율 시스템 건설을 위한 교류 및 협력의 확대를 약속. • 소비자 금융의 증진을 위해, 중국은 검증된 중국은 외국계 및 중국계 금융기관이 자산 금융화 시험기간 동안 자산담보부 증권 발행에 있어 같은 대우를 받게 하기로 약속. • 중국은 합작사의 경우 해외 투자자가 최대 49퍼센트까지 지분을 보유할 수 있도록 현행 규정을 수정하기로 약속. • 미-중 양국은 자금 세탁, 화폐 위조, 테러 활동 지원 등을 방지하기 위한 국제 금융 시스템의 강화를 위한 협력을 증진하기로 약속. • 양국은 해외계좌신고제도에 대한 협의를 갖기로 결정. 5. 미중 전략·경제대화를 통한 양국 간의 경제관계 증진 • 양국은 상호간의 강력하고 균형 잡힌 경제관계를 증진하는 4차까지의 미중 전략·경제 대화의 긍정적인 역할에 주목. • 양국 간의 경제 관계는 넓은 범위의 중첩되는 공동의 이익에 기반한 것임을 인지하고, 양국은 소통과 협력의 강화를 계속해 나갈 것을 약속.

* 출처: Department of State(2012b); Department of the Treasury(2012).

후진타오 주석은 제4차 S&ED가 "양국 간 관계를 더욱 증진시킬 수 있는 계기를 만드는 등 긍정적인 결과를 가져왔다"고 평가했다. 미국 대표단을 이끈 클린턴 장관 역시 "미중관계는 그 어느 때보다 결속되어 있다"면서 "양국은 서로 차이를 논의할 수 있을 정도로 개방적이고 솔직한 관계를 발전시켜왔다"고 화답했다(Department of State 2012b).

좀 더 구체적으로 들여다보면, '전략 트랙'에서는 북한 핵 문제, 이란 핵 프로그램, 시리아 사태 등 주요 세계 현안들이 논의됐다. 제3차 S&ED에서 설립된 고위급 군사회담인 제2차 전략안보대화도 개최됐다. 특히 북핵 문제와 관련해서는 양국이 공개적으로 대북 압박성 메시지를 내놓지는 않았지만 북한의 도발에 대해 중국이 강경 입장을 갖고 있다는 점을 국내외에 보여줬다. '경제 트랙'에서는 위안화 환율 변동 폭을 기존의 0.5퍼센트에서 1퍼센트로 확대했고, 손질확대 조치를 통해 미중 간 무역불균형 문제를 해소하는 데 주력하겠다는 입장을 발표했다. 또 합작 증권사에 대해 외국인 지분을 49퍼센트까지 허용하기로 하는 등 모두 67개 부문에 걸쳐 합의가 이뤄졌다.

하지만 합의 사항을 좀 더 자세히 분석하면 성과가 그리 크지 않았음을 알 수 있다. 오히려 오바마 정부의 '아시아 중시 정책' 선언 이후 열린 첫 S&ED라는 점에서 양측의 긴장감이 다른 어느 때보다 높았다. 중국은 미국의 '아시아 중시 정책'이 자신들을 견제하거나 포위망을 강화하는 것으로 인식하고 있었고, 미국은 최근 중국이 보여준 일련의 호전적인 태도를 아시아에서 미국의 영향력을 약화시키려는 시도로 읽었다.

제4차 S&ED를 일주일 앞둔 2012년 4월 26일, 가이트너 미 재무장관은 "미국은 중국과 현안 문제에서 진전을 계속할 의지가 있지만, 이는 우리에게 중요한 이슈에 중국이 얼마만큼의 진전을 보이느냐에 달렸다"고 말했다. 그는 "중국의 금융시스템이 여전히 국영 대기업 투자를 선호하는 대규모 국영 은행에 의해 지배되고 있다"면서 "중국은 예금이율 제한을 상향조정해 가계가 자신의 저축에 대해 수익을 얻을 수 있도록 해야 한다"고 덧붙였다. 예금이율 상향조정으로 가계의 수입이 늘어나면 미국에서 생산되는 소비재와 서비스를 소비할 수 있는 소비능력도 함께 향상돼 미중 간 교역 불균형이 사라지게 된다는 것이었다.[36] 가이트너 장관은 제4차 S&ED 개막식에서도 중국의 노력을 인정하면서도 위안화를 더 절상해야 한다고 강조했다. 그는 "좀 더 강한 시장 결정적Market Determined 위안화 환율은 부가가치가 높은 산업으로의 이행, 금융 체제 개혁, 내수 진작 등 중국의 개혁 목표를 더 강화할 것"이라고 말했다. 이에 대해 중국 측은 "중국은 점진적으로 융통성 있게 움직이고 있다"고 반박했다. 왕치산 중국 부총리는 "미국은 경제 이슈를 정치화하지 말아 달라"고 촉구하며 불편한 심기를 드러냈다(Geithner 2012).

그러나 중국 언론들은 제4차 S&ED 결과에 한껏 고무됐다. 미국이 첨단기술제품의 대중국 수출 제한을 완화하겠다는 의사를 표명했기 때문이다. 이는 중국이 얻은 중요한 성과 가운데 하나로 평가된다. 미국 측이 중국 민간인을 최종 소비자로 하는 첨단기술제품에 대한 수출제한 완화를 빨리 추진하겠다고 의사를 표시했으며, 중국 당국은 조만간 뚜렷한 규제 완화를 낙관한다고 밝혔다. 주광야오朱光耀 중국 재정부부장은 미국 측이 회의에서 관련 제도를 개편 중이며 중국 측 요구를 충분히 고려하고 있음을 명확하게 언급했다고 밝혔다. 중국 측은 미국이 구체적으로 첨단기술제품 2,400여 개의 대중 수출을 제한하고 있으며, 이것이 양국 무역 불균형의 주요 원인이 되고 있다면서 규제 해제를 요구해왔다. 이와 함께 중국이 얻은 주요한 성과는 위안화 국제화의 전 단계로 추진 중인 위안화의 IMF 특별인출권SDR 바스켓 편입 문제였다. 미 재무부는 IMF 기준인 위안화의 자유태환제 전환을 단서로 SDR 바스켓 편입을 지지했다(Department of the Treasury 2012b).

중국은 달러, 유로, 파운드, 엔 등 기존 4종 통화에 위안화 등 신흥국 통화를 SDR 바스켓에 편입시키라고 요구해왔다. 경제 2위, 무역 2위라는 경제적 위상을 감안해 위안화가 제대로 평가받아야 한다는 논리다. 신흥 시장과 저소득 국가들이 2010년 세계경제 성장에서 차지한 비중이 70퍼센트로 높아진 것도 '위안화의 국제적 지위(IMF 발언권)'가 개선돼야 하는 이유 가운데 하나라고 주장했다. 하지만 서방 국가들은 위안화의 유동성과 태환성의 제약을 이유로 난색을 표시해왔다.

미국은 또 연방준비제도이사회가 중국공상은행ICBC의 미국 내 동아은행 합병 신청과 중국은행, 농업은행의 미국 내 지점 개점 신청 등을 적극 검토 중이라고 밝혔다. 실제로 연방준비제도이사회는 회담 5일 뒤인 5월 9일 ICBC가 홍콩 뱅크오브이스트아시아BEA의 미국 법인 지분의 80퍼센트를 인수하는 것을 허용했다. ICBC는 총 자산 규모가 2조 5000억 달러에 이르는 중국 최대 은행으로 중국 정부가 전체 지분의 70.7퍼센트를 보유하고 있다. BEA 미국 법인은 뉴욕과 캘리포니아 등에 13개의 지점을 갖고 있으며, 자산 규모는 7억 8000만 달러 정도로 소매와 기업 대출 부문에 중점을 두고 있다. 미 금융 당국이 중국 국영은행의 미 은행 인수를 허용한 것은 처음이었다. 연방준비제도이사회는 이와 함께 뱅크오브차이나BoC의 시카고 네 번째 지점 개점과 중국 농업은행의 뉴욕 첫 번째 지점 개점을 허가했다.

G-2에서 C-2로: 미중 양국 협조 개념의 변화

제4차 S&ED에서 중국이 얻은 또 하나의 결실은 중국이 작명한 미중 '양국협조C-2'라는 신개념에 대해 미국 측의 이해와 동의를 받았다는 것이다. 중국이 제안한 'C-2' 개념은 'G-2' 개념과는 다른 것이다. C는 대등관계, 조정Coordination과 협력Cooperation의 의미에 운명공동체 Community까지 포함한 다양한 함의를 갖고 있다. 또 양국이 모든 일에 서 소통하고 대등한 관계에서 협력한다면 세계의 안정과 발전, 번영에 아주 유익할 수 있다는 의미다. 이런 측면에서 중국은 제4차 S&ED가 미중관계의 구도를 새로 짜는 계기였을 뿐만 아니라 국제사회에서 대 국관계의 새로운 좌표를 설정하는 시간이었다고 평가했다.

2012년 11월에 후진타오는 미중 협력의 새로운 모형을 개념화한 '새 로운 대국관계'에 대해 "대국끼리 충돌했던 역사를 타파하고 대국관계 발전의 새로운 길을 모색"하는 것이라고 설명했다. 다오빙궈는 "미중 양국은 'G-2'라기보다는 서로 협조하는 의미로 'C-2'가 되자"며 C-2 라는 개념을 설명했다. 그러나 오바마 정부의 신중한 검토를 얻지는 못 했다. 한편, 다오빙궈는 "아시아태평양 지역은 중국이 발붙이고 사는 지역이자 중국이 평화발전을 실현해가야 할 지역으로, 중미 간의 이익 이 만나고 상호작용도 가장 빈번한 곳"이라고 말하면서, 양국이 아시아 태평양 지역에서 지켜야 할 4가지 원칙(상호존중과 상호신뢰 증진, 호혜평

등과 공동번영, 개방과 포용, 구동존이(求同存異와 공동책임)을 제안했다.

　시진핑 중국 국가부주석도 미국 측 대표로 참석 중인 힐러리 클린턴 국무장관과 가이트너 재무장관을 만난 자리에서 "후진타오 주석과 오바마 대통령이 달성한 상호존중과 공존공영의 중요한 공통 인식은 대국관계의 새로운 길을 모색할 수 있는 방향을 제시했고 원칙을 확립했다"면서 "양국은 중요한 국제 및 지역 문제에서 협력을 강화하고 인민들의 우의를 증진시켜야 한다"고 강조했다. 또한 양국은 정치제도나 역사적·문화적 배경, 경제발전 수준이 다르다면서 "새로운 대국관계 수립을 위해서는 결심과 믿음, 인내심과 지혜를 지녀야 한다"고 당부했다. 클린턴 장관은 이에 대해 "상호존중과 공동번영의 새로운 대국관계 건설은 역사적으로 전례가 없었던 일"이라면서 "양국은 대화와 교류, 상호신뢰를 갖고 협력을 강화하면서 함께 위협과 도전에 대응해야 한다"고 답했다.

　제4차 S&ED가 끝난 뒤에도 미중 간의 새로운 대국관계 구축 구상은 계속 이어졌다. 추이톈카이 중국 외교부 부부장은 2012년 7월 5일 홍콩 아시아 협회가 주최한 행사의 연설에서 신뢰 증진과 교류·협력의 확대, 갈등관리 등에서 양국 협력의 필요성을 언급했다. 그는 또 제3차 S&ED의 틀 안에서 양국 간 '아시아태평양 사무협상 체제'를 가동시킨 점을 거론하면서 "일 년여 동안 이미 3차례 (아시아태평양 사무협상) 회의를 가졌다는 것은 중미 간 60여 개의 각종 대화협상 체제 가운데 보기 드문 것"이라고 평가했다.

경제: 아시아로의 수출을 확대하고
아시아 시장을 개척하다

오바마 정부는 재정지출에 의존하여 경기회복과 고용을 창출하는 데에는 한계가 있음을 깨닫고 수출증대로 이를 보완하고자 했다. 실제로 오바마 대통령은 2010년 연두교서에서 2014년까지 수출을 2배로 확대하겠다고 밝혔고(Obama 2010), 이후 국가수출구상NEI(National Export Initiative)으로 나왔다. 그리고 그 1차 대상으로 아시아태평양 지역을 꼽았다(The White House 2010a). 이를 반영하듯 2011년 국가수출전략 NES(National Export Strategy)에서 떠오르는 수출시장 10곳 중 4곳(중국, 인도, 인도네시아, 베트남)이 아시아태평양 지역의 국가들이다(Trade Promotion Coordinating Committee 2011).

〈표 4-5〉에 나와 있듯이, 지난 2000년 미국 상품의 아시아 수출은 전체 수출의 22퍼센트를 차지했지만 2010년에는 23.5퍼센트로 늘었고, 수입 역시 28.9퍼센트에서 32.2퍼센트로 증가했다. 수출에 있어서는 북미 지역 다음으로 가장 큰 시장이 아시아이고, 수입에 있어서는 북미 시장보다 아시아 시장이 더 큰 비중을 차지하고 있다. 아시아태평양 지역은 세계 인구의 40퍼센트가 몰려 있고 세계 GDP의 절반이 넘는 광활한 시장이다. 더욱 매력적인 것은 아시아태평양 지역의 빠른 경제성장이다. 2011년 미국의 GDP 성장률은 1.8퍼센트였는데 아시아태평양 지역에서 단 3곳을 제외한 모든 나라가 미국의 성장률을 앞섰고 세계 평균 성장률 3.8퍼센트와 비교해도 아시아태평양 지역 국가 가운데 절반 이상이 이보다 높았다. 급속한 경제성장률은 세계무역 판도도 바꿔

놓고 있다. 또한 〈표 4-6〉에서처럼 전 세계 수출 물량 가운데 아시아가 차지하는 비중은 1980년 15.9퍼센트에서 2010년 33.3퍼센트로, 수입 물량은 16.9퍼센트에서 31.4퍼센트로 크게 늘어났다. 결국 아시아태평양 지역은 미국의 무역과 투자를 위해 중요한 자원이자 종착역으로 간주됐다(Williams 2013).

〈표 4-5〉 미국 상품무역의 지역별 비율(단위: 퍼센트)

	수출		수입	
	2000	2010	2000	2010
아프리카	1.1	1.8	1.8	3.7
아시아(중국 포함)	22.0	23.5	28.9	32.2
아시아(중국 제외)	20.3	17.6	22.6	16.2
중앙아메리카, 남아메리카	6.0	8.9	4.7	5.7
독립국가연합	0.3	0.6	0.6	1.4
유럽	18.8	17.9	15.8	15.4
중동	1.9	3.1	2.5	3.3
북아메리카	29.5	26.6	23.2	22.2

* 출처: 미국 국제무역위원회.

〈표 4-6〉 전 세계 상품무역의 지역별 비율(단위: 퍼센트)

	수출		수입	
	1980	2010	1980	2010
아프리카	6.0	3.3	4.7	3.0
아시아(중국 포함)	15.9	33.3	16.9	31.4
아시아(중국 제외)	15.0	22.9	16.0	22.3
중앙아메리카, 남아메리카	4.5	3.8	4.9	3.7

독립국가연합	3.8	3.9	3.3	2.7
유럽	44.1	37.0	48.8	37.4
중동	10.4	5.9	4.9	3.6
북아메리카	15.3	12.9	16.5	17.4

* 출처: WTO.

수출확대 정책과 아시아 시장 개척

오바마 정부는 세계금융위기를 겪으면서 민주당이 기존에 주장해왔던 통상 정책과 다르게 좀 더 실리적이고 적극적인 방향으로 선회했다. 특히 내수를 통한 경제성장의 한계를 인식한 오바마 정부는 2010년부터 수출을 통한 경기회복으로 방향을 바꾸고 통상 정책을 적극적으로 추진했다. 수출을 통한 일자리 창출과 경제성장을 위한 종합수출지원책인 국가수출확대 정책이 추진된 것이다. 실제로 미국 통상 정책의 기본 방향을 제시하고 있는 통상정책어젠다TPA를 보면, 오바마 정부 출범 2년차인 2010년부터는 기존과 다른 정책들이 부각되기 시작했다. 그중에서 최우선적으로 강조된 점은 "2014년까지 수출 2배 확대"를 위한 국가수출구상NEI을 지속적으로 추진한다는 것이다.

우리의 상품을 더 많이 수출해야 합니다. 왜냐하면 더 많은 제품을 만들고 다른 나라에 판매를 더 많이 하면 할수록, 여기 미국에서 그만큼 더 많은 일자리가 창출되기 때문입니다. 그래서 오늘밤 우리는 새로운 목표를 설정하고자 합니다. 즉 향후 5년간 수출을 2배로 늘리자는 것입니다. 이러한 목표를 달성하는 데 도움을 주고자 우리는 수출진흥 정책을 추진해서 농산물과 중소기업의 수출을 늘리고, 국가안보에 부합하는 수출통제 제도에 대한 개혁을 지원할 것입니다. 경쟁국들이 그러는 것처럼 신규 시장을 과감하게 개척해야 합니다. 만약에 미국이 수수방관하는 사이 다른 국가들이 무역협정을 체결한다면 우리는 자국 내에서 일자리를 창출할 기회를 잃어버리게 될 것입니다. 그러한 이득을 실제로 얻는다는 것은 그러한 협정을 유효하게 해서 우리 무역 상대국들이 원칙대로 무역을 하게 된다는 것을 의미합니다. 그러므로 우리는 세계시장을 개방하는 도하무역협정을 계속해서 다듬어나갈 것입니다. 또한 아시아에서 우리의 무역관계를 강화시켜 나갈 것입니다. 한국, 파나마, 콜롬비아와 같은 핵심 무역 상대국과의 관계에서 말입니다(Obama 2010a).

2010년 3월 오바마 대통령은 수출입은행 연례총회에서 국가수출확대 정책의 세부 실행 방안으로 다음과 같은 5개 중점 과제를 발표했다. 첫째, 미국 수출기업의 이익을 위한 국가지원 확대 방안이다. 이 방안에 따르면, 상무부는 중국, 인도 등 주요국에 무역 사절단을 파견하고, 상무부 지원센터는 미국 수출기업들이 해외수주와 수출을 통해 일자리를 창출할 수 있도록 자금 지원을 포함한 각종 지원 방안들을 수립해야 한다.

둘째, 수출기업 및 중소기업에 대한 자금 지원에 관한 것이다. 미국 수출입은행은 2010년회계연도 기준으로 2009년에 비해 2배가 넘는 금액인 132억 달러를 대출 형태로 수출기업에 지원해야 한다.

셋째, 통상장벽 제거다. 북미자유무역협정NAFTA 이후 경제적으로 가장 큰 효과가 있는 한미 FTA의 조속한 발효와 파나마, 콜롬비아와의

FTA 쟁점 현안 해결 및 조속한 타결을 목표로 하는 동시에 중국과 러시아 등에 수출제한으로 묶여 있는 품목에 대한 수출 재개를 위해 노력해야 한다.

넷째, 통상법 강화다. 이를 위해서는 WTO 분쟁 채널을 이용해 미국의 수출시장 확대에 기여하고, G-20 정상회의 등 경제 회복을 위한 국제 공조에 적극 협력하여 경제성장에 도움이 되도록 하는 방안을 추진하기로 했다.

마지막으로 다섯째, 경제성장을 위한 국제협력 강화다.

2008년에 시작된 세계금융위기는 미국에 심각한 내수 침체와 높은 실업 문제를 야기시켰다. 그 결과 미국은 자국 산업을 보호함과 동시에 상대 교역국에는 공세적인 수출확대 정책으로 기조를 전환했다. 미국은 수출 시장을 확대하기 위해 중국을 포함한 아시아태평양 지역을 최우선 지역으로 고려했다. 2011년 4월 17일에 클린턴 국무장관은 서울에서 열린 미국상공회의소 주최 조찬모임에서 "미국 10대 교역국 중 4개국이 동아시아에 위치해 있으며, 아시아태평양 지역은 가장 빠르게 성장하는 수출시장"이라고 말했다. 그녀는 또 "국무장관으로서 미국의 일자리와 기업을 위해 일해왔으며 미국의 근로자와 기업을 지지하고 경쟁할 수 있는 공평한 경제의 장을 모색하면서 아시아에서의 미국 경제 활동을 촉진하기 위해 일했다"고 강조했다(Clinton 2011b). 그러면서 클린턴 장관은 오바마 대통령이 말한 수출 2배 증진 구상을 달성하기 위해서는 무엇보다 '무역 개방'이 우선이라며 "경제 통합을 증진시키고, 무역 장벽을 제거하며, 무역이 활성화되는 방향으로 각국 규제가 정비될 수 있도록 노력하고 있다"고 했다. 또 미국은 세계무역의 40퍼센트 이상을 차지하고 있는 아시아태평양 지역을 궁극적으로 포함하게 될 최첨단 지역 자유무역협정인 환태평양경제동반자협정TPP을 위해 노력하고 있다고 덧붙였다.

이 같은 클린턴 장관의 생각은 6개월 뒤인 2011년 11월 10일에 하와이 동서문화센터에서 행한 '미국의 태평양 시대'라는 유명한 연설에서 구체적으로 제시됐다. 클린턴 장관은 "거대한 세계적 흐름이 아시아를 향하고 있다"며 "향후 수십 년간 미국의 국가 운영에 있어서 가장 중요한 임무 중 하나는 외교·경제·전략 등의 부문에서 아시아태평양 지역에 대한 투자를 획기적으로 늘리는 것"이라고 강조했다. 그녀는 또 "앞으로 아시아에서 일어나는 일은 미국의 미래에 엄청난 영향을 미칠 것"이며 "가만히 방관하면서 타인이 우리의 미래를 결정하도록 내버려두기보다는 참여해야 하고 국내에 일자리를 창출하고 경제 회복도 촉진할 새로운 무역 및 투자 기회를 잡을 필요가 있다"고 주장했다. 그리고 그 방안으로 TPP를 제시했다.

최근 한미자유무역협정이 통과되고 구속력 있는 수준 높은 환태평양경제동반자협정 체결이 추진되면서 우리의 무역 어젠다는 새로운 활력을 얻게 되었습니다. 환태평양경제동반자협정은 선진국과 개도국을 망라하여 태평양 전역의 국가들을 하나의 21세기형 무역지대로 묶을 것입니다. 규칙에 기반한 질서의 구축은 궁극적으로 아시아태평양자유무역지대를 창설한다는 아시아시아태평양경제협력체의 목표를 달성하는 데 중요한 역할을 할 것입니다(Clinton 2011d).

미국, 아시아로 회귀하는가

2000년 이후 아시아는 미국의 가장 큰 수입시장이자 북아메리카 지역 다음으로 두 번째로 큰 미국의 수출시장이 되었다. 세계에서 가장 많은 인구가 모여 있고 또 가장 빠른 경제성장을 하고 있는 아시아는 경제위기 해법을 찾고 있는 오바마 정부에게 기회의 땅이기도 하다. 이러한 기대가 오바마 정부의 TPP 추진을 이끌었다.

오바마의 '아시아 중시 정책'과 TPP

환태평양경제동반자협정TPP은 투자와 지적재산권을 포함하며 모든 상품의 관세 철폐를 목적으로 하는 다자간 FTA다. 즉 상품 및 서비스 교역의 자유화뿐만 아니라 비관세 분야 등을 대상으로 하는 광범위한 자유무역협정이다. 현재 미국, 호주 등 아시아태평양 지역의 11개 나라가 2014년 안에 타결을 목표로 협상을 추진하고 있다.

TPP는 또 일반적인 FTA의 기본적인 구성 요소인 상품시장 접근(물품 관세 철폐)과 서비스 교역뿐만 아니라 투자, 경쟁, 지적재산권, 정부조달, 환경, 노동 등 비관세 분야를 망라한 21개 분야가 협상 대상이다. TPP가 체결될 경우 세계 GDP와 교역 규모는 각각 38퍼센트와 26퍼센트를 차지하는 거대 자유무역권이 형성될 것으로 전망된다.

〈그림 4-2〉는 TPP를 겨냥한 미국의 무역 전략을 나타낸 것이다. 현재 TPP 국가들 가운데 미국이 FTA를 맺고 있는 나라와의 무역 규모는 전체의 32퍼센트에 불과하다. 그러나 현재 TPP 참가국을 모두 합친다면 전체 미국의 무역 규모에서 34퍼센트를 차지한다. 여기에 중국과 일본을 포함해 모든 APEC 국가들이 TPP에 들어온다면 전체 미국 무역

〈그림 4-2〉 미국의 대對세계, APEC, TPP 교역 현황(단위: 백만 달러)

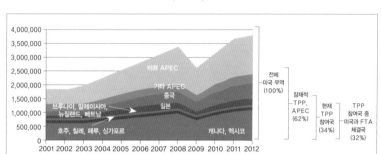

규모의 62퍼센트에 이른다. 2011년 TPP 국가들과의 미국 무역은 상품은 1조 2천 5백억 달러, 서비스는 1,550억 달러를 넘었다. 멕시코와 캐나다 등 북미자유무역협정NAFTA 국가들이 TPP에 모두 가입하고 있기 때문에 앞으로 TPP는 미국 무역에서 가장 큰 비중을 차지할 것으로 예상된다.

TPP 추진 현황

TPP는 2006년 5월 싱가포르, 칠레, 뉴질랜드, 브루나이가 체결한 P4 협정이 확대된 것이다.[37] P4는 출범 당시 거의 주목을 받지 못했다. 참가국들의 경제 규모(세계 총 GDP의 0.8퍼센트, 세계무역의 2.2퍼센트)가 크지 않았기 때문이다. 부시 전 정부는 2008년 2월 P4의 금융 서비스와 투자 분야 협상에, 같은 해 9월에는 확대된 TPP 협상에 참여할 것을 선언했다. 하지만 2008년 전 세계를 덮친 금융위기가 확산되면서 정권 말기인 부시 정부는 TPP를 계속 추진하기 어려워졌다.

한동안 잠잠하던 TPP가 다시 주목을 받기 시작한 것은 2009년 11월 오바마 대통령이 싱가포르에서 개최된 APEC 정상회의에 참석하면서부터다. 이 자리에서 오바마 대통령은 기존 P4에 호주, 베트남을 추가해 TPP를 추진하자고 공식 제안했다. 이후 2010년 3월에 8개 나라(P4+미국, 호주, 페루, 베트남)가 참가한 제1차 협상이 호주 멜버른에서 개최됐다. 그해 10월에는 말레이시아도 TPP에 참가했다. 이 협상에서는 무역 자유화 원칙이 논의됐고, 참가국의 권리와 의무에 관한 법적 문서도 마련됐다.

2011년 3월 싱가포르에서 열린 제6차 협상부터는 참가국들이 항목별로 구체적인 협상안을 제시하기 시작했다. 2011년 한 해에만 무려 6차례의 협상이 진행됐으며 2012년에도 5차례의 협상이 이어졌다. 특히 2012년 6월에는 NAFTA 회원국인 캐나다와 멕시코가 합류해 현재 11개국이 TPP 협상에 참여하고 있다. 일본은 2013년 4월 협상 참여 자격을 승인받았지만 국내 정치 문제가 해결되지 않아 지연되고 있다. 또 2012년 11월 태국도 참여 의사를 표명했지만 실제 협상 참가까지는 많은 시간이 소요될 것으로 보인다.

〈표 4-7〉 TPP 협상 진행 과정

시기	주요 내용
2006년	• P4(싱가포르, 뉴질랜드, 칠레, 브루나이) 협정 발표.
2008년	• 미국, 환태평양경제동반자협정TPP 협상 참가 의사 표명(9월).
2010년	• P4 협정 회원국+4개국(미국, 호주, 페루, 베트남) 환태평양경제동반자협정 TPP 협상 개시(3월). • 2차 협상(6월), 3차 협상(10월) 개최. • 말레이시아 협상 참가(10월) 4차 협상(12월) 개최.

2011년	• 5차 협상(2월), 6차 협상(3월), 7차 협상(6월), 8차 협상(9월), 9차 협상(10월), 10차 협상(12월) 개최.
2012년	• 11차 협상(3월), 12차 협상(5월), 13차 협상(7월), 14차 협상(9월) 개최. • 캐나다, 멕시코 참가(10월) 15차 협상 (12월) 개최.
2013년	• 16차 협상(3월), 일본 협상 참가 승인(4월), 17차 협상(5월) 개최.

* 출처: 미국 무역대표부(http://www.ustr.gov/).

당초 미국 무역대표부는 2012년까지 TPP 협상을 마무리할 계획이었지만 협상 참여국들의 이해관계가 엇갈리면서 여전히 협상은 지속되고 있다〈표 4-7〉 참조). 협상이 지연되고 있는 이유는 타결 방식이 일괄적으로 이뤄져야 하기 때문이다. 즉 모든 분야에서 협상이 타결된 이후에야 TPP 체결이 완료되기 때문이다. 협상에 참여하고 있는 나라들의 평균 관세율 격차가 워낙 커 조정이 쉽지 않다. 특히 각국의 민감 품목을 어떻게 인정할 것인가 하는 문제가 쟁점으로 떠오르고 있다. 농산물 수출국인 호주, 뉴질랜드, 브루나이는 공산품에 고관세를 적용하려는 데 반해 미국은 농산물에 고관세를 유지하려는 입장이다.

〈표 4-8〉 TPP 참여 국가 현황

국가	미국과의 FTA 체결 여부	GDP (단위: 백만 달러)	미국 수출 현황 (단위: 백만 달러)	미국 수입 현황 (단위: 백만 달러)
호주	○	1,488.0	10.2	27.5
브루나이	×	15.5	0.0	0.2
캐나다	○	1,737.0	316.5	280.8
칠레	○	248.4	9.1	15.9
말레이시아	×	278.7	25.8	14.2
멕시코	○	1,155.0	263.1	197.5

뉴질랜드	×	161.9	3.2	3.6
페루	○	173.5	6.2	8.3
싱가포르	○	259.8	19.1	31.4
베트남	×	122.7	17.5	4.3
일본 (잠재적 참여국가)	×	5,869.0	128.8	66.2
미국		15,094.0		

* 출처: Williams(2013).

오바마의 TPP 참가 배경

오바마 정부가 TPP를 "21세기 무역협정"이라고 강조하며 참여를 재확인한 것은 2008년 금융위기 이후 미국 국내 경제 문제와 관련이 깊다. 금융위기 이후 오바마 정부는 재정지출에 의존하여 경제 회복과 고용을 창출하는 데에는 한계가 있다고 보고 수출확대에 치중했다. 미국 상품을 위한 시장을 개척하기 위해 오바마 정부는 기존의 FTA 전략과 경제성장 동력이 살아 있는 아시아태평양 시장 개척을 결합할 필요성이 있었는데, TPP는 이를 동시에 충족시켜줄 수 있다고 판단했다.

　미국 상품을 위한 시장 개척은 전 세계를 대상으로 하는 것이 가장 바람직하지만 오바마 정부는 이러한 역할을 해줄 도하라운드(도하개발어젠다)의 타결 가능성이 적다도 보고 TPP를 대안으로 삼았다. 오바마 정부는 또 글로벌 무역협정이 가능하지 않은 상태에서 선택된 소수와의 무역협정이 미국이 선호하는 방식으로 자유무역을 확대하는 데 유리하다고 판단했다. 즉 정체된 도하라운드를 대신하여 TPP를 통해 자유무역을 확산시키기로 한 것이며 미국 재계도 도하라운드보다 TPP 추진을 지지하고 있다.

하지만 오바마 정부가 TPP를 추진하는 것이 경제적 이유 때문만일까? TPP 참가국들 가운데는 브루나이, 베트남, 페루, 뉴질랜드 등 경제규모가 미미한 나라들이 포함되어 있다. 미국이 이들 나라와 TPP를 체결하더라도 경제적으로 큰 이익이 없다는 얘기다. 또 싱가포르와 칠레는 이미 미국과 FTA를 체결하고 있어 TPP가 타결되더라도 경제적 효과는 크지 않을 것이다. 그럼에도 불구하고 왜 오바마 정부는 TPP 참가를 재확인하고 전력을 쏟는 것일까? 경제적 이유말도 또 다른 이유가 있는 것은 아닐까?

첫째, 정치·안보적 이유를 들 수 있다. 미국은 TPP를 통해 아시아태평양 지역에서 미국의 정치·안보적 이익 확보를 도모한다는 입장이다. 1997년 아시아 금융위기 처리 과정에서의 갈등과 2000년대 아프가니스탄 및 이라크 전쟁으로 인해 미국은 상대적으로 아시아에 소원해졌다. 더불어 APEC의 중요성도 감소했다. 반면 중국은 아시아태평양 지역에서 다양한 경제통합 구상을 만들어가며 영향력을 확대했다. 예를 들면, 미국이 배제된 ASEAN+3의 동아시아자유무역지대EAFTA, ASEAN+6의 동아시아포괄적경제동반자협정CEPEA, 한중일 FTA, EAFTA와 CEPEA를 하나로 묶은 역내포괄적경제동반자협정RCEP(The ASEAN Framework for Regional Comprehensive Economic Partnership)까지 등장했다. 특히 미국뿐만 아니라 역외 국가가 전혀 포함되어 있지 않은 ASEAN+3는 중국의 주도하에 급속한 제도화 진전을 보였다. 다급해진 미국은 아시아태평양 지역에서 감소한 자신들의 영향력을 회복하기 위해 TPP를 추진하게 되었다. 다른 아시아태평양 지역 국가들을 TPP에 참여시켜 중국을 견제하려는 전략인 것이다(강선주 2011). 이와 관련해《파이낸셜타임스 *Financial Times*》도 "TPP의 암묵적인 목적이 '세계 2위의 경제대국 중국을 배제하는 FTA 체결'이라는 것이라는 것을 알 만한 사람들은 다 안다"고 보도했다(Pilling 2013).

〈그림 4-3〉 아시아태평양 지역 다자기구 현황

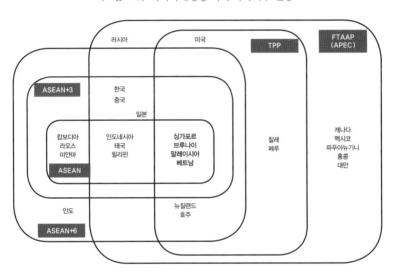

* 출처: 한국은행(2011b).

둘째, 향후 다른 FTA 협상의 토대로 활용하기 위해서다. 미국은 TPP를 통해 자국의 이익이 반영된 규범을 만들 것이다. 그리고 이것은 앞으로 미국이 유럽연합EU과의 FTA를 추진할 때 중요한 지침이 된다. 즉 오바마 정부는 EU와의 FTA인 범대서양무역투자동반자협정TTIP(Transatlantic Trade and Investment Partnership)에 대해 논의할 때 자국에 유리한 입장을 선점할 수 있다는 것이다.

오바마 집권 2기와 TPP

오바마 정부 집권 2기에서도 TPP의 중요성은 시들지 않고 있다. 2013년 3월 11일 토머스 도닐런 백악관 국가안보보좌관은 뉴욕에 있는 아시아소사이어티 초청 연설에서 "오바마 정부는 2013년까지 TPP를 달성한다는 계획을 세워놓고 있고 또 충분히 실현가능하다"고 강조했다. 이를 위해 오바마 정부는 의지와 능력만 있으면 어느 나라든 TPP에 참여 할 수 있다며 다른 APEC 회원국들의 참여를 독려하고 있다.

아울러 오바마 정부 집권 2기에도 아시아태평양 지역을 중심으로 한 통상 정책은 변하지 않고 있다. 오바마 정부는 "미국 경제의 활력은 미국 국경 너머, 특히 고속 성장 지역의 신규 시장과 고객을 개척하는 데 달려 있다(The White House 2013a)"고 정의한 뒤 한미 FTA와 같은 성장 지향적이고 일자리를 창출하는 정책을 우선적으로 지원했다. 오바마 정부는 또 APEC이나 양자 간 협의를 통해 국가 간 및 국가 내 경제 장벽을 낮추고 투자를 보호하며 주요 분야의 교역을 확대하고 지적재산을 보호하기 위해 노력했다.

토머스 도닐런은 "이 지역이 필요로 하는 포괄적인 성장의 다음 단계를 가능케 할 경제 질서는 개방되고 투명한 경제, 그리고 자유롭고 공정하며 환경적으로 지속 가능한 교육과 투자를 기반으로 하는 질서라는 것이 미국의 견해이며, 역사도 이를 입증하고 있다"고 강조했다(The White House 2013a). 특히 집권 2기에도 오바마 정부가 역점을 둔 것은

TPP였다. 토머스 도닐런은 "미국의 경제적 전략 조정의 핵심은 미국이 칠레와 페루에서 뉴질랜드와 싱가포르에 이르는 아시아태평양 국가들과 추진하고 있는 높은 수준의 협정인 TPP"라고 전제한 뒤 "TPP는 까다로운 기준, 상품과 서비스에 대한 시장 접근 장벽의 제거, 새로운 21세기 교역 현안의 해결, 규칙을 기반으로 하는 경제적 틀의 존중 등 원칙에 대한 가입국들의 공통된 의지를 바탕으로 하고 있다"고 강조했다. 도닐런은 또 "미국은 언제나 지역의 경제적 통합을 위한 성장하는 토대로서 TPP를 구상해왔다"며 "이제 이 비전을 실현하고 있다"고 주장했다. 이와 관련해, 미 의회 보고서도 오바마 정부가 추진하고 있는 '아시아 회귀'의 중요한 요소들 가운데 하나가 바로 TPP라고 공개적으로 밝혔다(Fergusson, Cooper, Jurenas and Williams 2013).

그렇다면 오바마 정부의 수출 전략 구상은 TPP가 최종 목표일까? 그렇지 않다. TPP는 미국과 유럽이 추진하는 새로운 협정, 즉 범대서양무역투자동반자협정TTIP을 포함하는 글로벌 경제 어젠다 가운데 하나다. 범대서양 무역 규모는 연간 약 1조 달러, 투자 규모는 3조 7천억 달러에 이른다. 대서양에서 태평양에 이르는 이 두 협정과 미국이 체결한 기존 자유무역협정들을 합하면 세계무역의 60퍼센트 이상을 차지할수도 있다. 그러면서 도닐런은 "우리의 목표는 경제적일 뿐만 아니라 전략적"이라고 강조하면서 "경제력이 21세기의 국력이라고 많은 이들이 주장하듯이 대서양과 태평양에 걸쳐 미국은 외교안보 동맹만큼 강건한 경제적 파트너십의 네트워크 구축을 목표로 삼을 것이며, 이와 동시에 다자간 무역 체제를 강화할 것"이라고 덧붙였다. 그는 또 "TPP는 아시아태평양 지역에 대한 미국의 장기적인 전략적 의지를 보여주는 확고한 선언이기도 하다"며 "미국과 유럽 간 협정으로 가능해진 성장은 역사상 가장 강력한 NATO에 대한 지원에도 도움이 될 것"이라고 주장했다(The White House 2013a).

위안화 절상 등으로 중국을 압박하다

글로벌 금융위기 전부터 제기된 글로벌 불균형 문제는 2008년 금융위기를 거치면서 또 다시 미국과 중국 간의 주요 이슈로 부각됐다. 양국 간 전체 교역 규모는 1980년대 50억 달러에서 2008년도 4,090억 달러로 확대되었다. 물론 세계경제위기 여파로 2009년 3,660억 달러로 교역 규모가 줄어들기도 했지만 중국은 미국의 3위 수출 시장이자 제1의 수입국으로 중요한 무역 상대국의 지위를 차지하고 있다.

양국 간 주요 통상 이슈로는 크게 위안화 절상과 같은 환율 문제, 반덤핑 및 상계관세 부과와 같은 무역구제, 아시아태평양 지역에서의 주도권 확보와 지적재산권 보호와 중국의 정부조달가입협정GPA(Government Procurement Agreement) 미가입에 따른 무역장벽 등을 들 수 있다(권혁재 2012, 14~40).

먼저 위안화 평가절상과 관련해서, 미국 정부는 양국 간 정상회담이나 G-20 회의 등 주요 국제회의 개최 시마다 글로벌 불균형을 해결하기 위해 위안화 평가절상 문제와 중국 정부의 외환시장에 대한 규제 해소가 최우선 선결 조건임을 주장해왔다. 위안화 환율에 대한 미국 정부의 기본적인 입장은 위안화 저평가가 중국의 수출 경쟁력을 높이는 반면, 미국산의 가격 경쟁력을 저하시켜 수출을 둔화시킨다는 것이다. 나아가 이로 인해 미국 제조업들이 경쟁력을 잃고 도태되어 미국 기업의 경쟁력 및 일자리가 감소하게 되었다고 비판하고 있다. 오바마 대통령은 중국을 포함한 무역수지 흑자국들이 내수를 확대해 글로벌 불균형 문제를 해소해야 한다고 역설하면서, 중국에게 위안화 평가절상 압력을 행사해왔다. 미국 의회 또한 중국의 환율 정책 개혁을 촉구하는 노력을 지속해왔다. 미 하원은 2010년에 '공정무역을 위한 환율개혁법안 Current Reform for fair Trade'을 의결했고, 상원은 2011년에 '환율감독개혁법 Current Exchange Rate Oversight Reform Act of 2011'을 통과시켰다. 이렇듯 오바마 정부 들어서도 미국의 위안화 환율 평가절상에 대한 압력은 지속됐다. 이에 대해 중국은 자국의 환율 정책이 수출 촉진이 아닌 자국 정책의 안전성을 위한 것이라고 반박하면서, 2012년 4월에 위안화의 대미 달러화 대비 일일 변동폭을 기존 ±0.5퍼센트에서 ±1.0퍼센트로 확대하는 조치를 시행하여 위안화 평가절상에 대한 노력을 보여왔다고 강조했다. 이와 함께 미국의 대중 무역수지적자는 미국 경제 자체의 구조적인 문제로 인한 결과임을 역설하고 있다.

2011년 12월 미 무역대표부가 발표한 연례보고서(2011 Report to Congress On China's WTO Compliance)는 중국이 WTO에 가입한 뒤에도 다음과 같은 사항을 이행하지 않고 있다고 비판했다. 먼저, 중국은 지적재산권을 효과적으로 다루고 있지 못하며, 중국 기업에 유리한 차별적인 산업 정책과 국가 기준을 채택하고 있다는 것이다. 또한 영화, 책, 음반 등 지적재산권과 관련된 무역 및 유통권리 규제, 과도한 자본요건과 같이 서비스 분야에 부과된 불리한 규제, 그리고 무역법과 규제의 투명성 제고 실패를 지적했다. 무역대표부는 중국의 WTO 이행준수 실패의 주요 원인을 중국의 불완전한 시장경제에서 찾고 있으며 글로벌 경기침체를 계기로 중국이 경제에 더욱 개입해 보호주의로 회귀했다는 의견도 제기했다(United States Trade Representative 2011). 이 같은 중국의 WTO 가입 요건 미이행과 함께 글로벌 금융위기에도 불구하고 미국의 대중 무역수지 적자가 증가하면서 양국 간 통상 분쟁이 심화되었다. 기존에 주로 사용하던 반덤핑관세뿐만 아니라 한층 강력한 상계관세도 함께 부과되기 시작한 것이다.

미국의 전 세계 무역구제조치는 2006년 4건, 2007년 4건에서 2008년 30건, 2009년 19건, 2010년 27건으로 크게 늘어났다. 특히 2008년 이후에는 대중국 무역구제조치가 평균적으로 전체의 70퍼센트 이상을 차지하고 있다.

2009년 9월 11일에 미국이 중국산 타이어에 대해 특별 세이프조치를 취하자 중국 또한 9월 24일에 미국산 닭고기에 대한 상계관세를 부과했다. 이후 미국이 중국산 철강실린더에 반덤핑관세를 부과하고 중국산 태양광 패널에 대한 반덤핑·상계관세 조사에 착수하자 중국은 미국산 자동차에 대해 반덤핑·상계관세를 부과하는 등 양국 간 무역 마찰 공방이 격화됐다. 또한 2011년 12월에 중국이 미국산 자동차와 SUV에 대해 21.5퍼센트의 수입관세와 불공정 정부보조금 관련 12.9퍼센트의 보복관세를 부과하자 미국이 불공정 무역 행위라며 2012년 7월 5일에 중국을 WTO에 제소하기도 했다. 2012년 10월 10일에 미국 정부는 중국산 태양광 패널에 대해 최고 250퍼센트의 반덤핑관세를 부과하기로 결정했다. 미중 간 통상 분쟁에서 200퍼센트 이상의 추가관세를 부과한 것은 이때가 처음이다. 아울러 미국 상무부는 중국 정부가 자국 관런 기업에 대해 보조금을 지급한 사실도 인정된다며, 14.78~15.97퍼센트의 상계관세도 적용하기로 발표했다.

기존에 미국은 무역구제조치로 주로 반덤핑관세를 사용했지만 2008년 금융위기를 거치면서 상계관세는 물론 가장 강력하다고 할 수 있는 특별 세이프가드까지 활용하고 있다. 또 자국의 산업보호를 위해 신용카드, 전기장판, 닭고기, 철강 등 적용 부문이 전방위적으로 확대된 것도 특징이다.

〈표 4-9〉 미국의 대중국 반덤핑·상계관세 부과 추이

(단위: 건 수, 퍼센트)

연도	대세계	대중국			
		반덤핑관세 부과	상계관세 부과	총계	비중
2004	15	5	0	5	(33.3)
2005	13	6	0	6	(46.2)
2006	4	6	0	2	(50.0)
2007	4	2	0	2	(50.0)
2008	30	12	7	19	(63.3)
2009	19	10	5	15	(78.9)
2010	27	10	8	18	(66.7)
2011	8	4	3	7	(87.5)
2012	3	1	1	2	(66.7)

* 주: 2012년 12월 기준이며, 비중은 미국의 전 세계 교역국을 상대로 부과한 반덤핑·상계관세 중 중국에 대한 비중을 나타냄.
* 출처: 미국 국제무역위원회(http://www.usitc.gov/).

미국은 세계경제위기를 계기로 저성장·고실업 문제를 타개하고자

공세적인 수출시장 확대 정책으로 기조를 전환했다. 특히 미국 정부는 지속적인 경제성장과 일자리 창출의 주요 동력이 수출 증진에 있다는 인식 아래 NEI와 새로운 통상 전략인 TPP를 통해 권역별 경제통합을 통한 수출시장 확대를 추진했다. 오바마 정부는 수출 관련 정부 서비스의 간소화, 미국으로 이전하는 기업에 대한 세제 혜택과 제조업 육성을 통해 2014년까지 수출을 2배로 확대하고, TPP과 같은 다자간 지역무역협정을 강조하여 미국 경기회복에 도움을 주고자 했다. 2014년까지 수출 2배 확대를 달성하기 위해서는 최소 연간 14퍼센트 이상의 성장률을 지속해야 했다. 그러나 유럽의 재정 위기와 국가부도 사태로 쉽지 않아졌다. 미국이 '아시아 회귀'를 선언하면서 더욱더 아시아 지역에 관심을 갖게 된 것은 이 때문이다. 2012년(1~6월) 아시아태평양 지역의 수출 비중은 27.2퍼센트로 유럽 22.3퍼센트, 캐나다 19퍼센트보다 훨씬 더 높다. 특히 중국은 금융위기 이전인 2007년 5.5퍼센트에서 6.8퍼센트로 급성하고 있다.

오바마 정부는 다자간 자유무역협정인 TPP에 주목했다. 오바마 정부는 출범 초기인 2009년에는 미국의 국내 현안을 해결하느라 대외통상 문제에는 적극적으로 대응하지 못했다. 그러나 2010년을 기점으로 내수에 의존한 경제성장만으로는 한계가 있다는 인식에 따라 신흥 경제권에 대한 공세적 수출 전략을 강화했다. TPP에는 아시아태평양 국가들에 대한 공식적인 경제협력 강화는 물론 미국의 정치적인 전략도 포함되어 있다. 경제적인 측면에서 보면 협상 참가국에 대한 미국의 무역의존도는 상대적으로 낮은 수준이다. 그럼에도 불구하고 미국이 TPP를 추진하는 이유는 미국의 수출 증대를 위해서는 아시아태평양 지역은 필수적인 시장일 뿐만 아니라 G-2로 불리는 세계패권시장에서 중국을 견제하려는 목적으로 해석된다. 또한 TPP를 활용하여 아시아태평양 경제공동체 안에서 영향력을 지속적으로 확대하고자 하는 의도도 담겨 있다. 마지막으로 장기적인 차원에서 TPP 확대를 통해 아시아태평양자유무역지대FTAAP(Free Trade Area of the Asia Pacific)의 창설을 염두에 둔 것으로 평가받고 있다.

5

오바마의 '아시아 중시 정책, 문제점은 없는가

제5장에서는 '아시아 중시 정책' 이
제대로 추진될 수 있는지를 전망하고,
그 한계는 무엇인지를 평가한다.
사진은 2013년 6월 8일 미국 캘리포니아
아넨버그 리트리트 센터에서 열린
미-중 정상회담 당시
중국 시진핑 국가주석을
바라보고 있는 미국
오바마 대통령의 모습.
@ AP=연합뉴스

여전히 모호한 '아시아 중시 정책'

오바마 정부가 '아시아 중시 정책'을 선언한 지 2년이 훌쩍 넘어섰지만 아직까지도 '아시아 중시 정책'이 무엇인지에 대한 혼란은 계속되고 있다. 오바마 정부의 핵심 참모 가운데 한 명인 토머스 도닐런 백악관 국가안보보좌관조차도 2013년 3월 11일 뉴욕에 있는 아시아소사이어티에서 "아직까지도 오바마 대통령의 2011년 호주 캔버라 연설을 읽지 않은 사람은 꼭 읽어보라"고 말할 정도다. 그는 또 '아시아 중시 정책'을 '재균형'으로 정의한 뒤 무엇이 '재균형'이고 무엇이 '재균형'이 아닌지에 대해 자세히 설명했다. 아직도 오바마 정부의 '아시아 중시 정책'이 제자리를 잡지 못했다는 것을 반증하는 좋은 사례다.

학자들 사이에서도 '아시아 중시 정책'이 무엇인지에 대한 최소한의 합의조차 이뤄지지 않고 있다. 말 그대로 정책인지, 전략인지, 아니면 담론 수준에 머물고 있는지에 대한 논쟁이 계속되고 있다. 심지어 일부 학자들은 오바마의 '아시아 중시 정책'을 '다양한 얼굴many faces'로 표현하고 있다. 이것은 '아시아 중시 정책'이 군사, 경제, 외교 등 다양한 분야를 종합적으로 포함하고 있기 때문이다.

'아시아 중시 정책'을 둘러싼 이러한 혼란은 결국 '아시아 중시 정책' 자체가 갖고 있는 모호성 때문이다. 구체적으로 개념에 대한 모호성, 범위에 대한 모호성, 시간에 대한 모호성이다.

먼저, '개념에 대한 모호성'이다. 이는 '아시아 중시 정책'이 무엇을 뜻하는지에 대한 모호함을 말한다. 미 국무부에서는 '아시아 회귀'로 부르고 있고, 미 국방부에서는 '재균형'으로 부르고 있다. 최근에는 백악관이 나서 '재균형'으로 통일하고 있지만 아직도 많은 사람들은 '피봇Pivot'을 말하고 있어 용어 선택을 둘러싼 혼란은 계속될 전망이다. 그리고 오바마 정부 이전 부시나 클린턴 정부 때 행해진 '대아시아 정책'과 오바마 정부의 '아시아 중시 정책'이 뭐가 다른지, 차이점이 있다면 어느 정도인지에 대한 모호함도 존재한다. 이것은 다시 오바마 정부 초기, 그러니까 2009년과 2010년에는 '대아시아 정책'이 없었는지에 대한 의문과도 연결된다. 즉 오바마 정부 초기 '아시아 중시 정책'과 2011년 11월을 기점으로 등장한 '아시아 중시 정책'과의 차이점은 무엇일까?

둘째, '범위에 대한 모호성'이다. '아시아 중시 정책'이라 한다면 그 적용 범위는 어디까지일까? 중국과 동남아를 중심으로 한 태평양 연안을 말하는 것인지, 아니면 파키스탄과 인도를 포함하는 인도양 연안까지를 말하는 것인지 애매하다. 패네타 국방장관의 경우 대서양과 태평양에 배치된 미군 함정을 현재 50대 50에서 2020년까지 40대 60으로 태평양쪽으로 더 옮기겠다고 밝혔다. 그렇다면 패네타가 생각하고 있는 '아시아 중시 정책'의 범위는 태평양까지인 것으로 여겨진다. 하지만 커트 캠벨 전 미 국무부 동아시아태평양 차관보는 '아시아 중시 정

미국, 아시아로 회귀하는가

책'의 최종 목표는 '미국·중국·인도' 3국 간의 협의체를 만드는 것이라며 범위를 인도양까지 확대했다. 인도를 끌어들여 중국을 견제하겠다는 전략으로 보인다. 그렇다면 '아시아 중시 정책'은 중국을 위협의 대상으로만 보고 있는 것일까? 어느 정도까지는 중국을 협력 상대로 인정하면서 어느 선부터는 중국을 위협의 대상으로 보고 있는 것은 아닐까? 그렇다면 그 경계선은 무엇일까?

셋째, 시간에 대한 모호성이다. 즉 '아시아 중시 정책'이 현재를 위한 것인지, 아니면 미래를 위한 것인지에 대한 정확한 정의가 없다. 제4장에서 자세히 살펴봤듯이 오바마 정부는 호주, 필리핀, 인도네시아, 베트남 등과 군사협력을 강화하고 있고, EAS를 중심으로 한 다자기구 참여 확대와 TPP 협상 타결에 매진하고 있다. 그런데 이러한 오바마 정부의 '아시아 중시 정책'이 지금 현재에 무게를 둔 단기 정책인지, 아니면 앞으로 10년 아니면 100년 앞을 내다본 장기 정책인지 모호하다. 그럼 구체적으로 군사·외교·경제적 측면에서 오바마 정부의 '아시아 중시 정책'을 평가해보고 그 한계점을 지적해보겠다.

'아시아 중시 정책'의 한계와 문제점

군사·안보 측면: 불활실성과 취약성 속에서 길을 잃다

미군의 아시아로의 이동은 미지수

미국은 10여 년간의 전쟁과 이에 따른 국방예산 감축에도 불구하고 아시아태평양 지역에서 미군의 주둔과 개입을 계속 늘려나가고 있다고 밝혔다. 2020년까지 미 해군 함대의 60퍼센트를 태평양에 배치하고 미 공군 역시 5년에 걸쳐 태평양 지역 주둔 비중을 확대한다는 것이다. 뿐 만 아니라 육군과 해병대의 병력 증강도 이어지고 있고, 잠수함과 F-22·F-35 등 5세대 전투기, 정찰 플랫폼을 비롯한 미군의 가장 현대 적인 역량을 태평양 사령부에 최우선적으로 배치하고 있다고 주장했 다. 이 밖에도 미국은 동맹국과 지역 전체에 대한 가장 즉각적인 위협, 즉 안정을 위협하는 북한의 행동에 대응해 레이더 및 미사일 방어체계 확장을 신속하게 진행하기 위해 동맹국들과 협력하고 있다고 덧붙였다 (The White House 2013a).

하지만 아시아로 미군을 이동시키는 것은 다음과 같은 4가지 요인 때문에 한계에 부딪힐 것으로 예상된다. 첫째, 국방예산 감축이다. 시 퀘스터 발동으로 앞으로 10년간 1조 달러 이상의 국방예산이 감축되면 미국은 전 세계 방위 전략을 다시 짜야 한다. 오바마 대통령은 2011년 11월 호주 캔버라에서 국방예산 감축에도 불구하고 아시아태평양 지 역에서의 미군의 군사력은 줄지 않을 것이며 아시아태평양 지역 동맹 과 파트너들의 방위비 추가 분담 역시 없을 것이라고 두 번씩이나 강조 했다(Obama 2011c). 하지만 이 말을 그대로 믿기는 어렵다. 당장 양극화 가 심화되고 있는 상황에서 미국 의회가 아시아태평양 지역의 군사력 증강을 계속 지원할지 미지수다. 결국 이러한 문제를 극복하려면 미국 의 경기가 되살아나야 하는데 이것 역시 쉽지 않다. 막대한 달러를 찍 어내 경기를 지탱하는 경기부양 정책의 한계를 인식한 오바마 정부가 조만간 다른 탈출구를 모색할 것으로 보이기 때문이다.

미국, 아시아로 회귀하는가

둘째, 중동과 북아프리카 지역의 정세가 불안하다. 오바마 정부의 '아시아 중시 정책'은 이라크전쟁과 아프가니스탄전쟁이 종결될 것을 염두에 둔 군사 전략이다. 이 두 전쟁이 끝나면 중동 지역의 미국의 군사력을 아시아로 재조정해도 중동 지역의 균형을 유지하는 데 큰 문제가 없을 것이라는 전제에서 출발한 전략인 것이다. 그런데 아프가니스탄전쟁은 아직도 끝나지 않고 있다. 여기에 이란의 핵개발 위협과 시리아 내전, 북아프리카 지역으로 확대되고 있는 알카에다를 비롯한 이슬람 극단주의자 세력들 등 중동과 북아프리카 정세가 불안하다. 극단적인 전망이지만 중동의 불안이 증폭되고 페르시아만 지역의 원유 수송과 공급에 차질이 빚어진다면 아시아에 배치된 미군은 다시 중동으로 이동할지도 모른다.

　셋째, 러시아의 크림반도 합병에 따른 후폭풍이다. 최근 불거진 우크라이나 사태가 오바마 정부의 세계 전략을 더욱더 꼬이게 할 수 있다는 것이다. 미국이 러시아와 갈등을 빚게 된다면 지금까지 오바마 정부가 추진해온 '아시아 중시 정책' 역시 차질이 불가피하다.

　오바마 정부는 러시아의 크림반도 합병을 전혀 예측하지 못했다. 그러나 러시아는 사전에 중국과 조율을 하는 등 합병을 위한 준비를 차곡차곡 추진하고 있었다. 소치 동계올림픽의 열기가 채 식기도 전인 2014년 3월 4일, 블라디미르 푸틴 러시아 대통령은 시진핑 중국 국가주석에게 전화를 걸어 우크라이나 사태에 대한 러시아의 입장을 지지해달라고 요청했다. 사흘 뒤, 친강 중국 외교부 대변인은 공식 기자회견장에서 "국제사회가 러시아를 제재하는 데 우리는 반대한다"는 입장을 분명히 밝혔다.

중국의 묵인 하에 러시아의 크림반도 합병은 일사천리로 이뤄졌다. 3월 11일 크림 의회와 세바스토폴 특별시는 독립 선언서를 채택했고 독립에 대한 주민투표 일정을 확정해 공고했다. 비록 미국과 유럽이 강하게 반대했지만 주민투표 결과 크림 주민 96.8퍼센트가 독립과 함께 러시아 귀속에 찬성했다. 3월 18일 푸틴 대통령은 크림공화국을 러시아 영토에 편입시키는 합병조약에 서명했다. 푸틴 대통령은 이날 의회 연설에서 "크림반도는 러시아의 일부"라고 강조했다.

러시아의 크림반도 합병 이후 미국 내에서는 오바마 정부의 외교 정책을 비판하는 목소리가 곳곳에서 터져 나왔다. 비판의 선두 주자는 2008년 공화당의 대통령 후보였던 존 매케인 상원의원이다. 그는 크림반도 사태가 오바마 정부의 고질적인 문제, 즉 현실주의realism 정책 결여 때문이라고 진단했다.

오바마의 세계관은 바뀌어야 한다. 지난 5년간 오바마 행정부는 "전쟁의 파도가 물러가고 있다"고 강조해왔다. 미국의 이익이나 가치가 손상받지 않으면서 세계에서 발을 뺄 수 있다는 논리였다. 이는 미국이 유약하다는 인식을 심어줬다. 푸틴 같은 사람에게 유약함은 도발의 빌미를 줄 뿐이다(《뉴욕타임즈》 2014년 3월 15일).

이를 위해 매케인은 "러시아를 국제적으로 고립시키는 한편, NATO 군 주둔을 늘리고 우크라이나 동부에서 군사훈련을 강화해야 한다"고 조언했다. 그는 또 우크라이나 사태를 통해 오바마 정부가 현실을 깨닫고 세계 리더로서의 미국에 대한 신뢰를 회복시켜나가는 계기가 되길 바란다는 말도 잊지 않았다.

앞으로 미국 의회에서는 매케인과 같은 매파들이 목소리를 높일 것으로 보인다. 이들은 국방비 증액과 미사일방어체제MD 추진을 더 요구할 것이다. 그렇다면 미국은 유럽에 발이 묶일 것이고 지금까지 오바마 정부가 추진해온 '아시아 중시 정책' 역시 우선순위에서 밀릴 수밖에 없다.

넷째, 중국의 군사 위협이 감소하는 등 지역 안정이 이뤄질 때다. 《2012년 신국방전략지침》에서 밝혔듯이 군사적 측면에서 '아시아 중시 정책'은 중국이라는 잠재적 적을 겨냥하고 있다. 즉 중국의 'A2/AD'에 맞서 '공해전투'와 '합동작전접근개념'을 내세운 것이다. 그런데 대전제로 여겨졌던 중국의 군사 위협이 줄어들고 아시아태평양 지역의 군사적 안정이 이뤄진다면 미국이 이 지역에서 군비를 증강할 명분이 약해진다. 실제로 미국의 '아시아 중시 정책' 선언 이후 중국은 도발적인 군사 행동을 눈에 띄게 줄였으며, 미국은 물론 주변국들과의 고위급 군사 교류도 확대하고 있다. 2013년 6월 4일에 중국은 베이징에서 한국과 군사회담을 열고 군사 분야에서 양국 간 전략적 협력을 강화하기로 합의했다. 정승조 한국군 합참의장과 팡펑후이 중국군 총참모장이 참석한 이날 회담에서는 군 수뇌부끼리 정기적으로 현안을 논의하는 방안을 추진하고 한국군과 중국군이 단독으로 실시하는 대테러 훈련과 화력시험 훈련 등을 서로 참관하는 방안도 협의해나가기로 했다. 또 2001년 이후 중단된 합참과 중국 총참모부 간 소장급 회의를 정례화하고 아덴만 해역 등 파병부대 간 공조와 UN 평화유지활동 등에 대해 협력하기로 의견을 모았다.

그러나 북한이라는 새로운 변수가 중국의 위협을 대체하고 있다. 역설적이지만 북한의 위협이 오바마 정부의 '아시아 중시 정책'의 정당성을 부여하고 있는 것이다. 2011년 11월 오바마 정부가 '아시아 중시 정책'을 선언할 때만 하더라도 북한의 위협이라는 변수는 찾아보기 힘들었다. 하지만 2013년 오바마 정부가 내세우고 있는 '아시아 중시 정책'에는 북한이라는 변수가 중요하게 다뤄지고 있다. 토머스 도닐런의 2013년 3월 11일 아시아소사이어티 연설이 대표적인 사례다.

도닐런은 전체 연설의 20퍼센트 정도를 북한에 할애했다. 그는 미국이 북한을 핵보유국으로 인정하지 않을 것이며 북한이 미국을 목표로 삼을 수 있는 핵미사일을 개발하는 동안 이를 방관하지도 않을 것이라고 강조했다. 또 UN 안전보장이사회가 북한의 도발적인 핵실험에 대한 대응으로 새로운 제재 조치를 만장일치로 승인한 것처럼, 국제사회는 국제적인 의무에 대한 북한의 노골적인 위반에 대가가 따를 것임을 명확히 했다고 주장했다.

그러면서 그는 미국의 대북 정책에 관한 4가지 주요 원칙을 제시했다. 첫째, 일본 및 한국과의 긴밀하고 확대된 협력이다. 북한의 도발에 맞선 3개국 간 결속은 전쟁억지만큼이나 외교적 해결책의 모색에도 중요하다는 것이다. 둘째, 중국과의 공조 강화다. 미국은 UN 안전보장이사회에서 보여준 중국의 지지, 그리고 북한이 대량살상무기와 탄도 미사일 프로그램을 완전하고 검증 가능하며 돌이킬 수 없는 방식으로 폐기해야 한다는 중국의 지속적인 주장을 환영했다. 셋째, 미국은 미국 본토와 동맹국들의 방위에 대한 의지를 분명하게 재확인한다. 미국은 북한이 미국과 그 동맹국에 가하는 위협에 대한 방어와 대응을 위해 모든 역량을 동원할 것이다. 마지막으로 넷째, 미국은 북한이 더 나은 길을 택하도록 지속적으로 유도할 것이다. 이를 위해 북한은 기존의 약속과 발언을 지키고 국제법을 존중하겠다는 것을 보여주는 의미 있는 조치를 취함으로써 진정성을 입증해야 한다(the White House 2013a).

동맹, 파트너 동원의 취약성

앞서 살펴봤듯이 군사적 측면에서 '아시아 중시 정책'의 근본은 동맹과 파트너의 능력을 향상시켜 함께 지역의 안보를 지키는 것이다. 이는 지구촌의 모든 문제를 미국 혼자만 짊어질 수 없다는 현실 인식에서 출발한다. 이러한 인식은 '아시아 중시 정책' 직전에 발표한 아프가니스탄 주둔 미군 철수 계획에서 나온다.

이전 세대와 같이, 우리는 인간사의 역정에서 미국의 탁월한 역할을 열렬히 받아들여야만 합니다. 그러나 우리는 열정적인 것만큼이나 실용적이어야 합니다. 단호한 것만큼이나 전략적이어야 합니다. 위협을 받을 때 우리는 힘으로써 대응해야 합니다. 그러나 그 힘은 표적이 될 수 있습니다. 우리는 해외에 대규모 군대들을 배치할 필요가 없습니다. 무고한 사람들이 학살당하고 지구촌 안보가 위험할 때 우리는 아무것도 하지 않거나 우리 자신만 행동에 나설지 사이에서 선택하지 않을 것입니다. 대신 우리는 국제적 행동을 모아야 합니다. 리비아에서 했던 것처럼 말입니다(Obama 2011b).

하지만 문제는 미국이 생각하는 것처럼 동맹과 파트너들을 동원하는 것이 쉽지 않다는 점이다. 우선, 아시아태평양 지역은 유럽의 NATO처럼 미국과 동맹국을 굳건하게 연결하는 군사 조직이 없다. 때문에 아시아태평양 지역에서는 "리비아에서 했던 것처럼 국제적 행동을 모으기"가 쉽지 않다. 특히 중국이나 북한의 위협을 막기 위해서는 한미일 3개국의 협력이 무엇보다 중요한데 이것 역시 쉽지 않다. 실제로 미국의 가장 중요한 아시아태평양 지역 동맹이라 할 수 있는 한국과 일본의 경우 역사 문제와 민족 감정으로 한일 양국 간 군사협력의 한계를 드러내고 있다. 대표적인 사례가 이명박 정부 말기 실패로 끝난 한일군사정보보호협정이다. 협정의 주요 내용은 양국의 군사비밀 정보를 보호하기 위해 제공 당사자의 사전 서면 승인 없이 제3국 정부 등에게 정보를 공개하지 않으며, 제공된 군사비밀 정보의 모든 분실이나 훼손, 분실과 훼손 가능성에 대해 즉시 통지를 받는 것 등이다.

이 같은 내용은 일본 측의 북한 관련 정보를 교류하기 위한 조치로 해석되지만 일본과의 과거사 문제가 해결되지 않은 상태라는 점에서 한국 국민들의 반대 여론이 확산됐다. 특히 국무회의를 통과하는 과정에서 절차상의 문제가 드러나자 협정 체결 반대를 요구하는 목소리가 높아졌다. 이에 이명박 대통령은 독도를 방문해 사태를 해결하려 했다. 그러자 일본 측은 노다 총리가 직접 나서서 유감을 표명했고 이어 무토 마사토시 주한일본대사를 귀국시켰다.

중국 견제 및 봉쇄의 비현실성

오바마 정부는 '아시아 중시 정책'이 중국을 견제하거나 봉쇄하기 위한 전략이 아니라고 여러 차례 공식적으로 밝혔다. 집권 2기에서도 이 같은 주장은 이어지고 있다. 토머스 도닐런 백악관 국가안보보좌관도

"중국을 견제하거나 아시아에서 미국의 입장을 일방적으로 강요하지 않을 것"이라고 밝혔다.

하지만 2011년 11월 '아시아 중시 정책' 선언 이후 미국의 군사적 태도를 보면 '아시아 회귀'가 중국을 염두에 둔 전략이라는 것을 쉽게 알 수 있다. 이러한 내용은 이미 이 책 제3장 〈'아시아 중시 정책'이 탄생하게 된 역사적 배경〉과 제4장 〈오바마 정부, '아시아 회귀'를 국내외 위협에 맞서는 탈출구로 내세우다〉에서도 자세히 다뤘다. 문제는 "과연 오바마 정부가 의도하는 대중국 견제 및 봉쇄 정책이 현실성이 있는가?" 하는 것이다. 결론부터 밝히면 "현실성이 없다". 왜 그럴까?

먼저, 미국의 대중국 군사 전략은 크게 적극적인 군사 전략과 소극적인 군사 전략으로 나눌 수 있다. 적극적 군사 전략은 중국의 'A2/AD' 전략에 맞서 '공해전투'와 '합동작전접근개념'을 취하는 것이다. 하지만 이 작전은 막강한 공군력과 해군력이 뒷받침되어야 추진 가능한데 거기에 드는 국방예산이 만만치 않다. 또 설사 막대한 예산을 투입해 이러한 군사 전략을 완성했다 하더라도 이것이 과연 중국을 봉쇄 또는 견제하는 데 효과적인지 불분명하다. 중국 역시 항공모함 건설에 이어 실전 배치를 완료했으며 일명 미국의 항공모함 킬러라는 최신형 대함 탄도미사일 둥펑-21D를 실전 배치하기 시작했다. 미국 국방부 산하 정보기관인 국방정보국은 2013년 5월 미 회의에 제출한 중국 군사력 연례 보고서에서 이 같이 밝히고 이 미사일 배치가 미군의 아시아 및 서태평양 지역 작전에 중대한 위협이 될 것이라고 평가했다.

소극적 군사 전략으로는 '역외균형 전략Offshore Balancing Strategy'을 들 수 있다. 미국이 아시아 바깥(역외) 지역에서 중국의 부상을 막겠다는 전략인데 이것 역시 미국의 힘이 축소되고 있는 현실에서 가능성이 낮다. 동맹이나 파트너 또는 미국이 주도하는 지역 기구를 통해 중국의 대두를 막기에는 역부족이라는 것이다. 여기에다 미국이 믿고 있는 한국과 일본은 시간이 지날수록 중국과의 경제적 협력관계를 넓히고 있다. 미국은 전통적 동맹인 한국과 일본을 이용해 중국을 견제한다는 전략이지만 이 두 나라가 중국과 경제적으로 밀접하게 연관되어 있어 동원이 쉽지 않을 것이라는 전망이다. 경제적으로는 중국, 군사안보적으로 미국이라는 한일 두 나라의 복잡한 셈법 때문에 오바마 정부의 '아시아 중시 정책'은 앞으로 한계에 직면할 것으로 예상된다.

외교적 측면: 아시아 동맹국들 속에서 미국의 역할이 모호해지다

동맹 간 갈등 시 중재 역할의 축소

'아시아 중시 정책'의 기반은 미국의 동맹이다. 이를 위해 오바마 정부는 일본이 쓰나미와 후쿠시마 원전사고로 어려움을 겪자 신속하게 미군과 장병을 파견해 피해 복구와 이재민들을 돕는 '도모다찌ともだち(친구) 작전'을 전개했다. 또 집권 2기를 맞아 오바마 대통령이 가장 먼저 초청한 외국 인사들 가운데 한 사람이 아베 신조 일본 총리였다. 양국 간 정상회담에서는 무역과 안보 협력 확대, 주일미군의 재배치 등에 관한 현안이 논의됐다. 한국에 대해서는 박근혜 대통령 취임식장에 토머스 도닐런 국가안보보좌관을 파견해 한미동맹의 현대화와 다양한 지역·세계적 현안에 대한 협력과 지지를 표했다. 또 박근혜 대통령의 방미도 요청했다.

하지만 문제는 동맹 간 갈등이 발생했을 때 미국의 중재 역할이 예전 같지 않다는 점이다. 즉 미국의 역할 축소로 동맹 간의 갈등 조정이 더 어려워진다는 것이다. 특히 동맹들 사이에 뿌리 깊은 역사 문제가 있을 경우 더욱 그렇다. 대표적인 사례가 한일 간의 역사 문제다. 한일 양국은 역사교과서 문제와 일본군 위안부 문제 등으로 첨예한 갈등을 빚고 있다. 특히 2012년 12월 자민당이 선거에서 압승해 정권을 잡으면서부터 이러한 문제가 더욱 불거지고 있다. 아베 총리를 비롯한 일본 극우 정치인들의 역사를 폄하하고 무시하는 태도는 계속 이어지고 있고 이에 대해 박근혜 정부는 사실상 일본과의 공식 외교관계를 중단한 상태다.

일본군 위안부 문제와 관련해서는, 힐러리 클린턴 미 국무장관이 이미 '위안부'가 아니라 '성적 노예'라고 강하게 표현했지만 하시모토橋下徹 일본 오사카 시장을 비롯한 우익 정치인들은 자발적 의사에 따라 위안부 생활이 이루어졌고 국가나 정부 차원에서 조직적으로 위안부를 강제 동원했다는 근거는 찾을 수 없다고 강변했다. 이에 대해 위안부 피해자들은 2013년 5월 직접 오사카를 찾아 하시모토와 면담을 요청했고 "내가 바로 위안부 증거"라며 강하게 항의했다.

더욱 복잡해지는 미중관계

미중관계는 경제, 안보, 외교 분야 등에서 매우 중요하다. 그리고 갈수록 커져가고 있는 서로 간의 연계inter-linkages는 양국 간의 관계를 더욱 복잡하게 만든다.

'아시아 중시 정책' 선언 이후에도 오바마 정부의 대중국 전략은 다음과 같은 3가지 원칙을 유지하고 있다. 첫째, 중국은 필수불가결한 적이 아니라 중요한 지구촌 문제를 함께 해결해야 할 잠재적 파트너다. 오바마 정부는 미중 간에는 경제와 안보 영역에 경쟁적 요소가 포함되어 있음을 알고 있었다. 그렇지만 오바마 정부는 양국 간의 '협력적 요소'도 믿었다. 둘째, 중국의 부상에 환영을 표시하면서도 그것이 국제법과 국제규범의 틀 안에서 이뤄져야 함을 역설한다. 즉 중국은 국제분쟁을 해결하는 데 있어 강압이나 협박이 아니라 UN이나 WTO 등 국제기구와 규칙에 맞게 행동해야 한다는 것이다. 셋째, 중국의 부상은 아시아태평양 지역의 안정을 이루는 데 기여해야 한다. 중국의 부상으로 미국의 동맹이나 파트너들이 모여 있는 아시아태평양 지역이 불안해서는 안 된다는 내용이다.

실제로 2012년 2월 오바마 대통령은 시진핑 국가 부주석의 방미 당시 그에게 미중 양국 간의 불균형을 재조정하고 아시아 지역에서 관계를 강화하자고 제안했다. 또 무역과 상업을 더 활성화시켜 아시아태평양 지역에서 강하고 효과적인 파트너가 되자고 강조했다. 오바마 대통령은 또 "우리는 중국의 평화로운 부상을 환영하고, 강하고 번영한 중국은 지역과 세계의 안정과 번영에도 도움을 줄 것이라고 믿는다"고 말했다. 이에 대해 시진핑 부주석도 "중국은 아시아태평양 지역에서 평화와 안정, 번영을 증진시키고 있는 미국의 건설적인 역할을 환영한다"고 답했다. 그는 또한 "동시에 우리는 미국이 이 지역에서 중국과 다른 나라의 이익과 관심을 존중해줄 것을 희망한다"고 덧붙였다(The White House 2013c).

2013년 6월 7일, 양국 정상은 미국 캘리포니아 주 LA에서 동쪽으로

200킬로미터 떨어진 휴양지 란초 미라지Rancho Mirage에서 다시 만났다. 당시 회담은 시진핑 주석의 국빈방문이 아니기 때문에 정상회담은 아니었다. 하지만 양국 정상은 한반도 비핵화 문제와 사이버 안보의 위협에 관한 문제 그리고 센카쿠(댜오위다오) 문제 등에 대해서도 논의한 것으로 알려졌다. 중국 관영 매체들은 이번 미중 회담이 '신형대국관계'라는 새 판을 짜는 중요한 의미를 지닌다고 보도했다. 《환구시보》는 7일자 사설에서 "시진핑 주석과 오바마 대통령의 이번 회담에서 신형대국관계의 이정표가 세워지기를 충심으로 기대한다"고 밝혔고 신화통신도 논평 기사에서 "양국이 신뢰를 갖고 상대방을 대하고 협력한다면 신형대국관계는 실현될 것"이라고 전했다.

경제적 측면: 중국 견제를 위해 배제, 그러나 중국 없이는 효과가 없다

중국 없는 TPP의 한계

아시아는 2000년 이후 북아메리카 대륙 다음으로 가장 큰 미국의 수출 시장이다. 세계에서 가장 많은 인구가 몰려 있고 가장 빠른 경제성장을 거듭하고 있는 지역이다. 당연히 아시아는 앞으로 미국 경제에 다양한 활력을 불어넣을 것으로 기대되었으며 이러한 기대가 TPP를 만들게 했다(Manyin, Daggett, Dolven, Lawrence, Martin, O'Rourke and Vanghn 2012).

오바마 정부의 통상 정책은 한마디로 적극적인 수출확대와 TPP를 통해 아시아태평양 지역의 시장을 석권한다는 전략이다. 만약 TPP가 성공한다면 미국에 많은 경제, 외교, 전략적 혜택을 가져다줄 것이다. 먼저 경제적 측면에서 본다면 미국은 성장하는 아시아 시장에 더 깊숙이 관여할 수 있다. 또 미국의 수출이 증가하면 수출과 관련된 미국 내 일자리도 늘어날 것이다. 이렇게 되면 오바마 정부는 국정 최우선 목표인 경제 회복을 TPP를 통해 달성할 수 있게 된다. 이 밖에도 미국 기업들은 지금보다 훨씬 더 공정한 조건에서 경쟁하고 지적재산권도 보호받을 수 있을 것이다. 외교적 측면에서도 TPP는 아시아태평양 지역 내 미국의 개입을 늘려줄 것이다. 다른 TPP 참여국들과의 협력과 연대를 증진시킬 것이고 항해의 자유처럼 모든 구성원들이 원하는 공통의 이익을 공유함으로써 잠재적인 위험도 줄일 수 있다.

TPP의 출현 배경에 대해서는 다양한 의견이 나오지만, 이 책에서는 중국을 배제하기 위한 전략도 중요한 요인 가운데 하나로 보고 있다. 즉 오바마 정부가 중국의 지역 경제권 지배를 허용하지 않으려고 TPP를 강력하게 추진했다는 것이다. 왜냐하면 미국이 중국의 TPP 참여를 공식적으로 반대한 적은 없지만 TPP가 추구하는 기본 방향이 좀 더 엄격한 지적재산권의 확보와 훨씬 더 엄밀한 노동 및 환경 기준의 상향 그리고 정부의 단속 규율 등이므로 중국의 참여를 사실상 제한하고 있기 때문이다.

실제로 2012년 4월 10일에 클린턴 국무장관은 미 해군사관학교에서 한 연설에서 "TPP는 미국의 수출을 증대하고 국내 일자리를 창출하는 데 있어서 필수적인 요소임에는 틀림없지만 무역 장벽의 철폐에만 초점을 맞추고 있는 것은 아니다"라고 전제한 뒤 "이 협정은 개방적이고 자유로우며 투명하고 공정한 태평양 경제의 통합을 위한 규칙에 합의하는 것을 목표로 삼고 있다"고 말했다. 그녀는 또 "이 협정은 미국이

추구하는 핵심가치인 근로자 보호, 환경, 지적재산권, 혁신에 중점을
둘 것"이라고 강조했다(Clinton 2012).

그런데 문제는 이러한 전략, 즉 중국을 TPP에서 제외시키는 전략이
과연 '아시아 회귀'의 성공으로 이어질 수 있느냐는 것이다. 오히려 중
국 없는 TPP는 '아시아 회귀'의 한계를 스스로 드러낸 것으로 보인다.
아래 〈그림 5-1〉과 〈그림 5-2〉는 중국의 경제력이 아시아태평양 지역
에서 얼마나 빨리 급성장했는지를 잘 설명하고 있다. 먼저 〈그림 5-1〉
은 미국을 제외한 다른 TPP 국가들이 수입한 각국의 상품을 나타낸 것
이다. 2000년 중국산 제품은 4퍼센트에 불과했지만 2011년에는 14퍼
센트로 3배 이상 늘었다. 반면 미국은 45퍼센트에서 28퍼센트로 17퍼
센트 포인트 감소했다. 또 〈그림 5-2〉는 미국을 제외한 다른 TPP 국가
들이 수출한 상품들을 각 국가별로 분류한 것이다. 2000년 2퍼센트에
불과했던 중국의 수입량은 2011년 11퍼센트로 늘어난 반면 미국은 56
퍼센트에서 35퍼센트로 21퍼센트 줄어들었다(Williams 2013). 한마디로
2000년 중국이 WTO에 정식 회원국으로 가입한 이후 아시아태평양 지
역에서 중국의 경제력은 크게 신장된 반면 미국의 영향력은 갈수록 줄
어들고 있는 실정이다. 이러한 경향은 오바마 정부가 '아시아 중시 정
책'을 선언한 이후에도 지속되고 있다.

실제로 호주의 경우, 〈그림 5-3〉에서도 알 수 있듯이 중국으로부터
의 전체 상품 수입액은 2000년의 100억 달러에도 채 못 미쳤지만 2011
년에는 2000년의 수입액보다 5배나 높은 500억 달러에 이르렀다. 특히
2006년을 기준으로 중국산 상품 수입액이 미국산 상품 수입액을 역전
하기까지 했다(Williams 2013).

〈그림 5-1〉미국 제외 TPP 국가들이 수입한 각국 상품 현황(2000~2011)

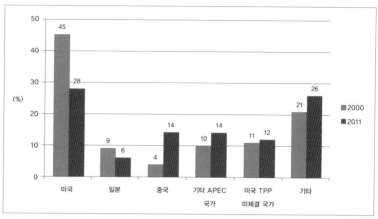

* 출처: Williams(2013).

〈그림 5-2〉미국 제외 TPP 국가들이 수출한 각국 상품 현황(2000~2011)

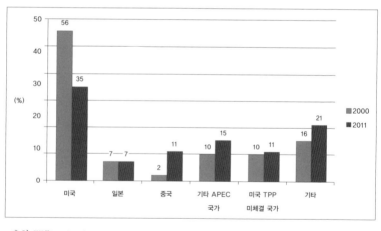

* 출처: Williams(2013).

미국, 아시아로 회귀하는가

〈그림 5-3〉 호주 수입 상품 국적별 현황(2000~2011)

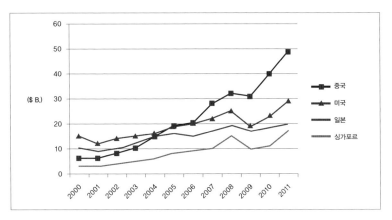

* 출처: Williams(2013).

중국의 TPP 반격: 역내포괄적경제동반자협정RCEP과 한중일 FTA

중국은 미국이 지역경제통합에 적극적으로 나서고 있는 것을 우려했다. 중국은 TPP가 ASEAN을 중심으로 한 자국의 지역 아키텍처 구상에 부합하지 않는다는 생각을 갖고 있었다. 미국과 일본이 중국을 배제한 아시아태평양자유무역지대FTAAP의 디딤돌로 TPP를 이용하는 것이라고 본 것이다(이승주 2012).

중국 정부는 ASEAN+3 자유무역협정을 가장 이상적인 모델로 생각해 왔다. 그러나 일본 등의 반발에 부딪히자 기존 입장을 버리고 ASEAN+6 자유무역협정에도 반응을 보이는 등 유연한 태도를 견지하다가, 2011년 11월에 ASEAN 국가들이 제19차 ASEAN 정상회의에서 ASEAN+3와 ASEAN+6의 타협안으로 역내포괄적경제동반자협정RCEP을 채택하자 이를 적극 지지했다. RCEP를 통해 미국의 TPP에 맞서겠다는 것이었다.

그리고 2012년 11월, 캄보디아 프놈펜에서 개최된 동아시아정상회의 EAS에서 RCEP의 협상 개시가 공식적으로 선언됐다.

RCEP는 ASEAN 10개국과 한중일 3개국, 호주, 뉴질랜드, 인도 등 총 16개국의 관세장벽 철폐를 목표로 하는 일종의 FTA다. 이 협정이 체결되면 인구 34억 명, 무역규모 10조 1310억 달러(약 1경 1,043조 원), 명목 국내총생산GDP 19조 7,640만 달러에 이르는 자유무역지대가 성립된다. NAFTA와 EU(17조 6,000억 달러)를 능가하는 세계 최대 규모의 경제블록이 탄생하는 것이다. 참가국은 무역협상위원회TNC(Trade Negotiation Commitee)를 구성해 상품과 서비스, 투자 분야부터 협상을 시작한다. TNC 회의는 4개월 간격으로 1년에 3차례 열린다.

RCEP의 등장으로 동아시아 국가들을 서로 끌어들이려는 미중 간의 경쟁도 더욱 치열해졌다. 동아시아 국가 중에서는 일본, 호주, 뉴질랜드, 싱가포르, 베트남 등 7개국이 RCEP와 TPP에 모두 참여하고 있다. 오바마 대통령은 2012년 11월 18일 친나왓Yingluck Shinqwatra 태국 총리와 정상회담을 갖고 태국의 TPP 협상 참여를 이끌어내기도 했다. 오바마 대통령이 재선 후 첫 해외순방지로 동남아를 선택한 배경에 TPP 확대 전략이 내재되어 있음을 유추할 수 있는 대목이다.

원자바오 총리도 11월 21일 태국을 방문해 친나왓 총리와 정상회담을 갖고 국제 가격으로 2억 2800만 달러에 달하는 태국 정부 비축미 26만 톤을 구입했다. 이는 태국의 TPP 참여를 막기 위한 것이었다. 경제를 무기로 동남아에서 전통적인 친미 국가인 태국을 자국 편으로 끌어들이겠다는 전략인 것이다.

ASEAN 회원국 대부분은 경제협력의 측면에서 중국과 '친구'이지만,

베트남과 필리핀은 남중국해 영유권 분쟁 때문에 중국과 '적'이다. 그럼에도 불구하고 베트남과 필리핀은 RCEP에 참여하고 있다. 안보 측면에서 미국의 핵심 동맹인 한국, 일본, 호주, 필리핀, 태국과 미국의 핵심 파트너인 인도, 싱가포르, 인도네시아도 경제적 측면에서 중국과 돈독한 관계를 유지하고 싶어 한다.

또 한편으로 중국은 한국, 일본과 FTA 협상 개시를 선언하면서 TPP를 견제했다. 당초 한중일 3국 정상은 동아시아정상회의EAS 기간 중 정상회의를 개최하고 FTA 협상 개시를 선언하기로 했지만, 센카쿠 열도 영유권 문제로 갈등하는 중국과 일본이 정상회의를 꺼렸다. 한국과 일본도 독도 영유권 문제 때문에 정상회의에 소극적이었던 터라 결국 3국 정상회의는 무산됐다. 그럼에도 3국 통상장관들이 정상들을 대신해 FTA 협상을 시작하기로 합의했다. 이로써 3국은 2003년 FTA 체결을 위한 민간 공동 연구를 시작한 지 10년 만에 본격적인 협상에 들어갔다. 한중일 FTA가 타결되면 인구 15억 2200만 명, GDP 14조 3000억 달러 규모의 시장이 탄생한다. 무엇보다 한중일 FTA는 미국 주도의 TPP에 대항하는 의미가 크다.

하지만 '아시아 중시 정책' 이후 미중 경제가 충돌만 할 것 같지는 않다. 오히려 상호 협력과 공존 방향을 모색하는 쪽으로 더 나아갈 것으로 보인다. 미국 정부는 글로벌 금융위기 이후 중국과의 양국 간 정상회담이나 G-20 회의 등을 통해 글로벌 불균형 완화를 위해 평가절상과 중국에 대한 반덤핑, 상계관세 등 무역구제 조치를 강화했다. 그러나 이러한 통상 갈등이 파국으로 진행되기보다는 갈등과 절충이 반복되는 양상을 띨 것이라는 전망이 우세하다(장영식 2012, 50). 왜냐하면 양국은 경제적으로 밀접하게 상호 의존하는 구조이기 때문이다. 중국에게 미국은 최대 수출시장일 뿐만 아니라 2008년 이후 미국 국채를 가장 많이 보유하고 있는 나라다(이혜정 2011). 2012년 9월 기준으로 중국이 보유하고 있는 미국의 국채는 1조 1,555억 달러로 전체 21.1퍼센트에 이른다. 이러한 상호 의존적인 경제구조로 인해 양국이 파국으로 갈 경우 감당해야 할 경제적인 비용이 막대할 수밖에 없는 실정이다.

책을 마치며

2012년 11월 6일, 오바마 대통령은 공화당의 미트 롬니 후보를 물리치고 재선에 성공했다. 당시 필자는 미 국무부 간부들과 함께 테네시 주 낙스빌Knoxiville에서 선거 결과를 지켜보고 있었다. 한국 언론들은 아슬아슬하게 오바마가 이겼다고 보도했지만 사실 미국 현지에서는 선거 며칠 전부터 오바마의 승리가 점쳐졌다. 오바마의 선거 승리 수락 연설을 다 듣고 나서 필자는 아시아·태평양을 담당하는 미 국무부의 한 간부에게 질문을 던졌다.

"이번 선거과정을 쭉 지켜봤는데, '외교 분야'는 크게 주목받지 못했던 것 같아요. 아니 거의 없었다고 해도 과언이 아닌 듯해요. 굳이 꼽으라면 선거 직전인 2012년 9월 11일 발생한 리비아 벵가지 주재 미 영사관 피습 사건 정도였어요. 특히 오바마 정부 1기 때 야심차게 얘기한 피봇Pivot이나 '리밸런싱Rebalancing'과 같은 '아시아 중시 정책'은 선거과정에서 찾아볼 수 없었어요. 그렇다면 오바마 정부 2기 때는 어떻게 될까요? '아시아 중시 정책'은 계속될 것 같나요?"

중동에서 오랫동안 외교관으로 근무했다는 이 간부는 아마도 큰 변화가 없을 것이라며 오바마 정부 2기 때도 외교의 중심축은 아시아태평양이 될 것이라고 말했다.

"힐러리 클린턴 국무장관이 물러나더라도 아시아태평양의 중요성은 사라지지 않을 거예요. 특히 중국의 부상을 저희들은 눈여겨보고 있어요. 중국이 국제규범을 준수한다면 우리는 중국을 세계 문제를 함께 풀어나갈 중요한 동반자로 받아들일 겁니다."

하지만 과연 그럴까? 필자는 의문을 가졌다. 2011년 가을 오바마 대통령의 '아시아 회귀Pivot to Asia' 이후 빠른 속도로 추진되던 미국의 '아시아 중시 정책'은 2012년 선거전에 돌입하면서 종적을 감췄다. 심지어 '아시아 중시 정책'에 바짝 긴장하던 중국의 미국에 대한 비난조차 사라졌다. 그렇다면 오바마의 '아시아 중시 정책'은 미국 외교의 대전략이 아니라 순간을 모면하기 위한 '말장난'에 불과했던 것은 아닐까? 그리고 이러한 우려는 2013년 오바마 정부 2기 출범과 함께 '3S'가 겹치면서 증폭됐다.

'3S'(시퀘스터, 스노든, 셧다운)에 빠진 오바마 정부

2013년 1월, 오바마 정부 2기가 출범했다. 하지만 출발부터 외교 정책은 순탄치 못했다. 흔히 '3S'로 불리는 3가지 사건(시퀘스터, 스노든, 셧다운)이 오바마 외교 정책의 발목을 잡은 것이다.

먼저, 3월에 터져 나온 시퀘스터Sequester다. 본문에서도 자세히 다뤘

지만 '시퀘스터'는 미국 연방정부의 자동예산 삭감을 뜻하는 용어다. 1985년 의회를 통과한 이 법안은 국가부채를 줄이기 위해 연방정부 재정지출의 한도를 정하고, 의회와 정부가 별도의 합의를 하지 못하면 발효되도록 했다. 당초 시퀘스터는 2013년 1월 1일 발동될 예정이었으나 민주당과 공화당이 2013년 1월 초 재정절벽fiscal cliff 법안을 극적으로 통과시키면서 3월 1일로 연기됐다. 3월 1일부터 발동된 이 법안으로 미국 정부 예산은 국방비를 포함해 연간 1,100억 달러씩 10년간 총 1조 2,000억 달러의 미 연방정부 지출이 자동 삭감된다.

문제는 이 시퀘스터 법안이 연방정부 예산을 강제로 일률 삭감한다는 것이다. 시급한 예산과 덜 시급한 예산을 자체적으로 판단하는 것이 아니라 '몇 퍼센트 삭감'이 결정되면 연방정부의 모든 예산도 이 틀에 맞춰 일률적으로 삭감해야 한다. 당장 미 국방부가 반발했다. 게이츠 국방장관 때부터 자구노력을 벌여온 국방부는 "시퀘스터는 미군의 전력을 약화시킬 뿐만 아니라 세계전략에도 전혀 도움이 되지 않는다"며 "강제 일률 삭감은 미친 짓"이라고 비판했다. 많은 전문가들도 시퀘스터 발동으로 미국의 외교 정책이 타격을 받게 됐다고 우려했다.

두 번째는 6월에 미 오바마 정부의 도청·감청을 폭로한 '스노든 Snowden 사태'다. 전 미 중앙정보국CIA 직원인 에드워드 스노든Edward Joseph Snowden은 2013년 6월 10일 영국 일간지 《가디언The Guardian》을 통해 미국 국가정보국NSA의 무차별적인 도청·감청 사실을 폭로했다. NSA가 미국에 기반을 둔 인터넷 기업 구글, 페이스북, 야후, 애플, 마이크로소프트 등을 통해 사용자의 인터넷 검색은 물론 이메일, 실시간 채팅 기록까지 추적했다는 것이다. 그리고 이러한 추적을 위해 '프리즘

PRIZM'이라는 프로그램을 동원했다고 덧붙였다. 중동의 테러리스트는 물론 독일과 프랑스, 한국 등 미국의 동맹국 지도자들의 전화 내용을 도청했다는 의혹까지 제기됐다. 전 세계는 경악했다. 오바마 정부의 도덕성은 땅에 떨어졌다. 특히 '인터넷 해킹' 의혹을 제기하며 중국을 반 인권국가로 몰아붙였던 오바마의 아시아 전략에도 수정이 불가피하게 됐다.

스노든이 《가디언》에 미국의 도청·감청을 폭로하기 사흘 전 미·중 정상은 미 캘리포니아 랜초 미라지에서 회담을 가졌다. 이때도 사이버 안보 문제가 가장 뜨거운 감자였다. 미국은 중국이 미국의 무기 시스템을 해킹했다고 강하게 비난한 반면 중국은 이를 강하게 부정하는 수동적인 자세였다. 심지어 오바마 대통령은 회담이 끝난 뒤 기자들에게 "사이버 안보 문제Cyber Security Issue는 해도가 없는 바다Uncharted Waters와 같다"고 지적했고, 토머스 도닐런 백악관 국가안보보좌관은 "사이버 안보 문제는 부차적인 문제가 아니라 이제 미·중 두 나라 관계의 중심부에 자리 잡았다"고 강조했다. 하지만 스노든의 도청 폭로로 미국 외교는 치명타를 입었다. 특히 중국에 대해서는 "더 이상 사이버 공간에서 해킹을 하지 말라"는 압박이 어렵게 됐다.

세 번째는 10월에 터진 미국 연방정부의 셧다운Federal Government shut down이다. 셧다운은 민주, 공화 양당 간의 예산안 합의가 실패하면서 새해 예산안 통과 시한을 넘기는 경우 예산이 배정되지 않아 정부기관이 일시 폐쇄되는 상태를 말한다. 미국 상·하원은 2013년 9월 30일까지 건강보험개혁법이 포함된 2014 회계연도 잠정 예산안 합의에 실패했다. 그 결과 10월 1일부터 미 행정부는 셧다운에 들어갔다. 물론 이번 셧다운이 미국 역사상 처음은 아니다. 미국은 1976년 이후 모두 17차례의 셧다운을 겪었다.

하지만 문제는 셧다운 발효로 오바마 정부의 외교 정책이 차질을 빚게 됐다는 것이다. 백악관은 셧다운이 발효된 사흘 뒤 공식 브리핑을 통해 6일부터 예정된 오바마 대통령의 아시아 순방을 전면 취소한다고 발표했다. 이에 따라 오바마 대통령은 아시아태평양경제협력체APEC 정상회의와 환태평양경제동반자협정TPP 정상회의에 불참하게 됐다. 오바마 대통령은 인도네시아와 브루나이 정상에게는 직접 전화를 걸어 사과했다. 제이 카니Jay Carney 백악관 대변인은 "대통령이 워싱턴에 남아 공화당 의원들이 예산안을 통과시켜 정부를 다시 열 수 있도록 압박할 것"이라며 "순방 취소는 공화당이 주도한 셧다운의 또 다른 결과로 수출증진을 통한 일자리 창출과 아시아에서의 미국 리더십 향상에서 후퇴하는 것"이라고 강조했다. 오바마 대통령을 대신해 케리 국무장관이 예정된 아시아 순방에 나섰지만 아시아 국가들은 미국의 '아시아 중시 중책'이 전과 같지 않다는 의심을 떨칠 수 없었다.

오바마 2기에도 '리밸런싱Rebalancing'은 유지될까?

오바마 정부는 1기에 이어 2기 때도 '리밸런싱'을 강조하고 있다. 하지만 내용 면에서 보면 일본과의 동맹 강화에 초점이 맞춰져 있다. 즉 일본과의 동맹관계를 재조정하면서 한·미·일 3각 동맹의 중요성을 부각하는 것이다. 이러한 움직임은 2013년 6월 싱가포르에서 열린 샹그릴라 대화에서 가장 먼저 감지됐다.

척 헤이글 미 국방장관은 "'리밸런싱'은 외교, 경제, 문화 전략"이라고 전제한 뒤, "오바마 정부는 아태 지역에서 해외원조와 경제발전을 위해 노력하고 있다"고 강조했다. 그는 또 "미 국방부는 '2012년 국방전략'에 따르고 있다"며 "미래의 지구촌 안보위협을 막기 위해 미군은 군을 재조정하고 능력을 배양하고 있다"고 덧붙였다. 특히 그는 시퀘스터 등 정부의 예산감축으로 예전과 같은 국방비 지출은 불가능해졌다고 솔직히 고백했다.

부족한 국방예산을 메울 대안으로 척 헤이글이 제시한 것이 '동맹 역할의 재조정'이다. 그는 먼저 일본을 '동맹의 중심축underpin'이라고 치켜세운 뒤, "일본과 방위지침을 재조정하는 데 합의했다"고 강조했다. 특히 미·일 양국 간의 전력 재편성과 미사일 방위협력 강화에 큰 기대를 걸었다. 또 한국에 대해서는 2015년까지 군사동맹 이행(전시작전권 전환)과 2030년까지 지구촌 차원에서의 협력 강화를 요구하는 목소리가 높다.

척 헤이글의 샹그릴라 발언 한 달 뒤, 이번에는 국무부 소속의 대니얼 러셀Daniel Russel 아태차관보가 오바마 대통령의 아시아 중시 정책인 '리밸런싱'의 중요성을 다시 한 번 강조했다. 러셀 차관보는 '리밸런싱'을 ① 동맹의 현대화, ② 제도를 만드는 것, ③ 중국과의 관계를 재정립하는 것으로 요약했다. 특히 러셀은 첫 번째 동맹의 현대화에서 미일동맹의 현대화가 무엇보다 중요하다고 주장했다.

일본과의 동맹을 미국 외교의 최우선 과제로 꼽은 사람은 척 헤이글과 러셀만이 아니었다. 오바마 대통령의 외교 분야 가정교사로 불리는 수잔 라이스Susan Elizabeth Rice 백악관 국가안보보좌관도 2013년 11월

조지타운 대학에서 가진 '아시아에서 미국의 미래'라는 주제의 연설에서 '리밸런싱'과 함께 미일동맹의 현대화를 강조했다.

얼굴 표정만큼이나 그녀의 연설문은 군더더기 하나 없이 건조했다. 또박 또박 한 줄 한 줄 읽어나가던 라이스는 오바마 정부가 결코 '아시아 중시 정책', 즉 리밸런싱을 포기한 적이 없으며 앞으로도 그럴 일은 없을 것이라고 강조했다. 그녀는 또 2014년 4월에 있을 오바마 대통령의 아시아 순방 계획도 발표했다. 중동 문제에 밀려 아시아 중시 정책이 실종되고 심지어 '아시아 홀대론'까지 대두되자 이를 진화하는 차원에서 마련된 '기획' 행사라고 언론들은 평가했다.

라이스는 이 자리에서 오바마 정부 2기의 '리밸런싱'을 좀 더 구체적으로 설명했다. 라이스는 리밸런싱의 목표를 ① 안정적인 안보 환경, ② 개방적이고 투명한 경제 환경, ③ 인류 보편적 권리와 자유를 반영한 자유로운 정치 환경 조성 등 3가지로 꼽았다. 또 이를 위한 중점 분야로 ① 안보 강화, ② 번영 확대, ③ 민주적 가치 증대, ④ 인간 존엄성 확대 등 4가지를 제시했다. 특히 '안보 강화' 분야에서는 척 헤이글 국방장관도 밝혔듯이 2020년까지 미국 함대의 60퍼센트를 태평양 지역으로 이동하고 태평양 함대를 최첨단 장비를 갖춘 군대로 탈바꿈하겠다고 밝혔다.

그러나 좀 더 중요한 것은 일본과의 동맹 강화를 밝힌 부분이다. 라이스는 동맹 가운데도 가장 먼저 일본을 지목하면서 "15년 넘게 끌어온 미일 상호방위조약 개정 협상을 내년(2014년) 안에 마무리짓겠다"고 선언했다. 또 이러한 양국 간의 개정을 '가장 먼저 해야 할 근본 개혁 The first fundamental revision'으로 표현했다. 이 말은 미일 양국 간에 새로운 형태의 안보조약이 탄생할 예정임을 암시하고 있다. 즉 일본 아베 정권이 원하는 '집단자위권'과 '보통국가로의 발전'도 용인할 수 있다는 뜻으로 해석된다. 시퀘스터 등으로 국방 예산이 삭감된 미국의 입장에서는 아시아에서 일본의 역할이 무엇보다 중요해졌다고 느꼈을 것이다. 실제로 라이스는 일본의 국가안보회의NSC 창설을 긍정적으로 평가하면서 앞으로 역내 이슈와 국제 현안들에 대해 긴밀하게 협력하겠다는 입장도 밝혔다. 반면 한국에 대해서는 한·미·일 3각 동맹의 중요성을 강조하면서 북한의 도발을 억제할 수 있도록 양국 간의 군사 동맹을 강화한다는 원론적 수준에 머물렀다.

일본의 군사대국화와 미국의 리밸런싱Rebalancing······
일본의 우익들은 알고 있다, 미국의 아킬레스건을

패권이 쇠퇴해가는 상황에서 미국은 '리밸런싱'을 통해 아시아에서 패권을 유지하려고 하고 있다. 이것이 오바마 정부의 아시아 전략이다. 그렇다면 우리가 우려하는 일본의 군사대국화는 어쩌면 미국이 원하는 리밸런싱Rebalancing 전략일지도 모른다. 실제로 미국의 지도자들은 1997년에 만들어진 미일동맹을 다시 개정하자고 요구하고 있다.

물론 일본의 아베 정권은 이러한 미국의 요구에 부응하면서 자신들이 원하는 '집단자위권' 그리고 군대를 보유할 수 있는 '보통국가'를 향해 거침없이 나아가고 있다. 자민당 당3역 가운데 한 명인 이시바 시게루石破茂 정무조사회 회장(전 방위장관)은 2008년 필자와의 단독 인터뷰에서 "자위대가 왜 군대가 아니냐?"고 당당하게 말했다.

육·해·공군 및 그 외의 전력을 보유하지 않는다, 나라의 교전권을 인정하지 않는다, 이게 평화헌법 9조 2항이죠. 그렇다면 자위대는 뭔가요? 화력시범 보셨죠? 신형 전차와 신형 헬리콥터들이 화력시범장을 쉴 새 없이 날아다녔 잖아요? 그것들이 육군이 아니라면 믿겠어요? F-15 전투기, F-2 전투기 200 대를 갖고 있어요. 이것을 공군이 아니라면 믿겠어요? 이지스함을 갖고 있고 잠수함을 16대나 갖고 있어요. 이것들이 해군이 아니라는 거예요. 누가 보더 라도 그건 군대에요. 그게 군대가 아니라고 거짓말을 해도 되는 건가요?

어쩌면 일본 정부는 이시바 정조회 회장처럼 이번 기회에 자신들이 원하는 '보통국가', '집단자위권'을 얻기 위해 총력을 기울이는 건지도 모르겠다. 그들은 오바마 정부의 '리밸런싱' 즉 '아시아 중시 정책'이 무 엇인지를, 또 그것이 미국의 아킬레스건이라는 사실을 잘 알고 있다. 라이스 백악관 국가안보보좌관이 말한 것처럼 일본의 우익들 역시 올 해 안에 미일 방위조약이 개정되기를 원하고 있을지도 모른다. 그래야 만 자신들이 꿈꾸는 '집단자위권'과 '보통국가', '평화헌법 개정' 등이 일사천리로 이뤄질 것이기 때문이다.

일본의 우익들은 어쩌면 우리가 생각하는 것보다 훨씬 더 영악한 듯 하다. 패권 쇠퇴기에 접어든 오바마 정부는 아시아에서 자신들의 패권 을 유지하기 위해 일본을 택할 수밖에 없고 또 일본이 원하는 선물을 줄 수밖에 없다는 것을 누구보다 잘 알고 있기 때문이다.

그렇다면 한국의 선택은?

한국은 냉전시대 미국의 전초기지로서의 혜택은 사라졌다. 미국이 언제까지나 우리의 든든한 방어막이 되지는 못할 것이다. 우리가 보면 일본의 군사대국화이지만 미국 오바마 정부의 입장에서 보면 이것이야말로 '리밸런싱Rebalancing'이고 '아시아 중시 정책'이기 때문이다. 그렇다면 우리는 어떻게 해야 할 것인가?

오바마 정부의 탄생을 불러온 2008년 금융위기의 충격은 5년이 지난 지금도 진행 중이다. 패권 쇠퇴기에 접어든 오바마 정부는 새로운 동북아 질서를 만들고 있다. 그리고 그 핵심이 아시아 중시 정책, '리밸런싱'이다.

한국에게 이러한 변화의 물결은 쉽지 않은 숙제다. 한국의 입장에서 우리는 미국의 리밸런싱을 어떻게 봐야 할까? 한·미·일 3각 동맹은 우리에게 '선택의 문제'인가? 아니면 이미 틀이 짜여진 '강압의 문제'인가? 우리가 아무리 일본의 우경화를 비판한다 할지라도 미국이 그런 일본을 두둔한다면 우리는 또 어떤 외교 정책을 찾아야 할까?

박근혜 정부는 일본 아베 정부의 진정성 있는 사과를 원하고 있다. 하지만 일본은 '고노 담화'까지 검증하겠다며 극우 행보에 더욱 매진하고 있다. 아베의 우경화는 단지 아베 개인의 비이성적인 돌출 행동이 아니라 어쩌면 미국의 리밸런싱이 만든 새로운 동북아 질서의 큰 틀에서 나온 것은 아닐까? 그렇다면 일본의 군사대국화와 우경화 행보는 앞으로 일본 외교 정책의 큰 흐름이 될 수도 있을 것이다.

스노든 사건 이후 중국의 시진핑은 오바마로부터 '신형강대국' 지위를 인정받았다. 라이스 백악관 국가안보보좌관은 2013년 조지타운대 연설에서 오바마 정부 들어 처음으로 중국 측이 요구해온 '신형대국관계'를 받아들였다. 라이스는 중국의 신형대국관계를 '강대국 간의 새로운 모델a new model of major power relations'이라고 정확히 표현했다. 오바마 정부의 외교를 사실상 총괄하는 라이스가 왜, 시진핑이 줄기차게 요구하는 '신형대국관계'를 수용한 것일까? 그것은 아마도 2013년 미국 외교 정책을 수렁에 빠뜨린 '3S(시퀘스터, 스노든, 셧다운)' 때문으로 분석된다. 특히 스노든이 폭로한 미 정부의 '도청·감청 사태' 이후 미국은 중국에 대해 더 이상 '해킹' 금지를 요구할 처지가 못 됐다.

중국은 또 2차 세계대전 당시 일제의 반인류적 행동을 비판하면서 전 세계적인 반일전선을 구축하고 있다. 특히 안중근 의사 묘역을 성역화하고 일본군 위안부와 난징학살 등을 공개하며 한국과 공동의 피해자라는 점을 부각시키고 있다. 미국이 한·미·일 3각 동맹을 이용해 중국을 포위하는 전략에 맞서 중국은 우선 한국을 자기들 편으로 끌어들여 한·미·일 3각 동맹을 무너뜨리겠다는 전략을 세운 것으로 보인다.

한국 외교는 지금 기로에 서 있다. 북한의 위협이 상존하는 현 시점에서 한미동맹을 포기할 수는 없다. 그렇다고 일본의 군사대국화를 인정하면서까지 한·미·일 3각 동맹을 추진하는 것도 쉽지 않을 것이다. 미국이 한·미·일 3각 동맹을 우리에게 강요하더라도 우리 국민들의 반일 감정이 이를 수용하지 못할 것이기 때문이다. 그렇다고 중국과의 반일 전선을 구축하기도 쉽지 않다. 왜냐하면 중국과의 반일전선 구축은 결국 미국이 구상하는 '리밸런싱'에 정면으로 도전하는 것이기 때문이다.

오바마 대통령이 4월 한국에 온다. 당초 예정에 없던 한국 방문이 성사되자 일부 언론에서는 한국 외교의 승리라고 한껏 치켜세웠다. 하지만 속사정을 들여다보면 마냥 좋아할 수만도 없다. 미국과 일본이 한발씩 양보한 만큼 우리는 이 두 나라에 뭔가의 선물을 줘야 한다. 그것이 무엇인지, 또 어느 정도의 선물을 줘야할지는 박근혜 정부가 풀어야 할 또 하나의 숙제다.

박근혜 정부는 오바마 정부의 외교정책이 '리밸런싱'에 기초하고 있다는 사실을 한시도 잊어서는 안 된다. 그리고 패권 쇠퇴기에 접어든 미국을 중심으로 매우 빠른 속도로 새로운 동북아 질서가 구축되고 있는 현실도 직시해야 할 것이다.

미국, 아시아로 회귀하는가

오바마 정부 시기 미중 간 주요 사건 일지

날짜	내용
2008년 11월 17일	경제적 빈곤과 높은 실업률로 인해 중국 간수 지역에서 2,000여 명의 폭동이 발생했다고 보고함.
2008년 11월 19일	중국 청두지역에서 수백 명의 택시기사 파업이 발생했고 그 수는 점점 더 증가함. 또한 미 식품의약국은 중국 식품과 의약품에 대한 검사를 강화함.
2008년 12월 5일	미중전략적경제회의가 중국에서 열림. 양국은 서비스, 에너지, 환경, 무역, 투자, 식량에 대한 강화된 협력에 합의함.
2009년 2월 15일 (~22일)	힐러리 클린턴 국무장관, 첫 해외순방지로 아시아를 선택함(일본, 인도네시아, 한국, 중국).
2009년 2월 20일	클린턴 국무장관 첫 공식 중국 방문. 금융위기, 기후변화 문제, 양국 간 안보 문제를 다루면서 인권 문제는 배제됨. 이에 언론이 배제 이유를 묻자 클린턴 장관은 양국이 지구적 문제를 논의하는 데 방해가 될 수 있는 인권, 대만, 티베트 문제를 배제했다고 함.
2009년 2월 27일	미 국방부, 베이징에서 열린 미중군사협의가 긍정적 결과를 도출했다고 발표함.
2009년 3월 4일	중국 대법원은 우유 회사가 수천 명의 아이들의 질병유발을 했다는 소송을 인정했다고 발표함(《엘에이타임스 *LA Times*》).
2009년 3월 5일	침체된 경제를 활성화시키기 위한 것을 의제로 베이징에서 중국인민의 회가 열림.
2009년 3월 9일	미 국방부, 남중국해에서 중국의 해정과 전투기가 미 해군의 감시활동에 저돌적으로 대응했다고 보고함. 미군 함정은 완벽하고 승리할 수 있다고 언급함. 이와 상관없이 중국 외교부장이 공식적으로 미국을 방문함.
2009년 3월 17일	미 언론인 2명 북한에 체포됨.
2009년 3월 25일	미 국방부, 중국 군사력에 대한 연차보고서를 발간함.

2009년 4월 1일	런던 G-20 정상회의 하루 전날에 오바마 대통령과 후진타오 주석은 미중 전략·경제대화S&ED 합의를 발표함. 미국은 클린턴 국무장관과 '티머시 가이트너 재무장관, 중국 측은 다이빙궈 국무위원과 왕치산 부총리가 공동의장을 함.
2009년 4월 5일	북한, 무수단리에서 은하2호(대포동2호) 로켓을 발사함.
2009년 5월 25일	북한 2번째 지하 핵실험 실시함.
2009년 9월 11일	미국, 중국 수출품 중 자동차와 소형트럭에 35퍼센트의 관세를 부과한다고 발표함.
2009년 9월 25일	대만은 위구르 협회장 레비야 카디르가 테러와 연계를 이유로 비자 발급을 거부함. 이에 대해 카디르는 대만이 더 이상 반중국적 행동을 하지 않는다고 언급함.
2009년 9월 26일	중국, 문화산업(영화, 출판, 연예, 온라인게임)에 대한 해외투자 규제를 완화한다고 발표함.
2009년 10월 1일	중화인민공화국, 건국 60주년 기념으로 최첨단 군사 퍼레이드를 벌임.
2009년 10월 4일	원자바오 총리, 선의goodwill를 기반으로 3일간 북한을 방문함.
2009년 10월 5일	달라이라마, 워싱턴에 도착했으나 오바마 대통령 접견에 실패함. 오바마 대통령과의 접견은 오바마 대통령의 11월 중국에서 시행되는 후진타오 주석과의 접견 이후로 연기함.
2009년 11월 15~18일	오바마 대통령, APEC 참석차 일본, 싱가포르, 중국, 한국을 잇따라 방문함. 이 순방의 목적은 크게 두 가지임. 첫째, 중국과의 관계 강화. 둘째, 동맹과의 관계 강화. 오바마 대통령의 첫 중국 공식 방문임.
2009년 12월 16~18일	미국과 중국은 코펜하겐기후변화회의에서 대립된 입장을 보임. 오바마 대통령은 18일 코펜하겐에 도착해 중국과 마라톤 협상을 벌였지만 성과를 얻지 못했음.
2010년 1월 21일	클린턴 장관은 미국의 인터넷 회사들을 대상으로 한 사이버테러에 대한 조사를 진행하는 과정에서 발생한 중국 당국의 감시감독에 대해 '인터넷의 자유'를 강조함.
2010년 1월 29일	미 의회, 대만에 64억 달러어치의 무기를 판매하기로 결정함. 중국, 강력히 비판하며 주중 미국대사를 불러 항의함.
2010년 2월 18일	오바마 대통령, 달라이라마와 비공식 접견함. 중국, 이를 비난하는 성명을 발표함.

미국, 아시아로 회귀하는가

2010년 3월 초	스타인버그와 베이더, 중국 방문. 중국은 자신들의 '주권'과 '핵심이익' 말하며 미국의 태도(대만 무기판매와 달라이라마 접견)에 항의함. 이에 대해 미국 대표들은 중국 경제정책에 오바마 대통령이 실망했다며 특히 위안화 평가절하로 미국이 연간 2천억 달러의 무역 손실을 입고 있다고 주장함.
2010년 3월 26일	천안함 폭침. 미국의 압력에도 불구하고 중국은 북한을 감싸는 듯한 태도를 보임.
2010년 4월 1일	후진타오 주석, 핵안보정상회의 참석차 미국 워싱턴 방문함. 미중 정상은 2시간 동안 회담을 가졌고 이 자리에서는 대만과 티베트 문제는 거론하지 않음. 그 대신 이란 문제와 미중경제협력이 집중적으로 다뤄졌음.
2010년 4월	가이트너 장관, 중국을 환율조작국으로 명시하라고 미 의원들로부터 항의를 받음. 그러나 가이트너는 G-20 정상회의 때까지 중국의 환율조작국 문제를 연기하겠다고 밝힘.
2010년 6월	미국과 인도네시아 국방장관, 안전보장대화, 군사훈련, 장비조달, 해양안전보장 등의 분야에서 협정을 체결함.
2010년 7월	중국 외교부장, 북한의 서해 도발에 대한 한미 합동군사훈련 계획에 대해 항의함.
2010년 7월	미국, 하노이에서 열린 아세안지역안보포럼ARF에서 남중국해 영유권 분쟁은 국제법으로 해결해야 하며, 미국은 항해의 자유가 있다고 언급함.
2010년 7월 22일	게이츠 미 국방장관, 인도네시아를 방문해 인도네시아 육군특수부대 코파수스에 대한 지원을 개시하겠다고 밝힘. 양국은 해양안전보장, 인도지원, 평화유지활동 등 3가지를 방위협력의 중점 분야로 삼았으며, 미국은 해상감시능력향상을 위해 레이더 등의 장비를 인도네시아에 제공하기로 함.
2010년 8월	미국, 베트남과의 군사협력 강화함. 하노이에서 차관급 국방정책대화 첫 개최함. 이후 매년 고위급 접촉이 이어져 옴.
2010년 9월	동중국해에서 벌어진 중국과 일본의 어업분쟁 이후, 중국은 동중국해를 중일 분쟁 지역으로 규정하고 미일 군사동맹이 이에 관여하려는 것에 대해 비판함. 이에 미국은 유감을 표명함.
2010년 9월 17일	미국과 인도네시아, 양국 외무장관을 의장으로 하는 포괄적 파트너십에 관한 공동위원회를 처음으로 개최함. 이 자리에서 미국은 인도네시아의 국방개혁을 지원하겠다고 재확인함.

2010년 10월 11일	게이츠 미 국방장관, 베트남 국립대학을 방문해 학생들을 상대로 '미국과 베트남 간의 협력증진 방안'이라는 주제로 연설함.
2010년 11월	오바마 대통령, 유년기를 보낸 인도네시아를 대통령으로서는 처음 방문함. 무역, 교육, 안전보장 등 광범위한 분야에서 양국 간의 협력을 확대하는 포괄적 파트너십 협정에 서명함.
2010년 11월 8일	미국과 호주, 외무국방장관회의(2+2회의)를 함. 호주 주둔 미군의 태세를 점검하는 작전회의 설치에 합의함.
2010년 11월 22일	북한, 우라늄 농축 프로그램을 공개함.
2010년 11월 23일	북한, 연평도 포격하여 4명이 사망함. 조지 워싱턴 호, 서해에서 한미 합동군사훈련을 실시함.
2010년 11월 말	중국, 북한의 우라늄 농축 프로그램 활동과 연평도 포격에 대한 비난의 강도를 줄이고, 북한 우라늄 농축 프로그램에 대한 UN의 제재조치를 막음. 또한 한미 합동군사훈련에 대해 항의함.
2011년 1월 9~11일	로버트 게이츠 미 국방부 장관, 중국을 방문함.
2011년 1월 18~21일	후진타오 주석, 미국을 국빈방문함.
2011년 2월 28일	중국, 자국 새우와 다이아몬드에 대한 미국의 반덤핑 조치에 대해 WTO에 소송을 제기함.
2011년 5월 9~10일	제3차 미중 전략·경제대회S&ED
2011년 5월 15~23일	중국인민해방군 총참모장 천빙더, 7년 만에 미국을 첫 방문함.
2011년 7월 9~13일	마이클 멀린 미 합동참모본부의장, 4년 만에 중국을 첫 방문함.
2011년 7월 16일	오바마 대통령, 중국의 반대에도 불구하고 달라이라마와 백악관에서 만남.
2011년 8월 17~21일	바이든 부통령, 중국을 방문함.
2011년 9월 20일	미국, 자국 육류 상품에 대한 중국의 반덤핑·상계관세 조치 시행에 대해 WTO에 소송을 제기함.
2011년 9월 21일	오바마 행정부는 145F-16A/B전투기 향상을 포함하여, 대만에 58억 달러어치의 무기를 판매하는 것에 관해 의회에 통지함. 중국 신화통신사는 이를 "국제관계에서 비열한 배신행위"라고 표현함. 그러나 중국은 2008년과 2010년 미국이 대만 무기판매 통지한 이후에도 미국과의 군사관계를 중단하지 않음.

미국, 아시아로 회귀하는가

2011년 10월 3일	중국은 미국 당국을 비난하는 시위자에 대한 강력한 탄압으로 시리아를 비난하는 UN 안전보장이사회 결의안에 거부권을 행사함으로써 러시아에 같은 입장 표명함.
2011년 10월 17~28일	미군, 필리핀과 수륙상륙작전 향상 위한 합동훈련을 실시함. 이에 대해 중국 언론은 미국이 난샤군도 주변 해역에 대한 세력의지를 보인 것이라고 논평함.
2011년 10월 23일	패네타 미 국방장관, 인도네시아 발리에서 ASEAN 10개국 국방장관 회담에서 "미국은 ASEAN 국가들과 협력강화를 원하며, 태평양 지역 국가로서 이 지역에 이해관계가 있는 만큼 동맹국 및 파트너에 대해 신의를 지킬 것"이라고 밝힘. 패네타 장관은 또 "아시아태평양 지역에서 영향력을 계속 유지할 것"이라고 덧붙임.
2011년 11월 12일	오바마 대통령, 하와이에서 열린 APEC에서 TPP에 대한 협정 개요를 발표함. 중국을 제외한 9개국이 TPP 협상에 참여함.
2011년 11월 16일	오바마 대통령과 길러드 호주 총리, 호주 주둔 미군의 확대에 정식으로 합의함.
2011년 11월 17일	오바마 대통령, 호주 의회에서 미국은 아시아의 국가라며 아시아태평양 지역에서 장기적으로 더 큰 역할을 맡겠다고 선언함. 이에 대해 길라드 호주 총리는 북부도시 다윈에 미 해병대 순환배치 계획을 발표함.
2011년 11월 19일	미국, 인도네시아 발리에서 열린 제6차 동아시아정상회의EAS에서 러시아와 함께 정식 회원국으로 가입함. 이 정상회의에서 오바마 대통령은 힐러리 국무장관에게 미얀마 방문을 요청했다고 발표함. 중국 신화통신은 "중국에 대한 미국의 의도가 협력을 위한 노력인지 견제의 시도인지 궁금하다"고 보도함.
2011년 11월 19일	오바마 대통령, 유도요노 인도네시아 대통령과 전략적 정치 안보 이슈를 논의한 뒤 공동 성명을 발표함. 핵심 내용은 미국의 F-16 전투기를 인도네시아에 공급한다는 것임.
2012년 1월 5일	미 국방부, 《2012 신국방전략지침》을 발표함. 미국은 중국과 이란의 'A2/AD' 전략에 대항할 새로운 방어 전략을 공개함.
2012년 1월 17일	미 국방부, 새로운 작전 개념인 '합동작전접근개념'을 발표함.
2012년 1월 27일	미국과 필리핀 정부, 제2차 양국 간 전략대화에서 역내 미군 전력증강 방안을 논의하기 위한 실무협의 진행함.
2012년 2월 4일	오바마 대통령, 연두교서에서 "중국과 같은 나라들에서의 불공정 무역 관행을 조사할 책임이 있는" 무역집행부서의 발족을 발표함.

2012년 2월 6일	왕리쥔 충칭 부시장 , 30시간 동안 청두 미영사관에 도피함. 청두 당비서 보시라이가 연루된 이 정치적 스캔들로 인해 보시라이는 청두 후임자로부터 제거되고, 강력한 25명 중국 공산당 정치국으로부터 정직됨.
2012년 4월 4일	미 해병대 제3원정군 제3사단 소속 폭스중대 소속 병력 200명, 호주 북부 다윈에 있는 로버트슨 기지에 도착함.
2012년 4월 5일	패네타 미 국방장관과 웅 엥 헨 싱가포르 국방장관, 워싱턴에서 회담을 갖고 공동성명을 발표함. 이 공동성명의 핵심은 아시아태평양 지역의 안정과 안보를 위해 미군의 주둔이 필요하고 양국 간 상호 방위협력을 더욱 강화해 나간다는 것임. 구체적으로 미국은 2016년까지 연안전투함 4척을 싱가포르에 순환배치하기로 합의함.
2012년 6월 2일	패네타 미 국방장관, 2020년까지 대서양과 태평양의 해군 함대 배치를 50 대 50에서 40 대 60으로 늘리겠다고 발표함.
2012년 6월 2일	패네타 미 국방장관과 가즈민 필리핀 국방장관, 제11차 아시아안보회의(샹그릴라 대화)에서 국방장관 회담을 가짐.
2012년 6월 3일	패네타 미 국방장관, 베트남 캄란 만에 정박 중인 미국 함정 방문함.
2012년 6월 3일	마틴 뎀프시 미 합동참모본부의장, 제시 델로사 필리핀 합동참모본부의장에게 "미군은 '재균형 방어 전략'에 따라 필리핀을 찾았다"고 말함.
2012년 6월 20일	미국과 베트남, 하노이에서 개최된 제5차 정치안보국방대화에서 대량살상무기 확산 억제 등 국제적인 현안에서 상호 협력을 확대하기로 합의함.
2012년 7월 18일	새뮤얼 로클리어 미 태평양군사령관, 필리핀을 찾아 아키노 대통령과 가즈민 국방장관 등을 만나 해양과 지역안보에 관한 이슈 등을 폭넓게 논의함.
2012년 9월 26일	마크 리퍼트 미 아시아태평양담당 차관보, 미국과 필리핀의 동맹이 아시아태평양 지역의 안보에 중요한 역할을 하고 있다며 양국 간 군사관계 계속 유지할 것 강조함.
2012년 11월 19일	오바마 대통령, 미국 대통령으로서는 처음으로 미얀마를 방문함. 양곤에서 테인 세인 대통령과 정상회담을 가진 오바마 대통령은 미얀마의 민주화 개혁을 높이 평가하면서 앞으로 2년간 1억 7,000만 달러를 지원하겠다고 약속함.
2013년 3월 20일	애시턴 카터 미 국방부 부장관, 2013년 3월 20일 '자카르타 국제국방회의'에 참석해 미국의 공군력을 2017년까지 아시아로 집중하겠다고 밝힘.

2013년 4월 1일	헤이글 미 국방장관, 리센룽 싱가포르 총리를 워싱턴에 초청하여 동중국해 영토 분쟁의 평화적 해결방안 모색과 연안전투함 4척의 순환배치를 허락해준 데 대해 감사를 표함.
2013년 4월 18일	싱가포르에 배치할 연안전투함 4척 가운데 1척인 프리덤USS Freedom 호, 2013년 3월 미국 샌디에이고 항을 출발해 싱가포르에 도착함.
2013년 5월	미국과 베트남, 불법조업 등 해상 위법 행위에 대한 단속 역량을 강화하기 위해 공동훈련에 나서는 등 해양 협력을 확대하기로 합의함.
2013년 5월 18일	세인 미얀마 대통령, 대한항공을 이용해 미국 워싱턴을 방문. 미얀마 국가 최고 지도자가 미국을 공식 방문한 것은 1966년 이후 47년 만에 처음임.
2013년 6월 16일	도 바 띠 베트남 국방차관 겸 총참모장, 마틴 뎀프시 미 합참의장의 초정으로 엿새 일정으로 미국 방문함.

2009~2012 미 의회조사국 미중관계 이슈 보고서 요약

1. 2009년 보고서

안보 영역	
남중국해 분쟁	• 2009년 3월, 미 국방부는 미국의 선박 임페커블USNS Impeccable 호와 빅토리어스USNS Victorious 호의 남중국해에서의 활동에 대해 중국 함선과 전투기들이 공격적인 방식으로 대응한다고 발표함 (긴급 정선 요구, 함선의 항로에 나무 조각들을 투하하는 행위 등). • 미국은 이들 선박이 1982년 UN해양법협약에서 규정하고 있는 배타적 경제수역EEZ에서 활동하고 있다며 중국의 행위를 비난함. 중국은 임페커블USNS Impeccable 호가 함선이며, 함선이 배타적 경제수역 내에서 활동하는 것은 해양법협약의 배타적 경제수역 단서조항을 위반하는 것이라 주장함.
중국의 군사력 확대	• 2009년 3월, 중국은 연중 국방비를 2008년 국방비 대비 14.9퍼센트 증액(700억 달러 규모)할 것을 발표함. • 미국의 군사 전략가들은 중국의 군사력 확대가 대만해협에서의 긴급상황과 미국과 같은 제3자의 접근을 막기 위한 능력을 키우는 데 초점을 맞춘 것이라고 분석함.
중국의 우주 활동	• 2007년 1월, 중국은 인공위성 파괴 시험에 성공함. 중국은 이미 2003년 10월에 선저우 5호 발사에 성공함으로써 세계 3번째 유인 우주선 발사국가로 등극한 바 있음. • 중국은 무인·유인우주선의 달 궤도 진입 및 착륙 프로젝트를 진행 중임. • 미국의 우주 전문가들은 중국의 우주 개발을 '대국'의 지위에 오르기 위한 포괄적인 정책 추진의 한 부분으로 봐야 한다고 지적함.
대만 문제	
미국의 대대만 무기수출	• 2008년 10월, 부시 행정부는 대만에 64억 달러 규모의 방어무기 및 서비스를 판매할 뜻을 밝힘. 이는 2008년 베이징 올림픽 전까지 대만에 대한 무기수출 중지 정책의 끝을 알리는 것임.
대만의 UN 옵저버 지위 획득 추진	• 2009년 중국은 대만의 UN(과 산하기구) 가입을 막아왔던 기존의 기조를 조정한 것이 확실해 보임. WHO는 2009년 1월에 대만이 국제건강규정IHR 회원국에 포함될 것임을 알리는 서한을 발송했으며, 같은 해 4월에는 2009 세계건강회의에 대만을 초청함.

대만의 UN 옵저버 지위 획득 추진	• 대만이 UN에서 '중화민국'이라는 국호로 정식 회원국 자격을 획득하는 문제는 미중 간의 중요한 외교 이슈 중 하나임. 미국은 대만이 UN 정식 회원국 자격을 갖는 것에 대해 부정적인 입장을 밝혔으나, 2009년 국무부는 "미국은 대만이 WHO에서의 의미 있는 활동을 오랫동안 지지해왔다"는 발언을 함.
중국과 대만 대화 재개	• 양안관계의 완화에 따라, 미중관계 역시 긍정적인 영향을 받음. • 마잉주 총통은 취임 전과 취임 직후 연설에서 '통일, 독립, 무력 사용'을 (추구)하지 않겠다는 3불 정책을 공약으로 내세움. • 양국은 2008~2009년 총 3회의 회담을 가졌으며, 후진타오는 양국 간의 적대관계를 공식적으로 종료하자는 맥락에서 '상호간 군사 및 안보 신뢰에 입각한 메커니즘과 군사관계'를 형성할 것을 제안함.
<div align="center">경제 이슈</div>	
중국산 타이어 수입	• 2009년 9월 11일, 미국 국제무역위원회(ITC)는 중국산 타이어에 대해 3년간 수입관세를 인상하기로 발표함. 이에 대해 중국은 WTO의 '분쟁해결에 대한 이해' 조항에 의거하여 미국과의 협의를 요청함.
글로벌 금융위기	• 2009년 1월, 원자바오 총리는 "우리가 미국 국채를 더 사들일 것인지 아닌지, 그리고 얼마나 사들일 것인지의 문제는 중국의 필요에 따라 결정되는 것"이라고 발언함. • 중국, 2009년 현재 5,860억 달러 규모의 경기부양패키지를 시행 중임. 이 패키지 시행으로 인해 미국 국채에 대한 투자금액을 환수할 것이라는 (미국의) 우려가 있음. • G-20에서 중국의 역할이 커짐에도 불구하고, 중국의 글로벌 금융정책은 아직도 불투명한 상태임.
위안화 절상	• 2009년 4월, 미 재무부는 국제 환율에 대한 보고서를 발표함. 재무부는 이 보고서에서 중국의 경제는 지나치게 수출 의존적이며, 국내 소비는 균형에서 다소 벗어난 상태이나 새로운 경기부양 패키지의 시행을 통한 내수 촉진 정책으로 다시 균형을 맞추려 하고 있다고 결론지음. 중국이 환율을 조작하고 있다는 내용은 이 보고서에서 빠져 있음. • 이는 3개월 전인 2009년 1월에 재무장관 가이트너가 중국을 환율조작국으로 지칭한 것을 고려해 볼 때 주목해 볼 부분임. • 그러나 미중 간의 환율분쟁은, 2009년 3월 중국이 위안화에 대한 22퍼센트 평가절상을 했음에도 불구하고 쉽게 가라앉지 않음.
불공정 무역 보조금	• 2008년 12월, 미국무역대표부(USTR)는 중국의 〈Famous Chinese〉 프로그램을 중국산 물품의 해외 수출을 촉진하기 위한 불공정 수출 보조금으로 보고 중국을 WTO에 제소함.

불공정 무역 보조금	• 2007년 3월, 미 상무부는 인쇄용지를 수출하는 2개의 중국 업체에 대해 상계관세 부과 예비 결정을 발표함. • 이러한 미국의 움직임은 중국의 무역 정책에 대한 단호한 대응 의지를 보여주는 행동이며, 중국의 수출로 인해 타격을 받는 다른 산업군(섬유, 철강, 플라스틱 등)에 대해서도 같은 조치를 취할 것임을 암시하는 행동임. 중국은 이에 대해 강력하게 반발함.
지적재산권	• 중국의 지적재산권 규정 불이행 문제는 미중 무역에 있어 가장 뜨거운 이슈임. • 2008년 4월, 미국무역대표부는 제약, 전자, 장난감 등을 포함한 중국산 위조상품 문제를 제기한 보고서 〈스페셜 301Special 301〉을 발표함. • 2007년, 미국무역대표부는 중국이 '무역 관련 지적재산권에 관한 협정TRIPs'을 준수하지 않고 있고, 미국산 상품에 대한 충분한 시장 접근을 허용하지 않고 있다며 WTO에 제소함.

기후 변화와 친환경 에너지 협력

• 미국 에너지부에 따르면, 중국의 탄소가스 배출량은 1980년에 비해 2003년에 2배가량 증가함. 중국은 이러한 사실을 인지하고 환경의 질을 높이기 위해 노력하겠다고 선언했으나, 급속한 경제발전으로 인한 환경오염의 정도를 따라가지 못함.

인권 이슈

위구르 봉기 (2009년 7월)	• 2009년 7월, 위구르인들이 반중 시위(위구르 족 차별 정책에 대한 항의에서 시작)를 벌이자 중국 정부는 공수부대와 전경을 투입하여 수천여 명의 시위대 체포하는 등 무력진압을 벌이고, 통행금지령을 선포하고, 인터넷을 제한함. • 시위의 확대를 우려한 후진타오 주석은 이탈리아 G-8 회의 참석을 취소함.
티베트	• 티베트 문제(티베트의 지위, 달라이라마와 티베트 망명정부의 정치적 지위, 티베트 문화와 종교에 대한 중국의 통제)는 미중관계에서 민감한 이슈 중 하나임. • 미국은 티베트가 중국의 일부분이라는 것은 인정해왔으나, 미 의회의 전폭적인 달라이라마 지지자들은 미국 정부가 티베트 문화를 보호해야 한다는 압력을 가함.
중국 인권	• 클린턴 국무장관, 2009년 2월 첫 중국 순방에서 미중관계의 핵심 3대 요소를 세계금융위기, 기후변화, 안보 이슈로 규정함. 이는 인권의 중요성을 낮게 평가했다는 논란을 불러일으킴.

미국, 아시아로 회귀하는가

중국 인권	**1. 종교의 자유** ● 중국은 종교에 대한 탄압을 계속하고 있으며, 중국 공산당이 위협적으로 인식하고 있는 파룬궁, 티베트 불교, 위구르 이슬람과 같은 종교집단에 대한 강도 높은 조치는 계속될 전망임. ● 미 국무부는 2008년 9월 발간된 《세계 종교 자유 보고서》에서 중국의 종교의 자유는 취약한 상태로 남아있다고 발표함. 중국 국가 종교사무국은 종교 집단들의 등록을 요구하고 있으며, 비등록 종교단체는 위법으로 규정해 규제함. **2. 산아제한 정책** ● 중국의 가족계획 프로그램에 대한 지원은 미국의 국내법에 의해 규제되고 있는 상황임. ● 중국은 1가족 1자녀 정책을 고수하고 있지만, 이 정책이 재고될 수 있는 징조가 보임. 중국 내에서도 출산의 자유를 요구하는 목소리가 높아짐.

* 출처: Dumbaugh(2009).

2. 2010년 보고서

안보 영역	
중국의 군비 확장	• 중국의 군비 확장, 남중국해에서 중국의 미군 전투기 및 함선에 대한 도발행위, 미국 군사기밀에 대한 중국의 스파이 행위, 사이버공격, 불량국가에 대한 중국의 지원. • 미국과 중국은 고위급 군사회담을 갖고 있으나, 소통과 신뢰의 부족으로 인해 서로에 대해 의구심을 가짐. • 미 국방부는 중국의 군비 확대가 대만에 장기적인 안보 위기를 초래할 것이며, 궁극적으로 아시아 지역에서의 미국의 군사력에도 영향을 줄 것으로 전망함. 중국은 필요한 경우 대만에 무력행사도 불사할 것이라고 밝히고 있으나, 동시에 국가안보전략은 기본적으로 수비적이라는 점을 강조함. • 미 태평양함대 사령관 로버트 윌라드는 "중국의 지도자들은 계속해서 중국의 군사력 증강이 수비를 목적으로 한다고 말하고 있지만, 군사 현대화의 범위, 이에 상응하는 훈련, 강력한 국력 투사 능력 배양, 그리고 중국 정부의 불투명성은 '화평굴기'의 구호를 의심스럽게 하고 있다"고 말함(2010년 1월).
사이버공격	• 2009년 12월 중국에 진출한 미국 기업들에 가해진 사이버공격은 양국 간의 의심, 미국 국가안보의 취약성, 자유무역, 미국의 지적재산권, 인권 등의 문제를 불러일으킴. • 구글은 중국 정부에 중국에서 철수하거나, 혹은 중국 정부의 지침을 불이행하겠다고 경고함. 이는 구글 인프라, G메일 계정 등에 가해진 사이버공격에 대한 항의 차원이었음. 공격을 주도한 세력은 중국을 기반으로 한 것으로 추정되며, 이들의 해킹 공격 목표는 중국인 인권운동가의 메일 계정과 '소스 코드'를 포함한 지적재산권으로 알려짐. • 오바마는 2009년 11월 상하이 방문에서 인터넷 접속에 대한 제한 철회와 검열 거부를 지지하겠다고 밝힘. 2010년 1월, 힐러리 클린턴은 해외에 진출한 미국 기업들에게 검열에 거부할 것을 촉구함. 또한 그녀는 2009년 12월에 발생한 사이버공격에 대한 철저한 조사를 할 것을 중국 정부에 촉구함. • 이에 대해 중국 외교부는 사이버공격의 연루를 부인하고, 구글을 포함한 외국계 기업은 중국의 법률과 규정을 준수하고 중국 인민들의 공공 이익과 중국의 문화와 관습을 존중해야 한다며 반박함. 2010년 2월, 중국 정부는 해커 양성소 웹페이지를 폐쇄하고 악성 프로그램을 유포한 이들을 체포함.

대만 문제	
양안 문제	• 대만 문제는 미중관계에 있어 가장 민감하고 복잡한 이슈 중 하나임. • 중국은 대만에 대해 계속해서 주권을 주장하고 있으며, 무력적으로든 평화적으로든 반드시 통일돼야 한다는 입장임. • 마잉주의 대만 총통 부임 이후 양안관계는 급진전됨. 대만은 1998년 10월 이후 단절된 양자대화를 부활시킴. 베이징에서 2008년 6월 열린 고위급 회담에서는 양국 간의 직항로 개설, 양국의 영토에 상설사무소 개설, 중국인의 대만여행 허용 등에 대한 합의가 이루어짐. • 중국과 대만의 경제적 연계는 심화되어, 양국은 분쟁 발생 시 야기될 인적·물적 손실에 대해 민감해지고 있음. 대만은 중국의 외국인 직접투자에서 3번째 비중을 차지하고 있으며, 중국은 대만의 최대 교역 파트너임.
미국의 대대만 무기 수출	• 미국의 대대만 무기판매는 미중관계에서 가장 큰 걸림돌로 작용함. 2008년 10월 부시 행정부는 대만에 방어 무기 및 서비스를 판매할 의향을 의회에 전달했으며, 2010년 1월 오바마는 추가적으로 무기를 판매하기로 결정함. 같은 달 30일 중국은 미국이 대만에 무기를 판매할 경우 양국 간의 군사 교류를 중단하고, 국제 안보에 대한 회담을 연기하고, 대만 무기판매에 관여된 기업에 보복조치를 가하겠다고 선언함.

경제 이슈	
위안화 절상	• 2005년에서 2008년 사이 중국이 위안화를 22퍼센트 절상했음에도 불구하고, 정책결정자들은 위안화가 여전히 20~40퍼센트 이상 평가절하돼 있다고 주장함. • 오바마 행정부는 중국을 환율조작국으로 규정하지는 않고 있으나, 오바마는 2010년 2월 무역 및 환율 이슈에 대해 강경한 입장을 보임. 이에 대해 중국은 위안화 환율이 국제 불균형의 원인이 아니며, 세계경제를 위해서는 안정적이고 점진적인 위안화 환율 조정이 필요하다고 주장함.
불공정 무역 관행	• 미국 고위 관료들과 산업계는 중국이 여러 부분에서 불공정 경쟁을 펼치고 있다고 주장함. 중국은 국내 기업에 대해 수출 보조금을 제공하고 해외 덤핑에 관여하고 있다는 의혹을 받음.
지적재산권	• 중국의 소프트웨어 무단복제율이 2004년 90퍼센트에서 2008년 80퍼센트로 떨어지기는 했으나, 여전히 불법 소프트웨어는 유통되고 있음. 산업계에 따르면, 소프트웨어 및 미디어의 해적행위로 인해 미국기업이 입는 손실은 연간 37억 달러 이상에 달함.

| 생산 안전 | • 중국에서 생산된 상품의 안전성에 대한 각종 위험성이 제기되고 있음(중국산 쥬얼리류에서 발암물질 발견 등). |

기후변화와 친환경 에너지 협력

- 중국의 급속한 경제발전은 세계의 환경과 에너지 공급에 영향을 미침(중국은 세계 2위의 석유 소비국 및 수입국, 이산화탄소 배출량 세계 1위).
- 중국의 지도자들은 현재의 추세로는 지속 가능한 발전이 어렵다고 보고, 환경의 질과 지속 가능한 에너지 사용에 대한 의지를 밝힌 바 있음. 그러나 중국의 경제성장이 계속되면서 절대적인 이산화탄소 배출량은 줄어들지 않고 있는 실정임. 또한 환경 규제 역시 부패한 지방정부에 대한 관리의 어려움으로 인해 정상적으로 이루어지지 않음.
- 2009년 제1차 미중전략경제회담S&ED에서 양국은 개발도상국과 선진국에 대해 어느 정도의 감축량을 요구할 것인지의 문제와 투명성 검증에 있어 합의에 이르지 못함.
- 몇몇 분석가들은 중국이 구속력을 갖는 국제 환경 조약을 거부한 것을 두고 오바마 외교정책에 대한 비난으로 보기도 함.

인권 이슈

| 중국 인권 | • 인권 문제는 1989년 천안문 사태 이후부터 중국과의 관계에 있어 미국의 핵심 영역임.
• 2009년 2월, 첫 중국 방문에서 힐러리는 "대만, 티베트, 중국의 인권 문제는 세계금융위기, 환경, 안보 위기에 대한 양국 공동의 노력을 방해할 수 없다"고 발언함. 2009년 12월 클린턴은 오바마 정부의 대중 인권정책을 "원칙적인 실용주의"로 묘사함. 이 정책은, 강경하지만 조용한 외교는 양국 간의 전체적 관계에 있어서는 덜 위협적이고, (인권 정책의) 변화를 이끌어내는 데는 더 효율적이라는 가정에 기반을 둔 것임.
• 그러나 오바마 행정부는 중국에 인권 문제에 대한 공개적·비공개적 압력을 계속해서 가하고 있으며, 중국에서의 법치 강화와 시민사회의 발전을 위한 지원을 계속함.
• 미국은 2009년 12월 류샤오보의 재판을 비난했으며, 2010년 1월 힐러리 클린턴은 인터넷에 대한 중국 정부의 정치적 자유 제한을 비난함. 미 의회는 중국 지도부에 정치범의 석방, 파룬궁 탄압의 중지, 소수인종에 대한 권리 보장, 티베트의 권리 보장 등을 요구함.
• 2009년 4월 중국은 2개년 행동 계획을 통해 인권 증진(농부들의 토지 권리, 고문으로부터의 자유, 공정한 사법 절차, 시민의 정치참여 확대 등)을 약속했으나, 효과에 대해서는 부정적인 시선도 존재함.
• 중국의 권력 견제 제도는 미약함. 중국 지도부는 (공산당으로부터) 독자적인 정치 활동과 도전에 대해 매우 민감하게 반응함. 인권변호사, 사회 조직, 인터넷 사용에 대한 강력한 제제조치를 취함. |

티베트	• 오바마 대통령은 중국 정부의 반대에도 불구하고 2010년 2월 달라이라마와 '긍정적이나 낮은 수준의' 회담을 가짐. 오바마 행정부는 2009년 9월 달라이라마와의 회담을 연기한 바 있음. • 2010년 1월, 중국 정부는 티베트 워크 심포지엄Tibet Work Symposium 을 2003년 이후 처음으로 개최함. 분석가들에 따르면, 이 심포지엄 은 티베트에서의 소요사태는 중국 정부의 티베트 정책 실패에서 기 인했다는 것을 인정하는 것으로 볼 수 있음. 심포지엄의 결과로, 티 베트인들과 타인종 간의 경제적 격차를 줄이기 위한 수정된 경제 발 전 계획이 도출됨. 그러나 중국의 지도부는 티베트의 자치권, 종교 의 자유, 인종 정체성 등의 이슈는 언급하지 않은 것으로 보임. • 중국 정부는 2010년 1월 달라이라마의 특사와 회담을 갖기도 함. 그러나 중국 정부는 여전히 달라이라마를 분리주의자로 규정함.

* 출처: Lum(2010).

3. 2011년 보고서

안보 영역	
중국의 군사 현대화	• 중국 인민해방군은 지속적으로 급속한 군사 현대화를 추진해옴. 국 방부가 미 의회에 제출한 2010년 보고서에 따르면, 중국의 국방비는 2000년부터 2009년까지 연평균 11.8퍼센트 증액되어 왔음. 2011년 에는 전년 대비 12.7퍼센트 증액된 국방예산을 발표함. • 분석가들은 이러한 중국의 군비 증강을 중국의 영토 이익을 넘어선 미션에 대한 투사력을 높이기 위한 것으로 봄. 국방부는 중국의 UN 평화유지 활동 참여를 긍정적으로 평가하나, 'A2/AD' 전략을 추진 할 수 있는 역량 강화에는 우려를 표명함.
군사 관계	• 미중관계에서 군사협력은 가장 미진한 부분 중 하나임. • 중국은 미국에 있어 종종 의지가 없는 파트너였음. 오바마와 후진타 오가 좀 더 지속적이고 신뢰할 수 있는 군사관계를 위해 건설적인 단계를 밟아나가자고 합의했고, 이 합의가 2011년 공동성명에서 재 확인되었음에도 불구하고, 중국은 계속해서 양국 간의 군사관계를 미국의 대대만 무기판매와 연계하고 있음. • 2010년 9월, 양국은 미국의 대대만 무기판매로 연기된 군사 교류를 재개하기로 합의하고, 2010년 12월 제11차 미중 국방협의대화 Defense Consultative Talks를 개최함.
해양 분쟁	1. 중국의 배타적 경제수역 내에서의 미국 군사 작전 • 미국과 중국은 중국 근해에서의 미 군함과 전투기 훈련의 적법성에 대해 이견을 보이고 있음. 미국은 UN해양법협약을 평화적인 감시 활동 및 여타의 군사 활동을 해당 국가의 허가 없이 실시할 수 있는 것으로 해석함. 반면, 중국은 해당 조약을 자국의 배타적 경제수역 에서의 타국의 군사 활동의 제한을 허용하는 것으로 해석함. • 2001년과 2009년 중국이 자국 배타적 경제수역에서의 미국 군사 활 동을 저지하면서 군사적 충돌 위기를 맞기도 했으며, 2010년 중국은 황해에서의 한미 연합 해상훈련을 반대하며 자국의 배타적 경제수역 에서 타국이 군사 활동을 벌이는 데 대한 반대 입장을 재확인함. 2. 남중국해 • 중국은 남중국해의 4개 군도(남사, 서사, 동사, 중사)에 대한 영유권을 주장함. 그러나 해당 지역에 대해서 브루나이, 인도네시아, 말레이 시아, 필리핀, 베트남, 대만 역시 영유권을 주장함. • 해양 분쟁에 대한 중국 정부의 공식 정책은 영유권 이슈를 제쳐두고 해당 국가들과의 공동 발전을 추구하는 것이지만, 군사력과 경제력 이 성장함에 따라 중국은 남중국해에서 자국의 영유권을 강력하게 주장함.

해양 분쟁	• 이에 대해 미국은 국가 이익은 남중국해에서의 항해의 자유와 국제법의 준수에 있다고 선언함(힐러리 클린턴, 2010년 7월). 더 나아가, 미국은 영토 분쟁 당사자들에 대한 어떠한 무력 사용에도 반대한다고 선언함. • 중국은 이에 대해 중국에 대한 사실상의 공격이라고 비난하며, 남중국해 문제를 국제적 이슈로 만들지 말라고 미국에 경고함. 3. 동중국해 • 동중국해에서 중국은 일본 및 대만과 영토 분쟁 중에 있음(댜오위다오(대만명 댜오위타이, 일본명 센카쿠)).
핵확산금지	• 중국은 이란과 북한의 핵개발에 대한 UN의 제재조치에 찬성함. 2010년 연평도 포격 당시 UN의 제재에는 반대했으나, 2011년 미중 공동성명을 통해 포괄적 핵실험 금지조약의 발표와 무기용 핵분열 물질 생산금지조약 협상 개시를 위해 공동으로 노력할 것을 선언함. 1. 이란 • 이란에 대한 제재안을 두고 미국·유럽사회와 중국·러시아는 의견 차를 보임. 2010년 6월 이란에 대한 결의안 1929호에서 중국과 러시아는 미국과 유럽사회가 제안한 수준보다 낮은 단계의 제재조치를 이끌어내는 데 성공함. • 결의안 1929호 채택 이후, 미국은 중국으로 하여금 이란의 에너지와 금융 분야에 대한 제재조치를 취하도록 유도함. 그러나 중국은 이란에 대한 직접적인 제재조치를 거부함. • CIA는 2010년 중국은 지속적으로 이란, 시리아, 파키스탄을 포함한 여러 국가에 미사일과 관련된 제품을 공급하고 있다는 내용의 보고서를 발표하기도 함. 2. 북한 • 미국은 북한이 한국과의 관계를 개선하고 비핵화로 향할 수 있도록 북한과의 관계에서 중국이 레버리지의 역할을 해주기를 기대함. 또한 미국은 중국이 북한에 대한 UN 제재조치의 적용을 강화할 것을 촉구함. • 미국은 북한의 도발 행위에 대응하여 북한을 고립하려고 시도함. 그러나 중국은 김정일의 중국 방문을 2차례 주선하고 공산당 고위간부를 북한에 파견하는 등 북한에 대한 개입을 강화함. 중국은 천안함 사건, 우라늄 농축 시설 공개, 연평도 포격 등에 대한 국제사회의 비난으로부터 북한의 방패막이 역할을 함.

핵확산금지	• 2011년 1월 후진타오의 미국 국빈방문은 미국과 중국 사이의 이견을 좁힐 수 있는 가교 역할을 함. 정상회담 후 발표된 공동성명에서 중국은 처음으로 북한의 핵무기 개발 프로그램에 대해 우려를 표명함. 또한 남북한 관계의 개선을 강조하는 미국의 입장에 동조했으며, 북한이 2005년 6자회담의 9.19 공동성명을 충실히 이행할 것을 촉구함. • 중국의 탈북자 문제도 미중관계의 민감한 이슈 중 하나임. 중국은 탈북자를 난민보다는 경제적 이민자로 보고 있으며, UN 난민고등판무관의 탈북자 접견을 거부하고 있음. 중국의 공식 탈북자 정책은 북한으로의 재송환임.

대만 문제

양안 문제	• 1972년 상하이공동성명 이후, 미국은 대만이 중국 영토의 일부분임을 선언함. 또한 양안 문제의 평화적인 해결은 중국인 스스로에 맡길 것을 선언함. 1982년 레이건 행정부는 대만 정부에 6대 보장(미국은 대만과 중국 사이에서 중재의 역할을 맡지 않을 것이나, 대만으로 하여금 중국과의 협상에 나설 것을 압박하지도 않을 것이며, 대만에 무기를 판매하기 전 중국과의 협의를 갖지 않을 것을 골자로 함)을 전달함. • 미국은 지속적으로 대만의 독립을 지원하지 않을 뜻을 중국에 전달해왔으나, 중국과의 분쟁에서 대만을 지킬 것인지의 입장은 불확실했음. 이러한 불확실한 입장은 중국이 대만에 무력을 행사하는 것을 막고, 대만이 중국을 불필요하게 자극하는 것 역시 막기 위한 것임. • 미국은 대만 마잉주 총통 취임 이후 양안관계가 개선되고 있는 것을 환영함. • 중국과 대만은 더 나아가, 2010년 6월 경제협력기본협정ECFA을 체결하여 양안 간의 무역 및 투자 장벽을 제거했음. 미국은 이 협정에 대해서도 환영의 뜻을 보임.
미국의 대대만 무기수출	• 그러나 미국의 대대만 무기 수출은 미중관계에 있어 가장 민감한 문제임. 중국은 미국의 무기판매가 대만의 독립을 주장하는 이들의 세력을 키워 결과적으로 역내 안정을 해칠 것이라고 주장함. 중국은 미국이 계속해서 무기를 판매하는 것은 1982년 공동성명에 대한 배신이라고 비난함. • 미국 정부는 대만에 대한 미국의 무기판매가 양안관계의 안정을 가져올 것이라고 주장하고, 대만관계법에 규정된 의무를 제시하며 대만의 자기방어능력 유지를 위해서 무기판매는 필요한 것이라고 주장함. • 2010년 1월, 오바마는 대만에 64억 달러 규모의 무기 패키지를 판매할 것을 의회에 통보했고, 중국은 항의의 뜻으로 미중 군사관계의 유예를 선언함.

글로벌 재균형	• G-20 정상들의 초점은 이제 미국과 중국의 주도적인 행동을 요구하는 글로벌 경제의 근본적인 재건축 필요성으로 옮겨가 있음 • 미국은 세계 최대의 무역적자에 빠져 있고 중국은 세계 최대의 무역 흑자를 유지하는데, 이러한 불균형이 글로벌 경제를 건강하지 못하게 할 것이라는 우려가 있음. 미국은 저축을 늘리고 소비를 감소해야 하고, 중국은 수출에 대한 의존을 줄이고 내수 투자와 소비를 늘려야 함. • 중국은 국내 소비를 촉진할 뜻을 계속해서 밝히고 있음. 중국은 장기 부채를 감축하는 데 실패한 미국에 있어 결정적인 변수임.
중국의 환율 정책	• 위안화 평가절상 문제는 2010년 미중관계의 핫이슈임. 2005년에서 2008년까지 중국은 위안화 환율을 21퍼센트 절상했으나, 이후 시장에 개입하여 환율을 유지함(21퍼센트 절상에도 불구하고, 위안화 환율은 아직도 저평가되었다는 것이 전문가들의 진단). • 미국 재무부는 중국의 위안화 추가 절상이 미국 일자리의 해외 유출을 막고, 미국 상품과 서비스가 글로벌 시장에서 좀 더 경쟁력을 갖게 할 수 있을 뿐만 아니라, 중국의 인플레이션 속도를 낮추고 자산 가격의 폭등을 막을 수 있다고 주장하고 있음. • 중국 관료들은 중국의 환율 정책이 미국의 글로벌 불균형의 원인이라는 주장을 부정하고, 미국이 자신들의 경쟁력 하락에 대한 희생양으로 중국을 선택했다고 주장함. • 2010년 6월 중국 인민은행은 연간 6퍼센트로 위안화의 절상을 허용함. 그러나 미국은 중국이 위안화 절상을 좀 더 빠른 속도로 진행할 것을 요구하고 있음.
무역 적자	• 미국과 중국의 무역량은 획기적으로 증가하고 있으나, 미국의 대중 무역 적자폭 역시 빠르게 치솟고 있음. 2010년 현재 미국의 대중 무역적자액은 2,730억 달러 규모임. • 미국의 분석가들은 이러한 미중 무역 불균형이 중국의 불공정 무역 관행에서 비롯된 것이라고 주장함. 반면 중국의 관리들은 무역 적자가 미국의 선진기술 이전 통제에서 기인한 것이라고 반박함. 또한 중국의 대미 수출량의 급격한 증가는 다른 국가에서 중국으로 생산 체인이 이전하는 것을 보여주는 것이며, '중국산'으로 집계되는 수많은 제품이 사실은 다양한 국가에서 수입된 부품을 조립해 만들어지고 있다고 주장함.
중국의 미국 국채 보유	• 중국은 미국 국채의 최대 보유국임(2010년 12월 현재 1조 1,600억 달러, 해외 미국 국채 보유의 약 26퍼센트를 차지).

중국의 미국 국채 보유	• 일부 분석가들은 중국이 이를 무기로 미국 경제를 불안정하게 할 수 있을 것이라고 주장함. 그러나 경제학자들은 중국의 금융시스템은 해외 통화의 중국 내 유통을 허용하지 않으며, 이는 중국이 막대한 무역수지 흑자를 이를 수용할 수 있는 유일한 시장인 미국에 투자하는 방법 외에는 대안이 없음을 뜻하는 것이라고 주장함.
중국의 WTO 체제 순응	• 오바마 행정부는 출범 이후 총 4건의 사안에 대해서 중국을 WTO에 제소함. 4건의 사안은 풍력에너지 분야에서의 중국의 수입대체 보조금 지급, 미국산 전자 강판에 대한 반덤핑·상계관세 부과, 철강·알루미늄·화학 영역에서 이용되는 원자재에 대한 수출 제한과 관련된 것임. • 중국은 오바마 행정부 출범 이후 총 3건에 대해 미국을 WTO에 제소함. 3건의 사안은 중국산 가금류에 대한 수입 통제, 자동차 타이어에 대한 특별세이프가드 관세 부과, 중국산 새우에 대한 반덤핑 관세 부과와 관련된 것임.
중국의 자주혁신 상품 인증 정책	• 중국에 진출한 미국 기업들은 해외 기업의 중국 시장 접근을 제한하고 중국 국내 산업을 증진하기 위한 목적으로 보이는 중국의 산업 정책에 대해 강한 우려를 표명함. 해당 정책은 중국의 정부조달시장에서 중국기업 제품에 특혜를 주는 항목과, 해외 기업이 중국 기업에 기술을 이전하도록 강제하는 데 이용될 수 있는 새로운 반독점법을 포함함. • 2010년 12월에 열린 미중통상공동위원회 회의에서, 중국은 미국 측의 우려를 받아들여 중국이 WTO 정부조달협정에 가입할 수 있도록 개정된 가입 신청을 할 것과 해외 기업에 대한 차별을 하지 않을 것을 약속함.
중국의 지적재산권	• 미국무역대표부는 중국을 지적재산권에 대한 침해 정도가 가장 높은 국가들이 대상으로 올라 있는 최우선 감시국가로 설정함.
중국산 상품의 안전 문제	• 미국 소비자안전위원회와 식품의약국에 중국산 물품에 대한 항의가 홍수처럼 밀려듦. 발암물질을 포함하거나 안전 규정에 미달하는 중국산 상품이 문제가 됨.

기후변화와 친환경 에너지 협력

• 오바마 행정부는 기후변화에 공동으로 대처하기 위해 중국과 협력을 강화하기를 희망하고 있으나, 세계 기후변화 협상에 있어 양국은 입장 차이를 보임. 중국은 기후변화에 대한 책임과 가스 배출에 대한 감축 의무는 선진국이 져야 하고, 개발도상국들은 이를 자발적으로 시행해야 한다고 주장함.

• 미국은 다른 주요 가스 배출국에 배출량 규제가 적용되지 않을 경우(특별히 중국) 미국 역시 법률적 구속을 받지 않겠다는 뜻을 과거 수차례 밝혀 왔음. 오바마 행정부 역시 같은 입장임.

- 이러한 입장 차이는 2009년 12월에 열린 코펜하겐기후변화회의에서 다시 한 번 나타남. 원자바오 총리는 브라질, 인도, 남아프리카의 정상들과 연대해 중국과 기타 개발도상국들은 온실가스 감축에 있어 개발도상국과 선진국 간의 균형적인 의무를 요구함. 미국은 2020년까지 2005년 배출량에서 17퍼센트 범위에서 감축하겠다고 밝혔으나, 중국은 절대적 감축량이 아닌 탄소집중도(국민 1인당 이산화탄소 배출량) 기준으로 40~45퍼센트 감축을 요구함. 최종 협상에서 오바마와 중국은 '국제 협의와 분석international consulation and analysis'으로 알려진 검증 방식에 의해 감축이 이루어지는 원칙에 합의함.
- 2010년 12월, 칸쿤에서 열린 UN기후변화회의에서 중국은 탄소 배출국이면 개발도상국이든 선진국이든 상관없이 최소 4년 주기로 UN에 보고서와 배출량을 보고한다는 안에 동의함.
- 중국은 교토의정서의 연장을 추진하고 있으며, 미국은 교토의정서에 서명하지 않은 유일한 선진국임.
- 중국은 미국과 협력해 친환경 에너지 기술의 개발 및 발전을 통한 국가경쟁력 증진에 큰 관심을 보임.
- 중국은 저탄소 산업에 대한 투자를 이끌고 있으며, 태양전지판과 같은 녹색에너지 기술에서는 최대 생산국이 되었음. 그러나 전문가들은 기술 분야에 있어 미국과 중국의 격차는 많이 벌어져 있다고 평가함.

인권 이슈	
류샤오보	- 중국은 정치범으로 투옥된 류샤오보와 그 가족들의 노르웨이 출국을 금지했으며, 몇몇 외국 정부에 노벨평화상 수상식장에 정부 관리 파견을 자제할 것을 요청함.
티베트	- 2009, 2010년 보고서 참고.
신장 위구르	- 2009, 2010년 보고서 참고.
개발도상국에 대한 중국 개입	- 중국은 정치적·문화적 영향력을 확대하고, 에너지·광물 자원과 시장을 확보하기 위한 시도의 일환으로 아프리카, 중앙아메리카, 라틴아메리카, 동남아시아, 태평양 등지의 국가들에 관리 교환, 경제 지원, 차관 지원, 투자, 지역기구 참여, 중국어 및 문화 프로그램 지원 등을 통해 개입을 확대함. - 전문가들은 중국의 대외 경제 지원 및 투자가 앙골라, 수단, 버마, 캄보디아, 피지 등의 국가에서 미국과 서방국가들이 벌이는 인권탄압 방지 및 민주주의 확산 노력에 걸림돌이 될 것이라고 우려함.

* 출처: Lawrence(2011).

4. 2012년 보고서

안보 영역	
중국의 군사 현대화	• 2009, 2010, 2011년 보고서 참고.
남중국·동중국해 EEZ 분쟁	• 2009, 2010, 2011년 보고서 참고.
아시아태평양 지역에 대한 미국의 전략적 재균형	• 2011년 가을, 오바마 행정부는 이라크와 아프가니스탄에서의 철군을 발표하며, 미국은 관심을 아시아태평양 지역의 무한한 잠재력으로 옮길 것이라고 선언함. • 아시아로의 회귀, 혹은 재균형은 2012년 1월에 발표된 국방전략지침에 등장함. 많은 분석가들은 이를 중국의 부상에 대한 미국의 대응으로 파악함. • 지침에 따르면, 미국은 일본, 한국, 호주, 필리핀, 태국과의 동맹관계 강화를 통해 공동의 이익을 지켜내기 위한 집단 역량과 능력을 확고히 하고자 함. • 또한 지침은 미국은 인도와의 장기적 전략 파트너십 구축을 위해 투자하고 있으며, 미국은 인도가 지역적 경제의 주춧돌이자 인도양의 안보 제공자로서의 역할을 할 수 있도록 능력 배양을 지원할 것이라고 밝힘. 중국의 'A2/AD' 전략에 대해서는, 미국은 계속해서 지역적 접근을 유지할 수 있는 능력을 확보하고, 안보조약에 명시된 미국의 의무를 수행하고 국제법을 준수하며 작전을 펼칠 수 있게끔 계속해서 필요한 투자를 해나갈 것이라고 밝힘. • 미국의 재균형 정책에서 가장 중요한 질문은, 재균형이 아시아태평양 지역의 안정을 제고할 수 있느냐, 혹은 안정을 해치게 될 것이냐 하는 여부임. • 2012년 6월에 발표된 국방수권법에 의한 평가 보고서는 국방부가 전력 태세 계획force posture planning을 넘어서는 정교한 전략을 가지고 있지 않다고 비판함. 평가 보고서는 아시아 지역에서 미국 전략의 제1순위는 중국과의 분쟁에 대비하는 것이 아니라, 중국과의 분쟁이 절대 필요하지 않을 환경을 조성하는 것이라고 밝히고 있음. 이를 위해서는, 미국이 설득과 포기 종용의 균형적인 조합을 유지하는 것이 필수적이라는 결론지음. • 시진핑 부주석은 "중국은 아시아태평양 지역에서 평화, 안정, 번영을 증진하기 위한 미국의 역할을 환영하며, 미국이 중국과 다른 국가들의 이익과 우려를 존중하기를 바란다"고 발언함. 그러나 2012년 7월의 기사에 따르면, 중국의 외교 관리들은 미국의 진정한 동기가 무엇인지, 미국의 의도가 무엇인지를 확신시킬 것을 요구함.

아시아태평양 지역에 대한 미국의 전략적 재균형	• 이들 관리들에 의하면, 아시아에서 미국이 동맹을 강화하고, 미사일방어체제를 정교화하고, 해전 구상(A2 환경)에서 미 해군과 공군 전력의 효율성을 증대시키는 것으로, 중국이 추진하는 것과 유사)을 하고, 중국과 인접국 간의 분쟁에 개입하려 한다는 의혹 등이 중국이 우려하는 부분임. • 중국 언론은 호주 다윈에 미 해병 파병, 남중국해의 중국 라이벌(베트남, 필리핀, 인도, 싱가포르)에 대한 안보 협력 등을 주시하고 있음. 미국의 재균형이 중국을 봉쇄하고, 중국이 대국의 반열에 오르는 것을 저지하기 위한 것이라는 중국 미디어 논평도 있음.
사이버 간첩	• 2010년 보고서 참고.
이란의 핵 프로그램 저지를 위한 미-중 협력	• 배경은 2011년 보고서 참고. • 2012년 7월, 미국 정부는 이란의 핵개발 프로그램에 참여한 중국 기업에 대한 제재조치를 단행함. 중국은 미국의 이러한 움직임에 거세게 항의하며 이란과의 경제협력관계를 보호하고자 함.
북한 관리를 위한 미중 협력	• 배경은 2011년 보고서 참고. • 2012년 4월, 중국은 북한의 대륙간탄도미사일 시험을 강력하게 규탄하는 의장성명에 찬성함(결의안에는 동의하지 않음). • 중국은 북한의 핵실험을 규탄하고 제재조치를 하는 내용의 2006년 UN 결의안 1718과 북한의 2차 핵실험을 규탄하고 제재를 확장하는 2009년 UN 결의안 1874에 대해 지지 입장을 밝힘. • 중국은 2010년의 천안함·연평도 포격 당시에는 북한의 방패막이 역할을 하기도 했으나, 2011년 12월 김정일의 죽음과 김정은의 승계 이후 북중관계는 변화함. 북한은 2012년 미사일 시험에 대한 중국의 경고를 무시하고, 5월에는 북한 해군이 중국 어선을 나포하면서 중국 내 반발 기류를 만듦. 그럼에도 불구하고 중국은 급격한 정세 변화를 막기 위해 북한에 물질적인 지원을 계속 할 것으로 보임.
대만 문제	
양안 문제	• 2009, 2010, 2011년 보고서 참고.
미국의 대 대만 무기수출	• 2009, 2010, 2011년 보고서 참고. • 2011년 10월, 오바마 행정부는 의회에 F-16 A/B 기종의 업그레이드, 파일럿 훈련 프로그램 등을 포함한 58억 5천만 달러 규모 무기 패키지의 대만 판매를 통보함. 이전까지 중국은 이러한 사안이 있을 때마다 미국과의 군사 교류를 중단했으나, 이번에는 그러한 조치를 취하지 않음. • 중국은 미국이 대만에 F-16 C/D 기종을 판매하는 것에 강력하게 반대함. 해당 기종은 공격용 기종으로, 이를 판매하는 것은 1982년 공동성명을 위배한다는 게 그 이유임. • 2012년 4월, 상원의원 존 코닌에게 보내는 서한에서 오바마 행정부는 대만에 F-16 C/D 기종을 판매하는 것에 대해 심각하게 고려해볼 것이라고 밝힘. 그러나 추가적인 입장 발표는 하지 않음.

경제 이슈	
글로벌 rebalancing과 중국의 제12차 5개년 계획	• 중국은 2011년부터 2015년까지의 제12차 5개년계획을 발표함. 이 계획은 GDP 대비 국내소비의 촉진, 중국 노동자의 임금 인상, 중국의 사회보장제도 확충 등의 내용을 담고 있음. 5개년 계획에서 나타난 7대 핵심 영역은 다음과 같음. – 원자력, 풍력, 태양력을 포함한 새로운 에너지 – 에너지 보전 및 환경 보호 – 희토류와 최신 반도체 등 새로운 물질 – 브로드밴드 네트워크, 인터넷 보안 인프라 등 새로운 정보기술 – 우주 항공, 통신 등 최신 장비 생산 – 친환경 에너지 자동차 • 2012년 2월, 중국의 싱크탱크인 발전연구센터와 세계은행은 공동으로 《China 2030》을 발표. 이 보고서는 제12차 5개년계획의 토대가 되는 중국 경제의 근본적인 재조정에 대한 청사진을 담고 있음. 이 보고서의 6대 핵심 권고사항은 다음과 같음. – 중국 경제에서 정부의 역할 변화 – 세계 일류급 대학과 창조 도시의 개발을 통한 혁신 촉진 – 녹색 개발 장려 – 농촌 인구에 대한 사회 서비스 향상 – 지방정부 단계에서의 문제를 해결하기 위한 회계시스템의 강화 – 글로벌 경제에서 적극적인 주주가 되며, 다자적 제도와 프레임워크를 적극적으로 활용하며, 글로벌 거버넌스 의제를 형성
무역 적자	• 2011년 보고서 참고. • 2011년 현재 미국의 무역적자액은 2,950억 달러 규모임.
중국의 자주혁신정책	• 2011년 보고서 참고.
지적재산권	• 2011년 보고서 참고.
통화정책	• 2011년 보고서 참고.
중국의 미국 국채 보유	• 2011년 보고서 참고.
중국의 WTO 체제 순응	• 2011년 12월, 미국무역대표부는 '중국의 WTO 이행에 관한 의회제출 보고서'에서 지적재산권, 산업정책(과도한 보조금 포함), 국내적 혁신을 촉진하기 위한 외국기업에 대한 차별정책, 원자재의 수출 제한, 중국 농업시장의 불투명성, 중국 서비스 시장에 진출하려는 미국 기업에 적용되는 차별적 규제 조건 등에 대한 우려를 표명함. • 미국은 타이어에 대한 WTO 제소건과 중국의 원자재 수출제한에 대한 제소건에서 승소함(2011년 보고서 참고). 중국은 중국산 상품에 적용되던 반덤핑·상계관세에 대한 제소건에서 승소함.

기후 변화와 친환경 에너지 협력
• 11년 CRS 참고.

인권 이슈	
중국 인권보고서	• 2012년 5월, 미 국무부는 인권 운동가에 대한 억압과 탄압에 대한 미국의 우려를 강조한 중국 인권보고서를 발표함. 해당 보고서는 중국 내 인권운동에 가해지는 집회, 종교, 여행의 자유 제한, 자택 연금, 직장 강제 폐쇄, 언론의 자유 및 언론 보도에 대한 제한 강화, 신장 위구르 및 티베트 지역에 대한 중국 정부의 탄압 등을 강조함.
인권문제에 관한 대화	• 미중 간의 인권대화는 2008년 6년 만에 재개됨. 가장 최근에 열린 대화는 2013년 7월 대화임. • 미중 법률전문가대화는 2011년 6월 6년 만에 재개. 가장 최근에 열린 대화는 2012년 4월 대화임. 다음 대화는 2013년 미국에서 열릴 예정(확인 후 수정).
정치범 (Political Prisoners)	• 샌프란시스코를 기반으로 하고 있는 인권단체 두이화(Dui Hua)는 최근 정치·종교적 이유로 구금되어 있는 중국인 5,034명의 사례를 발표함. 공산당의 일당 독재에 대한 반대자, 종교 활동가, 소수인종 운동가 및 독립 운동 가담자 등이 포함됨.
티베트	• 2009, 2010, 2011년 보고서 참고.
위구르	• 2009, 2010, 2011년 보고서 참고.

* 출처: Lawrence and MacDonald(2012).

주석

1 2013년 3월 5일 중국 전국인민대표에서 발표된 2013년도 국방예산은 1,190억 달러
다. 2011년 915억 달러, 2012년 1,060억 달러에 이어 3년 연속 국방비를 10퍼센트
증가했다.

2 리버설은 클린턴 정부 시절 국가안보위원회 선임국장과 국가안전보장 특별보좌관을
역임한 뒤 현재 미국의 외교정책 싱크탱크로 유명한 브루킹스 연구소의 선임연구원
으로 있다.

3 세력전이 이론에 입각해 살펴보면, 부상하는 중국의 국력 변화, 미국 주도 질서에 중
국이 느끼는 불만족도, 중국의 전략적 의도, 중국에 동조하는 세력의 크기, 미국과 동
맹국들의 중국 포용 정도, 중국의 발전을 묶어두려는 강경한 대중 정책의 성공 가능
성 등이 미중 간 세력전이를 결정하는 요인이 될 것이다(전재성 2011).

4 'Dead Center' 논쟁에 관련한 미국 정치학자들의 논문은 Trubowitz and Mellow(2005);
Kupchan and Trubowitz(2007a); Parent and Bafumi(2008); Chaudoin, Milner and
Tingley(2010); Kupchan and Trubowitz(2010)을 참고.

5 이 절은 이혜정·김대홍(2011)의 내용을 수정 및 보완했다.

6 《국가안보전략》은 미국의 대전략Grand Strategy을 담고 있다. 대전략이란 국제사회

에서 미국이 군사적·비군사적 외교수단을 통해 리더십을 발휘하여 자국의 목적을 달성할 수 있게 하는 국가계획을 통칭하는 개념이다. 한마디로 대전략은 미국의 기본전략으로 국제사회에서 미국의 역할을 규정해 놓은 것이다(김정현 2012).

[7] (패권적) 일방주의는 패권적 힘을 사용해 국제적으로 자국의 이익과 가치를 증진시키고자 하는 미국의 일방적인 노력으로 정의될 수 있다. 부시 정부는 테러 및 대량살상무기의 위협으로부터 미국을 안전하게 방어하는 것, 즉 반테러·반확산을 정책의 최우선순위에 두었다. 또한 반테러·반확산을 실현하기 위한 방도로 '선제공격'을 주창했으며, UN 등 다자주의보다는 미국의 가치와 이익을 기준으로 미국과 뜻을 같이 하는 '의지의 연합coalitions of the willing'을 중시하겠다는 일방주의로 나아갔다. 《2002 국가안보전략》은 서문에서 "미국은 장기적인 동맹뿐만 아니라 UN, WTO, OAS, NATO와 같은 항구적인 제도에 헌신할 것"이라고 밝히고 있지만 곧이어 "의지의 연합은 이러한 상설적인 제도를 증대시킬 수 있다"며 무게중심을 후자에 두고 있다(The White House 2002).

[8] 부시정부 때도 미중 양국의 고위급이 참여하는 연례 공식 회담은 있었다. 미 재무성이 주관하는 '미중전략경제대화SED(Strategic Economic Dialogue)'와 국무부가 주도하는 '미중고위급대화SD(Senior Dialogue)'다. 나눠진 두 개의 공식 회담을 하나로 묶은 것이 '미중 전략·경제대화S&ED'다.

[9] 당시 중국 언론은 "이틀 동안 치러진 중미 전략·경제대화에서 오바마는 진심편의 '산중의 좁은 길도 계속 다니면 길이 나고 다니지 않으면 풀이 우거진다'는 말을 인용했고, 가이트너도 개막식에서 양국관계를 '풍우동주風雨同舟'에 비유했다"고 보도했다(南方都市報 2009).

[10] 당시 중국 신화통신은 "클린턴 국무장관은 우공이산의 고전을 들어 모두가 한마음이면 산을 옮길 수 있다고 말하고 중미 양국은 마땅히 대화를 통해 평화적으로 쌍방의 이견을 풀어나가야 한다고 밝혔다"고 보도했다(新華通訊 2009).

[11] 1990년대 중국의 외교안보 전략의 기조는 경제발전을 통한 국력증강에 역점을 두는 '도광양회韜光養晦' 전략이었다. 그러나 21세기에 들어서자 이것은 신장된 경제력과

정치외교적 영향력을 바탕으로 필요할 때 중국의 목소리를 낸다는 '유소작위有所作為' 전략으로 변화했다. 이를 위해 '평화적 부상peaceful rise'을 의미하는 '화평굴기和平崛起'와 '책임대국론great responsible state'이라는 대외담론을 도입했다. 중국은 '화평굴기'가 중국의 기존 질서를 타파하지 않으면서 주변국가의 평화와 경제적 이익도 보장하는 것, 즉 평화적 수단을 통해 부상이라는 목표를 추구하는 것이라고 주장한다. 이에 대한 연구는 신상진(2004); 이희옥(2005); Bader(2012a)를 참조할 것.

12 냉전이 끝난 후 '양대전쟁 전략'을 둘러싼 논쟁은 부침을 겪어왔다. 《2001 4개년국방검토보고서》에서는 '두 개의 주요 전구2MTW(Two-Major Theater of War)' 개념, 소위 '양대전쟁win-win 전략'에 관한 설명이 있다. 럼스펠드 전 국방장관은 기존의 2MTW 전략에 입각한 '위협 기반' 모델에 대해 매우 비판적인 입장을 갖고 있었다. 그러나 그는 "이 새로운 구조가 위협 기반, 2MTW 구조를 바탕으로 개발된 오늘날의 미군 전력에서 미래의 변화된 미군 전력으로 가는 교량 역할을 할 것"(Department of Defense 2001, 18)이라며 점진적인 '능력 기반' 접근으로의 전환을 강조했다. 《2001 4개년국방검토보고서》는 장기적인 위협에 대처하기 위한 '능력 기반' 기획과 단기적인 위협에 대처하기 위한 '위협 기반' 접근의 결합을 동시에 강조한 것으로 볼 수 있다 (Department of Defense 2001). 한편, 서재정(2004)은 《2001 4개년국방검토보고서》가 '양대전쟁 전략'을 발전시켜 공격적으로 전환시킨 것이라고 평가하고 있다. 《2001 4개년국방검토보고서》는 기존 '양대전쟁 전략'의 대상인 서남아시아(중동)와 동북아시아(한반도)를 포함하여 "미군은 동시에 두 개의 작전 지역에서 미국의 우방 또는 우호국에 가해지는 공격을 신속히 격퇴할 수 있는 능력을 유지할 것"이라며 '양대전쟁 전략'을 재확인했을 뿐만 아니라 전쟁에서 "(적국의) 영토를 점령하거나 정권교체의 조건을 조성할 수 있는 능력(군사력)을 보유할 것"이라고 주장했다. 반면에 김일영·조성렬(2003)은 《1997 4개년국방검토보고서》에는 2MTW가 명시되었으나 《2001 4개년국방검토보고서》에는 2MTW가 삭제된 것을 근거로 미국이 '양대전쟁 전략'을 폐기한 것으로 평가하고 있다. 물론 《2001 4개년국방검토보고서》는 기존 2MTW의 대상인 중동(서남아)과 한반도(동북아)를 구체적으로 지목하지는 않았지만, 이 둘을 포함해 두 개

의 전구 또는 지역으로 그 대상을 설정하고 있다.《2006 4개년국방검토보고서》또한 '양대전쟁 수행 능력Two-war capacity'을 가져야 한다는 입장을 밝혔다.

[13] 중국 언론은 "중국에는 '수도동귀'라는 말이 있는데, 24일 클린턴 국무장관은 베이징에서 이 말을 들어 '미중 양국의 역사는 길은 다르나 미래는 같다'고 표현했다"고 보도했다(新华网 2010).

[14] 2010년 6월 19일에 중국의 '위안화 환율 유연성 확대 조치'가 발표된 이후 위안화는 12월 말까지 약 3퍼센트(1달러당 6.83위안→6.62위안) 절상되었으나, 미국의 위안화 절상 압력은 계속됐다(나수엽·여지나 2011).

[15] '반덤핑·상계관세'는 특정한 물품의 수입으로 인하여 국내 산업이 피해를 입었거나 피해를 입을 우려가 있을 경우 수입국 정부가 당해 국내 생산자 및 산업을 보호하기 위해 취하는 무역구제 조치의 대표적인 수단이다. '반덤핑'은 정상가격(수출국 국내시장 통상거래가격) 이하로 수입되는 물품에 관세를 부과하여 수입을 규제하는 조치이며, '상계관세'는 수출국의 보조금을 받은 수입품에 부과되는 관세다(나수엽 2010).

[16] '특별세이프가드'는 미국 통상법 421조에 의거한 조치로, 2001년 중국이 WTO에 가입할 때 중국산 손질품의 상대적 혹은 절대적 증가로 인해 미국 내 산업에 실질적인 피해 발생이나 위협이 있을 경우 중국산에 대해서만 세이프가드 발동을 가능하도록 한 협의에 근거한 것이다.

[17] 외교 의전상의 방문은 국빈방문, 공식방문, 실무방문, 사적방문 단계로 구분된다. 후진타오 중국 국가주석은 2006년에 국빈방문보다 한 단계 낮은 공식방문 형식으로 미국을 방문한 바 있다(나수엽·여지나 2011).

[18] 가이트너 장관의 이날 발언은 위안화 절상을 둘러싼 양국의 인식 변화를 감지할 수 있게 한다는 점에서 중요한 의미를 갖는다. 미국 정부는 그동안 양국의 무역불균형 해소 차원에서 위안화 가치를 절상하라고 중국을 압박해왔지만, 이번 회담을 앞두고서는 중국의 인플레이션 위험, 금융시장 폐쇄성 등을 거론하며 다른 각도에서 위안화 절상을 압박하는 모습을 보였다.

[19] 이 절은 이혜정·김대홍(2012)의 내용을 수정 및 보완했다.

[20] 페런트Joseph Parent와 버푸미Joseph Bafumi는 "소련은 사라졌지만 새로운 경쟁자로 중국과 유럽연합이 등장했다"며 미국시대의 종말을 주장한 쿱천이 이를 몰랐다는 것이 이해되지 않는다고 지적했다(Parent and Bafumi 2008). 특히 중국의 부상은 미국 안보의 가장 큰 위협으로 인식되고 있다. 미국의 패권이 당장 쇠퇴하지는 않겠지만 중국의 경제·군사적 급부상이 미국에 심각한 도전이 될 것이다.

[21] 실제로 2006년 중간선거에서 민주당이 12년 만에 상하 양원 모두에서 다수당이 될 수 있었던 중요한 원인 가운데 하나가 공화당 내 온건파 의원들의 패배였다. 공화당 온건파의 퇴조는 역으로 부시의 공화당을 더욱 강경하게 만들 것이라는 점에서 정치적 양극화가 더욱 심화될 것이라는 전망도 있다(강명세 2009, 104).

[22] 1919년에 윌슨이 천명했던 국제주의는 미국이 상당한 비용을 부담하는 패권 체제가 아니라 "동등한 나라들의 협력cooperation among equals"이다. 이와 관련된 연구는 조찬수(2003, 413)를 참고.

[23] K&T는 2007년 《포린어페어스》에 투고한 논문에서도 국제협력을 증진하기 위해서는 '신중한 긴축' 전략이 중요하다고 강조했다. K&T는 '해외에서 미국의 리더십 하락'과 '국내에서 정당정치의 양극화'라는 두 가지 문제를 해결하기 위해서도 '신중한 긴축' 전략이 중요하다며, 그 구체적인 방법으로 다른 나라와의 책임 분담, 새로운 군사 전략, 에너지 독립, 이데올로기보다는 실용주의에 입각한 노선 등을 들었다(Kupchan and Trubowitz 2007b).

[24] 이러한 K&T의 주장은 이미 쿱천이 저술한 《미국 시대의 종말The End of the American Era》의 내용과도 일맥상통한다. 쿱천은 이 책에서 "강대국은 '만족한 강대국'과 '부상하는 강대국'으로 구분된다. '만족한 강대국'은 힘이 지배하는 세계에서 최고의 위치를 차지하며, 현상 유지에 관심이 있는 국가다"라고 설명했다. 따라서 '만족한 국가'는 할 수 있을 때가 아니라 해야만 할 때 대외개입을 확대한다고 덧붙였다. 한편 '부상하는 국가'는 현재의 몫에 만족하지 않고 영향력을 행사하기 위해 현상 파괴에 관심 있는 국가를 말한다. '부상하는 국가'는 해야만 할 때가 아니라 할 수 있을 때 대외개입을 확대한다. 쿱천은 또 "미국은 '만족한 강대국'이기 때문에 현상을 유지하

고 위협에 대비하는 투자를 해야 한다"고 주장했다. 미국은 새로운 대외정책에 착수해서는 안 되며, 냉전시기 동안 짊어진 무거운 책임의 일부를 벗어던져야 한다는 것이다.

25 맥도널드Paul MacDonald와 페런트도 K&T와 마찬가지로 '개입 축소'를 주장했다. 그들은 쇠퇴하고 있는 미국의 입장에서 '개입 축소'는 선택이 아니라 필수 전략이라고 강조했다. 그들은 '개입 축소'에 비관적인 사회와 학계의 분위기에 대해서도 의문을 제기했다(MacDonald and Parent 2011).

26 시퀘스터란 '미국 연방정부의 예산을 자동으로 또는 강제로 삭감하는 조치'를 가리킨다. 1985년에 재정적자와 무역적자가 눈덩이처럼 불어나자 이를 방지하기 위해 도입된 법안인 '균형예산 및 긴급적자 통제법'이 시퀘스터의 시초다.

27 샹그릴라 대화 며칠 뒤 팀 헉슬리Tim Huxley 국제전략연구소 아시아 대표는, 2007년 이후 태평양에는 6대의 미군 항공모함이 배치돼 있고 미 해군 잠수함 67대 가운데 38대와 연안전투함들이 태평양으로 배치될 준비를 하고 있다고 전했다(Huxley 2012).

28 반면 유럽에서는 일부 지역을 제외하고는 미군 감축이 지속적으로 이뤄질 것으로 예상된다. 미사일방어 능력이 강화되는 지역은 스페인(이지함 4척 배치), 루마니아와 폴란드(SM-3 공격 미사일 배치), 터키(레이더 시스템 배치) 등이고, NATO 기동부대의 훈련 등에 참가하기 위해 육군 1개 부대가 순환 근무한다. 그러나 근대화에 늦은 2개 보병여단과 A-10 공격기 비행중대는 독일에서 철수하고 독일에 있는 제5군단 사령부도 폐지될 예정이다. 그 결과 유럽에 주둔하는 병력은 현재 8만 명에서 2017년에는 약 7만 명으로 감소될 것으로 예상된다.

29 군사용어집에서는 현존함대 전략을 "결정적 행동을 회피하는 함대로서 그 세력과 존재로 인하여 분산을 필요케 하며 또한 타 지역에서의 작전을 위하여 가용한 대항부대의 수를 감소하게 하는 것"이라고 정의하고 있다.

30 A2(Anti-Access; 접근차단) 전략은 장거리 미사일 등을 이용해 원거리에서 미 해군의 접근을 차단하는 전략이고, AD(Area Denial; 지역거부) 전략은 특정 지역을 미 해군이 사용하지 못하도록 군사력으로 공격 또는 위협하거나, 지뢰를 매설하거나, 오염을 시키

는 등의 다양한 조치를 취하는 전략이다.

31 패네타는 다음과 같이 언급했다. "미국 내 부채 증가에도 불구하고 아시아태평양 지역에서 미군 전력과 주둔은 줄지 않을 것입니다. 나의 방문 목적은 ASEAN 국방장관들에게 이것을 확실하게 말하기 위해서입니다. 태평양은 미국에게 가장 중요한 우선순위로 계속 남을 것입니다. 미국은 이 지역에서 계속 힘을 유지해 나갈 것입니다." 패네타는 또 "미국은 강력하고 협력적인 안보관계를 발전시키기 위해 지역 국가들과의 모든 협력을 강화할 것"이라고 강조했다(Parrish 2011a).

32 게이츠는 또한 자연 재해와 같은 재난이 발생할 때 긴급 구조를 하기 위해서는 양국 정부 간 협력이 필요하다고 강조하면서, 어떤 나라도 혼자만의 힘으로 재난을 극복할 수는 없으며 재난을 극복하기 위해서는 국제적인 공조와 함께 양국 간의 협력이 무엇보다 중요하다고 덧붙였다(Gates 2010d).

33 패네타는 캄난 만에 정박 중인 미 함정에서 "오늘 나는 제17차 국교정상화 기념식을 맞아 캄난에 있는 미국 함정에 서 있다. 이는 베트남과 미국의 관계 발전을 상징적으로 보여주는 것이다. 특히, 나는 베트남과 함께 중요한 해양 이슈들 즉, 남중국해 문제, 항해의 자유를 증진시킬 수 있는 방안 등에 대해 논의를 하고 싶다"라고 말했다(Garamone 2012c).

34 ASEAN은 1961년 창설된 동남아시아연합ASA이 발전적으로 해체됨에 따라 1967년 8월 8일 설립된 기구다. 동남아시아의 공동 안보 및 자주독립 노선의 필요성 인식에 따른 지역 협력 가능성을 모색하기 위해 창설되어, 경제적·사회적 기반을 확립하고 각각의 분야에서 평화적·진보된 생활을 누리는 것을 목적으로 한다. ASEAN의 설립 목적을 명시한 방콕선언에 인도네시아·말레이시아·필리핀·싱가포르·태국 5개국이 서명하면서 출범되었고, 상설 중앙사무국은 인도네시아의 자카르타에 위치하고 있다. 1984년 브루나이에 이어 1995년 베트남, 1997년 라오스·미얀마, 1999년 4월 캄보디아가 정식 가입하면서 회원국은 총 10개국이 되었다.

35 베이더는 회고록《오바마와 떠오르는 중국》에서 "일부 백악관 담당자들은 대통령의 바쁜 일정 때문에 EAS에 정식 회원국으로 가입하는 데 반대했지만 토머스 도닐런과

자신이 EAS 가입을 종용했다"며 특히 2010년 6월 27일 토론토에서 열린 APEC 정상회담 때 인도네시아 대통령이 오바마에게 EAS 참여를 요청한 것이 미국이 EAS 정식 회원국으로 가입하게 된 결정적 이유라고 밝혔다(Bader 2012a).

36 같은 날 공화당 소속 미 하원 세입위원회 데이브 캠프 위원장도 "미국은 중국과 투자 조약을 협상해야 하며 세계 2위 경제대국인 중국은 개혁에 나서야 한다"고 중국을 압박했다. 미국은 그간 중국이 인위적으로 위안화 평가를 절하해 양국 간 무역에서 거액의 무역 흑자를 거두고 있다며 위안화 절상을 거듭 요구해왔다. 중국이 환율 하루 변동폭을 0.5퍼센트에서 1.0퍼센트로 확대하는 등 미국의 요구를 일부 받아들였지만 미국은 여전히 부족하다는 입장이다(Camp 2012).

37 P4 협정 내용을 토대로 조문을 수정하고 내용이 추가되면서 현재 TPP는 P4 협정과는 전혀 다른 모습으로 변했다. 예를 들면, P4의 경우 전 품목의 약 80퍼센트에 대해 관세 즉시 철폐, 기타 품목은 10년 이내에 단계적 철폐를 설정했지만 TPP의 경우 미국은 95퍼센트 이상을 요구하고 있다.

참고문헌

강명세, 《세종정책연구: 공화당의 남부전략과 전국적 정당체계 등장》, 성남: 세종연구소, 2009.

강선주, 〈환태평양경제동반자협정(TPP)과 동아시아 지역협력〉, 《주요국제문제분석》 제2011권 제42호, 2011, 1~17쪽.

고희채, 〈미국 중간선거 결과와 향후 경제정책 방향〉, 《KIEP 지역경제 포커스》 제10권 제41호, 2011, 1~10쪽.

_____, 〈금융위기 이후 글로벌 불균형의 전개(1): 미국 측〉, 《KIEP 지역경제 포커스》 제6권 제19호, 2012, 1~11쪽.

권혁재, 〈중국의 부상과 미중 통상분쟁〉, 《SERI 이슈 페이퍼》 2012년 3월호, 2012.

김성걸, 〈미국의 동아시아 공해전투(ASB) 고찰〉, 《군사논단》 73권, 2013, 90~117쪽.

김성철, 〈2012년 국제정세전망〉, 《정세와 정책》 제189호, 2012, 1~5쪽.

김일영·조성렬, 《주한미군: 역사, 쟁점, 조망》, 서울: 한울아카데미, 2003.

김정현, 〈제2기 오바마 정부의 동북아시아 외교정책 추진방향 분석〉, 《국제문제연구》 제12권 제4호, 2012, 1~24쪽.

나수엽, 〈중·미 간 반덤핑 및 상계관세 분쟁 격화의 경과와 배경〉, 《KIEP 지역경제 포

미국, 아시아로 회귀하는가

커스》 제10권 17호, 2010, 1~9쪽.

_____, 〈제3차 미·중 전략 및 경제대화의 주요 내용과 시사점〉, 《KIEP 지역경제포커
스》 제5권 제25호, 2011.

나수엽·여지나, 〈미·중 정상회담의 경제분야 주요 내용 및 평가〉, 《KIEP 지역경제 포
커스》 제5권 2호, 2011, 1~11쪽.

남궁곤, 〈외교 정책결정 이론〉, 우철구·박건영 편, 《현대 국제관계이론과 한국》. 서울:
사회평론, 2004.

마상윤, 〈2012년 미국 대통령 선거와 오바마 행정부의 외교안보정책 전망〉, 《국제정치
논총》 제52집 4호, 2012, 171~190쪽.

박월라·배수빈·박현정, 〈미·중 전략 및 경제대화의 내용과 시사점〉, 《KIEP 오늘의 세
계경제》 제9권 28호, 2009, 1~10쪽.

박창희, 〈미중관계와 한반도: 미국의 "전략적 재균형"을 중심으로〉, 《숙명안보학연구소
연례특별학술회의》, 2012, 3~22쪽.

서재정, 〈미국의 군사 전략 변화와 한미동맹〉, 《창작과 비평》 125호, 2004, 330~351쪽.

손열·조홍식, 〈G-20 서울회의가 남긴 것〉, 《EAI 논평》 제41호, 2010.

신상진, 〈중국의 외교안보전략: 21세기 국가안보 위협인식 변화와 전략조정〉, 이승철
편, 《21세기 동북아 국제관계와 한국》, 서울: 나남, 2004.

유성진·정진민, 〈티파티운동과 미국 정당정치의 변화〉, 《한국정당학회보》 제10권 제1
호, 2011, 137~166쪽.

유진석, 〈외교 정책과 국내정치〉, 국제지역연구소 편, 《현대외교 정책론》. 서울: 명인문
화사, 2008.

이보람·고희채, 〈미국의 국가채무한도 상향조정 논의의 쟁점과 전망〉, 《KIEP 지역경제
포커스》 제5권 제5호, 2011, 1~10쪽.

이승주, 〈글로벌 금융위기 이후 동아시아 금융 거버넌스〉, 《EAI 국가안보패널 보고서:
경제위기 이후 세계질서》. 서울: EAI, 2011.

_____, 〈미중 경쟁과 동아시아 경제협력: 통상 정책을 중심으로〉, 《JPI 정책포럼》 제18

호, 2012, 1~19쪽.

이왕휘, 〈글로벌 금융위기 이후 동아시아 금융통화협력: 제도적 전진 또는 정치적 퇴보?〉, 《세계정치》 제32권 1호, 2011, 45~83쪽.

이혜정, 〈변환외교의 논리: 또는 미국적 현실주의의 변명〉, 《한국정치외교사논총》 제31집 1호, 2009a, 265~298쪽.

_____, 〈보호책임의 국제정치: 인권, 국가주권, UN과 미국패권〉, 《국제·지역연구》 제18권 4호, 2009b, 1~36쪽.

_____, 〈오바마의 전쟁: 미국의 경제위기와 대테러전쟁의 해체〉, 《21세기정치학회보》 제20권 3호, 2010, 249~271쪽.

_____, 〈미국 쇠퇴론의 쟁점과 실증적 분석〉, 《국제문제연구》 제11권 제2호, 2011, 65~97쪽.

이혜정·김대홍, 〈미국 패권의 재건축: 오바마 정부의 글로벌 아키텍처 구상과 그 한계〉, 《한국정치외교사논총》 제32집 2호, 2011, 227~256쪽.

_____, 〈미국 정치의 양극화와 대외정책: '중도파의 몰락(Dead Center)' 논쟁의 이해〉, 《한국정치외교사논총》 제33집 2호, 2012, 91~122쪽.

이혜정·박지범, 〈인간안보: 국제규범의 창안, 변형과 확산〉, 《국제·지역연구》 제22권 1호, 2013, 1~37쪽.

이희옥, 〈중국의 국가전략: '전면적 소강사회론' 을 중심으로〉, 《한국과 국제정치》 제21권 1호, 2005, 1~34쪽.

장영식, 〈미국과 중국의 경제갈등〉, 세종대학교 세종연구원 편, 《국가전략연구: Global Affairs》, 서울: 세종대학교, 2012.

전경주, 〈미국의 아시아·태평양으로의 복귀, 그리고 한국〉, 《주간국방연구》 제1394호, 2012.

전재성, 《동아시아 국제정치: 역사에서 이론으로》, 서울: 동아시아연구원, 2011.

정건화, 〈미국의 경제위기와 오바마의 경제정책〉, 《동향과 전망》 76권, 2009, 76~108쪽.

조재욱, 〈동아시아 금융안전망의 실효성 제고방안 탐색: 치앙마이 이니셔티브 다자화 (CMIM) 고찰을 중심으로〉, 《한국과 국제정치》 28권 3호, 2012, 129~158쪽.

조찬수, 〈전후미국의 정치연합과 국제경제질서: 사회부문, 정당체제, 국제자유주의〉, 《국제정치논총》 제43권 제1호, 2003, 411~429쪽.

최우선, 〈미국의 새로운 방위전략과 아시아 안보〉, 《주요국제문제분석》, 서울: 국립외교원 외교안보연구소, 2012.

한국은행, 〈최근 미국의 재정이슈 및 연준의 고뇌〉(6월 3일), 2011a. http://www.bok.or.kr/contents/total/ko/boardView.action?menuNaviId=2223&boardBean.brdid=86180&boardBean.menuid=2223(검색일: 2013. 5. 31)

_____, 〈일본의 환태평양경제동반자협정(TPP) 논의 상황과 향후 전망〉, 《국제경제정보》 2011권 28호, 2011b, 1~15쪽.

_____, 〈미국 신용등급 하락 이후 워싱턴 동정과 전망〉(8월 6일), 2011c. http://www.bok.or.kr/contents/total/ko/boardView.action?menuNaviId=2223&boardBean.brdid=86264&boardBean.menuid=2223(검색일: 2013. 5. 31)

_____, 〈미국 국가신용등급 하락이후 미국 내 여론 동향〉(8월 19일), 2011d. http://www.bok.or.kr/contents/total/ko/boardView.action?menuNaviId=2223&boardBean.brdid=86268&boardBean.menuid=2223(검색일: 2013. 5. 31)

AFP, "Philippines protests against N. Korea rocket launch", April 13, 2012. http://www.google.com/hostednews/afp/article/ALeqM5gZcSMQkXBjVnqKmNvfAP6AyXMT7w?docId=CNG.fb7e5a45490ed6b4474218f2f5f1a3d8.2f1(검색일: 2013. 5. 31)

Art, Robert J., 2004. A Grand Strategy for America(Ithaca, NY: Cornell University Press).

___, "Selective Engagement in the Era of Austerity", Richard Fontaine and Kristin M. Lord, eds., America's Path: Grand Strategy for the Next Administration(Washington D. C.: Center for a New American Security, 2012), pp. 13~28.

Asian Development Bank, Annual Report 2011(Manila, Philippines: Asian Development Bank,

2011).

Bader, Jeffrey A., *Obama and China's Rise: An Insider's Account of America's Asia Strategy*(Washington D. C.: Bookings Institution Press, 2012a).

_____, "Understanding the U. S. Pivot to Asia", January 31, 2012b. http://www. brookings.edu/~/media/events/2012/1/31%20us%20asia/20120131_pivot_asia(검색일: 2013. 5. 31)

Barletta, Michael, *After 9/11: Preventing Mass-destruction Terrorism and Weapons Proliferation*(Monterey, CA: James Martin Center for Nonproliferation Studies, 2002).

Barno, David W., Nora Bensahel and Travis Sharp. *Hard Choices: Responsible Defense in an Age of Austerity*(Washington D. C.: Center for a New American Security, 2011).

Betts, Richard K., *American Force: Dangers, Delusions, and Dilemmas in National Security*(New York: Columbia University Press, 2012).

Bloomberg, "Geithner Says Yuan Gains Would Aid China Economic Shift", May 3, 2012. http://www.bloomberg.com/news/2012-05-03/geithner-sees-need-for-1970s-style-shift-in-china-economy.html(검색일: 2013. 5. 31)

Bolton, John R., "Should We Take Global Governance Seriously?", *Chicago Journal of International Law* Vol. 1, No. 2, 2000, pp. 205~222.

Brooks, Stephen G., G. John Ikenberry and William C. Wohlforth, "Don't Come Home, America: The Case of Retrenchment", *International Security* Vol. 37, No. 3, 2012/13, pp. 7~51.

Bumiller, Elisabeth and Norimitsu Onishi, "U.S. Lifts Ban on Indonesian Special Forces Unit", July 22, 2010. http://www.nytimes.com/2010/07/23/world/asia/23military. html?_r=0(검색일: 2013. 5. 31)

Bush III, Richard C., "The Response of China's Neighbors to the U. S. "Pivot" to Asia", January 31, 2012. http://www.brookings.edu/research/speeches/2012/01/31-us-pivot-bush(검색일: 2013. 5. 31)

Camp, David, "Building on Success: America's Trade Policy after the 2011 Trade Agreements", April 26, 2012. http://csis.org/files/attachments/0426csis%20america's%20trade%20policy.pdf(검색일: 2013. 5. 31)

Campbell, Kurt, "US Pivot to Asia", April 30, 2013. http://www.asanplenum.org/upload/0208/3/S1%20US%20Pivot%20to%20Asia.pdf(검색일: 2013. 5. 31)

Carroll, Chris, "Locklear: Pacific 'pivot' won't require new US bases", June 15, 2012. http://www.stripes.com/news/locklear-pacific-pivot-won-t-require-new-us-bases-1.180428(검색일: 2013. 5. 31)

Carter, Ashton Baldwin, "While Urging Congress to Avoid Automatic Cuts, Obama Administration Plans for Sequestration", August 1, 2012. http://www.pbs.org/newshour/rundown/2012/08/deputy-secretary-of-defense-ashton.html(검색일: 2013. 5. 31)

Carter, Ashton B., "Remarks by Deputy Secretary Carter at the Jakarta International Defense Dialogue Panel Discussion, Jakarta, Indonesia", March 20, 2013a.http://www.defense.gov/transcripts/transcript.aspx?transcriptid=5209(검색일: 2013. 5. 31)

Carter, Ashton B., "Remarks by Deputy Secretary Carter at the Center for a New American Security on Defense Priorities in an Era of Constrained Budgets, Washington, D.C.", June 12, 2013b. http://www.defense.gov/transcripts/transcript.aspx?transcriptid=5256(검색일: 2013. 6. 30)

Chinadaily, "US slaps punitive penalties on Chinese oil tubular goods", December 31, 2009. http://www.chinadaily.com.cn/bizchina/2009-12/31/content_9252876.htm(검색일: 2013. 5. 31)

Clinton, Hillary Rodham, "Remarks at Plenary Session of the U.S.-China Strategic and Economic Dialogue", July 27, 2009. http://www.state.gov/secretary/rm/2009a/july/126521.htm(검색일: 2013. 5. 31)

_____, "Remarks on Regional Architecture in Asia: Principles and

Priorities", January 12, 2010a. http://www.state.gov/secretary/rm/2010/01/135090.
htm(검색일: 2013. 5. 31)

_____, "Remarks on Internet Freedom", January 21, 2010b. http://
www.state.gov/secretary/rm/2010/01/135519.htm(검색일: 2013. 5. 31)

_____, "Remarks On the Obama Administration's National Security
Strategy", May 27, 2010c. http://www.state.gov/secretary/rm/2010/05/142312.htm(검
색일: 2013. 5. 31)

_____, "Remarks at Press Availability", July 23, 2010d. http://www.
state.gov/secretary/rm/2010/07/145095.htm(검색일: 2013. 5. 31)

_____, "America's Engagement in the Asia−Pacific", October 28,
2010e. http://www.state.gov/secretary/rm/2010/10/150141.htm(검색일: 2013. 5. 31)

_____, "Inaugural Richard C. Holbrooke Lecture on a Broad Vision of
U.S.−China Relations in the 21st Century", January 14, 2011a. http://www.state.gov/
secretary/rm/2011/01/154653.htm(검색일: 2013. 5. 31)

_____, "Remarks at the American Chamber of Commerce Breakfast",
April 17, 2011b. http://www.state.gov/secretary/rm/2011/04/161036.htm(검색일: 2013.
5. 31)

_____, "America's Pacific Century", October 11, 2011c. http://www.
foreignpolicy.com/articles/2011/10/11/americas_pacific_century(검색일: 2013. 5. 31)

_____, "America's Pacific Century", November 10, 2011d. http://
www.state.gov/secretary/rm/2011/11/176999.htm(검색일: 2013. 5. 31)

_____, "Forrestal Lecture at the Naval Academy", April 10, 2012.
http://www.state.gov/secretary/rm/2012/04/187693.htm(검색일: 2013. 5. 31)

CNN International, "China summons U. S. ambassador over Dalai Lama meeting",
February 19, 2010. http://edition.cnn.com/2010/WORLD/asiapcf/02/19/china.
obama.dalai.lama/index.html(검색일: 2013. 5. 31)

Congressional Budget Office, "Discretionary Spending before the Joint Select Committee on Deficit Reduction U. S. Congress", October 26, 2011. http://www.cbo.gov/sites/default/files/cbofiles/attachments/10−26−DiscretionarySpending_Testimony.pdf(검색일: 2013. 5. 31)

Coorey, Phillip, "Obama to send marines to Darwin", November 17, 2011. http://www.smh.com.au/national/obama−to−send−marines−to−darwin−20111116−1njd7.html(검색일: 2013. 5. 31)

Department of Defense, *Quadrennial Defense Review Report*(Washington D. C.: Department of Defense, 2001).

_____, *Secretary of Defense Annual Report to Congress: on the Activities of the Western Hemisphere Institute for Security Cooperation for 2008*(Washington D. C.: Department of Defense, 2008).

_____, *Quadrennial Defense Review Report*(Washington D. C.: Department of Defense, 2010).

_____, *Annual Report to Congress: Military and Security Developments Involving the People' s Republic of China 2011*(Washington D. C.: Department of Defense, 2011).

_____, *Sustaining U. S. Global Leadership: Priorities For 21st Century Defense*(Washington D. C.: Department of Defense, 2012).

_____, "Hagel Hosts Singapore' s Prime Minister at Pentagon", April 1, 2013a. http://www.defense.gov/News/NewsArticle.aspx?ID=119668(검색일: 2013. 5. 31)

_____, "Hagel, Carter Welcome Philippine Foreign Secretary", April 3, 2013b. http://www.defense.gov/News/NewsArticle.aspx?ID=119678(검색일: 2013. 5. 31)

Department of State, "Strategic and Economic Dialogue Opening Session", May 24, 2010a. http://www.state.gov/secretary/rm/2010/05/142134.htm(검색일: 2013. 5. 31)

_____, "U. S.−China Strategic and Economic Dialogue 2010 Outcomes of the Strategic Track", May 25, 2010b. http://www.state.gov/r/pa/prs/

ps/2010/05/142180.htm(검색일: 2013. 5. 31)

_____, "U.S.-Indonesia Joint Commission and Bilateral Meeting", September 17, 2010c. http://www.state.gov/r/pa/prs/ps/2010/09/147309.htm(검색일: 2013. 5. 31)

_____, "Remarks at the Australia-United States Ministerial", November 8, 2010d. http://www.state.gov/secretary/rm/2010/11/150663.htm(검색일: 2013. 5. 31)

_____, "Remarks at the Opening Session of the U. S.-China Strategic and Economic Dialogue", May 9, 2011a. http://www.state.gov/secretary/rm/2011/05/162881.htm(검색일: 2013. 5. 31)

_____, "U. S.-China Strategic and Economic Dialogue 2011 Outcomes of the Strategic Track", May 10, 2011b. http://www.state.gov/r/pa/prs/ps/2011/05/162967.htm(검색일: 2013. 5. 31)

_____, "Australia-United States Ministerial Consultations (AUSMIN) 2011 Joint Communique", September 15, 2011c. http://www.state.gov/r/pa/prs/ps/2011/09/172517.htm(검색일: 2013. 5. 31)

_____, "Background Briefing on the Australian-United States Ministerial Consultations", September 16, 2011d. http://www.state.gov/p/eap/rls/rm/2011/09/172352.htm(검색일: 2013. 5. 31)

_____, "DoD-funded Integrated Maritime Surveillance System", November 18, 2011e. http://www.state.gov/r/pa/prs/ps/2011/11/177382.htm(검색일: 2013. 5. 31)

_____, "Toward a Deeper Alliance: United States-Philippines Bilateral Cooperation", January 27, 2012a. http://www.state.gov/r/pa/prs/ps/2012/01/182689.htm(검색일: 2013. 5. 31)

_____, "Joint Statement on the U. S.-China Strategic and Economic Dialogue Outcomes of the Strategic Track May 3-4, 2012", May 4, 2012b. http://www.state.gov/r/pa/prs/ps/2012/05/189287.htm(검색일: 2013. 5. 31)

미국, 아시아로 회귀하는가

_____, "The U. S.–China Closing Statements for U. S.–China Strategic and Economic Dialogue", July 11, 2013. http://www.state.gov/s/d/2013/211850.htm(검색일: 2013. 7. 13)

Department of the Treasury, "The First U.S.–China Strategic and Economic Dialogue Economic Track Joint Fact Sheet", July 28, 2009. http://www.treasury.gov/press-center/press-releases/pages/tG-240.aspx(검색일: 2013. 5. 31)

_____, "Second Meeting of the U. S.–China Strategic & Economic Dialogue Joint U. S.–China Economic Track Fact Sheet", May 25, 2010a.http://www.treasury.gov/initiatives/Documents/SEDjointeconfactsheet072910.pdf(검색일: 2013. 5. 31)

_____, "U. S. – China Strategic and Economic Dialogue", 2010b. http://www.treasury.gov/initiatives/Pages/china.aspx(검색일: 2013. 5. 31)

_____, "Secretary Geithner Sends Debt Limit Letter to Congress", January 6, 2011a. http://www.treasury.gov/connect/blog/Documents/Letter.pdf(검색일: 2013. 5. 31)

_____, "Third Meeting of the U. S.–China Strategic & Economic Dialogue Joint U. S.–China Economic Track Fact Sheet", 2011b. http://www.treasury.gov/press-center/press-releases/Pages/tg1170.aspx(검색일: 2013. 5. 31)

_____, "Joint U. S.–China Economic Track Fact Sheet– Fourth Meeting of the U. S. China Strategic and Economic Dialogue (S&ED)", May 4, 2012. http://www.treasury.gov/press-center/press-releases/Pages/tg1567.aspx(검색일: 2013. 5. 31)

De Santis, Hugh, "The China Threat and the "Pivot" to Asia", *Current History* Vol. 111. No. 746, 2012, pp. 209~215.

Dumbaugh, Kerry, "China–U. S. Relations: Current Issues and Implications for U. S. Policy", Washington D.C.: CRS Report for Congress, 2009.

Etzioni, Amitai, "The United States' Premature Pivot to "Asia"", *Society* Vol. 49, No. 5.

2012, pp. 395~399.

Feaver, Peter, "American Grand Strategy at the Crossroads: Leading from the Front, Leading from Behind or Not Leading at All", Richard Fontaine and Kristin M. Lord, eds., *America's Path: Grand Strategy for the Next Administration*(Washington, D. C.: Center for a New American Security, 2012), pp. 57~70.

Fergusson, Ian F., William H. Cooper, Remy Jurenas and Brock R. Williams, "The Trans-Pacific Partnership Negotiations and Issues for Congress", Washington D. C.: CRS Report for Congress, 2013.

Flournoy, Michele and Janine Davidson, "Obama's New Global Posture: The Logic of U. S. Foreign Deployments", *Foreign Affairs* Vol. 92, No. 4, 2012, pp. 54~63.

Friedman, Benjamin H., Eugene Gholz, Daryl G. Press and Harvey Sapolsky, "Restraining Order: For Strategic Modesty", *World Affairs*, 2009, pp. 84~94.

Friedman, Benjamin H. and Justin Logan, "Why the U. S. Military Budget Is 'Foolish and Sustainable'", *Orbis* Vol. 56, No. 2, 2012, pp. 177~191.

Garamone, Jim, "Odierno Fleshes Out Pacific Strategy, Afghan Advisory Mission", February 21, 2012a. http://www.defense.gov/News/NewsArticle.aspx?ID=67267(검색일: 2013. 5. 31)

_____, "Panetta Discusses Defense Cooperation With Philippine Minister", June 2, 2012b. http://www.defense.gov/News/NewsArticle.aspx?ID=116594(검색일: 2013. 5. 31)

_____, "Panetta's Cam Ranh Bay Visit Symbolizes Growing U. S.-Vietnam Ties", June 3, 2012c. http://www.defense.gov/News/NewsArticle.aspx?ID=116597(검색일: 2013. 5. 31)

Gates, Robert M., "Defense Budget Recommendation Statement (Arlington, VA)", April 6, 2009. http://www.defense.gov/speeches/speech.aspx?speechid=1341(검색일: 2013. 5. 31)

_____, "International Institute For Strategic Studies(Shangri-La—Asia Security)",

미국, 아시아로 회귀하는가

June 5, 2010a. http://www.defense.gov/speeches/speech.aspx?speechid=1483(검색일: 2013. 5. 31)

_____, "Media Roundtable With Secretary Gates from Jakarta, Indonesia", July 22, 2010b. http://www.defense.gov/transcripts/transcript.aspx?transcriptid=4663(검색일: 2013. 5. 31)

_____, "Remarks by Secretary Gates to the Marine Memorial Association, San Francisco, California", August 12, 2010c. http://www.defense.gov/transcripts/transcript.aspx?transcriptid=4672(검색일: 2013. 5. 31)

_____, "Remarks by Secretary Gates at Vietnam National University", October 11, 2010d. http://www.defense.gov/transcripts/transcript.aspx?transcriptid=4697(검색일: 2013. 5. 31)

_____, "Statement on Department Budget and Efficiencies", January 6, 2011a. http://www.defense.gov/speeches/speech.aspx?speechid=1527(검색일: 2013. 5. 31)

_____, "Keio University", January 14, 2011b. http://www.defense.gov/speeches/speech.aspx?speechid=1529(검색일: 2013. 5. 31)

_____, "International Institute for Security Studies(Shangri-La Dialogue)", June 4, 2011c. http://www.defense.gov/speeches/speech.aspx?speechid=1578(검색일: 2013. 5. 31)

Geithner, Timothy, "Strategic and Economic Dialogue Opening Ceremony Statement Treasury Secretary Timothy F. Geithner Washington, D. C.", July 27, 2009. http://www.treasury.gov/press-center/press-releases/Pages/tG-233.aspx(검색일: 2013. 5. 31)

_____, "Remarks by Secretary Tim Geithner at a Discussion on the Upcoming U. S.-China Strategic and Economic Dialogue", May 3, 2011. http://www.treasury.gov/press-center/press-releases/Pages/tg1160.aspx(검색일: 2013. 5. 31)

_____, "Remarks by Secretary Geithner at the Opening Ceremony of the 2012 Strategic and Economic Dialogue(S&ED)", May 3, 2012. http://www.treasury.gov/press-center/press-releases/Pages/tg1564.aspx(검색일: 2013. 5. 31)

Gholz, Eugene and Daryl G. Press, "The Effects of Wars on Neutral Countries: Why It Dosen't Pay to Preserve the Peace", *Security Studies* Vol. 10, No. 4, 2001, pp. 1~57.

_____, "Footprints in the Sand", *American Interest* Vol. 5, No. 4, 2010a, pp. 59~67.

_____, "Protecting 'The Prize': Oil and the U. S. National Interest", *Security Studies* Vol. 19, No. 3, 2010b, pp. 453~485.

Gholz, Eugene, Daryl G. Press, and Benjamin Valentino, "Time to Offshore Our Troops", December 12, 2006, http://www.nytimes.com/2006/12/12/opinion/12press.html?pagewanted=all&_r=0(검색일: 2013. 5. 31)

Gholz, Eugene, Daryl G. Press, and Harvey M. Sapolsky, "Come Home, America: The Strategy of Restraint in the Face of Temptation", *International Security* Vol. 21, No. 4, 1997, pp. 5~48.

Gilpin, Robert, *War and Change in World Politics*(New York: Cambridge University Press, 1983).

Greenert, Jonathan W., "Navy, 2025: Forward warfighters", *U. S. Naval Institute Proceedings* Vol. 137, No. 12, 2011, pp. 18~23.

Human Right Watch, "Indonesia: US Resumes Military Assistance to Abusive Force", July 22, 2010. http://www.hrw.org/news/2010/07/22/indonesia-us-resumes-military-assistance-abusive-force(검색일: 2013. 5. 31)

Huxley, Tim, "PacNet Number 35R", June 12, 2012. http://csis.org/files/publication/Pac1235R.pdf.(검색일: 2013. 5. 31)

Jakarta, Indonesia Embassy of the United States, "U. S. and Indonesia Sign Defense Framework", June 10, 2010. http://jakarta.usembassy.gov/pr_06102010_2.html(검색일: 2013. 5. 31)

Jintao, Hu, "Address by President Hu Jintao at the Opening Session of the Fourth Round of The China-US Strategic and Economic Dialogues", May 3, 2012. http://www.chinausfocus.com/library/government-resources/chinese-resources/remarks/address-

미국, 아시아로 회귀하는가

by−president−hu−jintao−at−the−opening−session−of−the−fourth−round−of−the−
china−us−strategic−and−economic−dialogues−may−3−2012/(검색일: 2013. 5. 31)

Klingner, Bruce, "The Missing Asia Pivot in Obama's Defense Strategy", January 6,
2012. http://www.heritage.org/research/reports/2012/01/the−missing−asia−pivot−in−
obamas−defense−strategy(검색일: 2013. 5. 31)

Krugman, Paul, "Failure to Rise", February 12, 2009. http://www.nytimes.
com/2009/02/13/opinion/13krugman.html(검색일: 2013. 5. 31)

Kupchan, Charles A., *The End of the American Era*(New York: Knopf, 2002).

_____, and Peter L. Trubowitz. "Dead Center: The Demise of Liberal
Internationalism in the United States", *International Security* Vol. 32. No. 3, 2007a, pp.
7~44.

Kupchan, Charles A. and Peter L. Trubowitz. "Grand Strategy for Divided America",
Foreign Affairs Vol. 87. No. 4, 2007b, pp. 71~84.

_____, "The Illusion of Liberal Internationalism'
s Revival", *International Security* Vol. 35. No. 1, 2010, pp. 95~109.

Lawrence, Susan V., "U. S.−China Relations: Policy Issues", Washington D. C.: CRS
Report for Congress, 2013.

Lawrence, Susan V. and David MacDonald, "U. S.−China Relations: Policy Issues",
Washington D. C.: CRS Report for Congress, 2012.

Lawrence, Susan V. and Thomas Lum, "U. S.−China Relations: Policy Issues",
Washington D. C.: CRS Report for Congress, 2011.

Layne, Christopher, "Less Is More: Minimal Realism in East Asia", *National Interest* No.
43, 1996, pp. 64~77.

_____, "From Preponderance to Offshore Balancing: America's Future Grand
Strategy", *International Security* Vol. 22, No. 1, 1997, pp. 86~124.

_____, "Offshore Balancing Revisited", *Washington Quarterly* Vol. 25, No. 2,

2002, pp. 233~248.

_____, *The Peace of Illusions: American Grand Strategy from 1940 to the Present*(Ithaca, N. Y.: Cornell University Press, 2006).

_____, "America's Middle East Strategy after Iraq: The Moment for Offshore Balancing Has Arrived", *Review of International Studies* Vol. 35, No. 1, 2009, pp. 5~25.

_____, "The Unipolar Exit: Beyond the *Pax Americana*", *Cambridge Review of International Affairs* Vol. 24, No. 2, 2011, pp. 149~164.

_____, "This Time It's Real: The End of Unipolarity and the *Pax Americana*", *International Studies Quarterly* Vol. 56, No. 1, 2012, pp. 203~213.

Le Miere, Christian, "America's Pivot to East Asia: The Naval Dimension", *Survival: Global Politics and Strategy* Vol. 54, No. 3, 2012, pp. 81~94.

Lieberthal, Kenneth G., "The American Pivot to Asia", December 21, 2011. http://www.brookings.edu/research/articles/2011/12/21-obama-asia-lieberthal(검색일: 2013. 5. 31)

Logan, Justin, "China, America, and the Pivot to Asia", *Policy Analysis* No. 717, 2013, pp. 1~28.

Lum, Thomas, "U. S.-China Relations: Policy Issues", Washington D. C.: CRS Report for Congress, 2010.

MacDonald, Paul K. and Joseph M. Parent, "Graceful Decline? The Surprising Success of Great Power Retrenchment", *International Security* Vol. 35, No. 4, 2011, pp. 7~44.

Mahbubani, Kishore, "Interview: Kishore Mahbubani Says Stable US-China Relations Will Be 2013's Big Story", January 28, 2013. http://asiasociety.org/blog/asia/interview-kishore-mahbubani-says-stable-us-china-relations-will-be-2013s-big-story(검색일: 2013. 5. 31)

Mandelbaum, Michael, "America's Coming Retrenchment: How Budget Cuts Will Limit the United States' Global Role", August 9, 2011. http://www.foreignaffairs.com/

articles/68024/michael−mandelbaum/americas−coming−retrenchment(검색일: 2013. 5. 31)

Mann, James, *The Obamians: The Struggle Inside the White House to Redefine American Power*(New York: Penguin Books, 2012).

Manyin, Mark E., Stephen Daggett, Ben Dolven, Susan V. Lawrence, Michael F. Martin, Ronald O'Rourke, and Bruce Vaughn, "Pivot to the Pacific? The Obama Administration's "Rebalancing" Toward Asia", Washington D. C.: CRS Report for Congress, 2012.

Marshall Jr., Tyrone C., "U. S.−Philippine Alliance Critical to Asia−Pacific, Official Says", September 26, 2012. http://www.defense.gov/News/NewsArticle.aspx?ID=118016(검색일: 2013. 5. 31)

Mearsheimer, John J., "Pull Those Boots Off the Ground", *Newsweek* December 31, 2008, http://www.newsweek.com/id/177380(검색일: 2013. 5. 31)

_____, "Imperial by Design", *National Interest* No. 111, 2011, pp. 16~34.

Mearsheimer, John J. and Stephen M. Walt, *The Israel Lobby and U. S. Foreign Policy*(New York: Farrar, Straus and Giroux, 2008).

Miles, Donna, "Locklear Visit Reaffirms U. S.−Philippine Alliance", July 18, 2012. http://www.defense.gov/News/NewsArticle.aspx?ID=117173(검색일: 2013. 5. 31)

Miller, Paul D., "American Grand Strategy and the Democratic Peace", *Survival: Global Politics and Strategy* Vol. 54, No. 2, 2012a, pp. 49~76.

_____, "Five Pillars of American Grand Strategy", *Survival: Global Politics and Strategy* Vol. 54, No. 4, 2012b, pp. 7~44.

Ministry of Foreign Affairs of Japan, 2013. http://www.mofa.go.jp/region/n−america/us/q&a/ref/1.html,(검색일: 2013. 5. 31)

Nanto, Dick K. and Mark E. Manyin, "China−North Korea Relations", Washington D. C.: CRS Report for Congress, 2010.

National Intelligence Council, *Global Trends 2010*(Washington D. C.: National Intelligence Council, 1997).

_____, *Global Trends 2015: A Dialogue About the Future with Nongovernment Experts*(Washington D. C.: National Intelligence Council, 2000).

_____, *Global Trends 2020: Mapping the Global Future*(Washington D. C.: National Intelligence Council, 2004).

_____, *Global Trends 2025: A Transformed World*(Washington D. C.: National Intelligence Council, 2008).

_____, *Global Trends 2030: Alternative World*(Washington D. C.: National Intelligence Council, 2012).

Noble, G., Doner, R., and John Ravenhill, "Production networks in East Asias auto parts industry", Shahid Yusuf, M. Anjum Altaf and Kaoru Nabeshima eds., *Global production networking and technological change in East Asia*(Washington D. C.: Oxford University Press, 2004), pp. 159~208.

Nye, Jr. Joseph S., "East Asian Security: The Case for Deep Engagement" *Foreign Affairs* Vol. 74, No. 4, 1995, pp. 90~102.

Obama, Barack H., "Obama's Speech on the Economy", January 8, 2009a, http://www.nytimes.com/2009/01/08/us/politics/08text-obama.html?pagewanted=all&_r=0(검색일: 2013. 5. 31)

_____, "Inaugural Address", January 20, 2009b. http://www.whitehouse.gov/the_press_office/President_Barack_Obamas_Inaugural_Address(검색일: 2013. 5. 31)

_____, "Address to Joint Session of Congress", February 24, 2009c. http://www.whitehouse.gov/the_press_office/Remarks-of-President-Barack-Obama-Address-to-Joint-Session-of-Congress(검색일: 2013. 5. 31)

_____, "Remarks by President Obama and President Hu Jintau of China before Meeting", April 1, 2009d. http://www.whitehouse.gov/the-press-office/

remarks−president−obama−and−president−hu−china−meeting(검색일: 2013. 5. 31)

_____, "Remarks by the President on the Economy", April 14, 2009e. http://www.whitehouse.gov/the−press−office/remarks−president−economy−georgetown−university(검색일: 2013. 5. 31)

_____, "Remarks by the President at the U. S./China Strategic And Economic Dialogue", July 27, 2009f. http://www.whitehouse.gov/the−press−office/remarks−president−uschina−strategic−and−economic−dialogue(검색일: 2013. 5. 31)

_____, "Remarks by the President in State of the Union Address", January 27, 2010. http://www.whitehouse.gov/the−press−office/remarks−president−state−union−address(검색일: 2013. 5. 31)

_____, "Remarks by the President on Fiscal Policy", April 13, 2011a. http://www.whitehouse.gov/the−press−office/2011/04/13/remarks−president−fiscal−policy(검색일: 2013. 5. 31)

_____, "Remarks by the President on the Way Forward in Afghanistan", June 22, 2011b. http://www.whitehouse.gov/the−press−office/2011/06/22/remarks−president−way−forward−afghanistan(검색일: 2013. 5. 31)

_____, "Remarks By President Obama to the Australian Parliament", November 17, 2011c. http://www.whitehouse.gov/the−press−office/2011/11/17/remarks−president−obama−australian−parliament(검색일: 2013. 5. 31)

Panetta, Leon E., "Shangri−La Security Dialogue", June 2, 2012. http://www.defense.gov/speeches/speech.aspx?speechid=1681(검색일: 2013. 5. 31)

Parent, Joseph M. and Joseph Bafumi, "Correspondence of polarity and polarization", *International Security* Vol. 33. No. 1, 2008, pp. 170~173.

Parrish, Karen, "Panetta: U. S.−Indonesia Security Partnership Expanding", October 23, 2011a. http://www.defense.gov/News/NewsArticle.aspx?ID=65768(검색일: 2013. 5. 31)

_____, "U. S. Indonesia Agree on F−16 Transfer", November 18, 2011b. http://

www.defense.gov/News/NewsArticle.aspx?ID=66164(검색일: 2013. 5. 31)

Parrish, Karen, "Dempsey Arrives in Philippines for High-level Meetings", June 3, 2012. http://www.defense.gov/news/newsarticle.aspx?id=116599(검색일: 2013. 5. 31)

Pape, Robert A., *Dying to Win: The Strategic Logic of Suicide Terrorism*(New York: Random House, 2005).

_____, "Empire Falls", *National Interest* No. 99, 2009, pp. 21~34.

_____, "It's the Occupation, Stupid", *Foreign Policy*, October 18, 2010. http://www.foreignpolicy.com/articles/2010/10/18/it_s_the_occupation_stupid(검색일: 2013. 5. 31)

Pape, Robert A. and James K. Feldman, *Cutting the Fuse: The Explosion of Global Suicide Terrorism and How to Stop It*(Chicago: University of Chicago Press, 2010).

Pellerin, Cheryl, "Panetta, Singapore Defense Chief Affirm Deeper Cooperation", April 5, 2012. http://www.defense.gov/News/NewsArticle.aspx?ID=67837(검색일: 2013. 5. 31)

Pena, Charles V., "A Smaller Military to Fight the War on Terror", *Orbis* Vol. 50, No. 2, 2006, pp. 289~306.

Pilling, David, "It won't be easy to build an 'anyone but China' club", May 22, 2013. http://www.ft.com/intl/cms/s/0/08cf74f6-c216-11e2-8992-00144feab7de.html#axzz2YwPmlNF6(검색일: 2013. 5. 31)

Posen, Barry R., "The Case for Restraint", *American Interest* Vol. 3, No. 1, 2007a, pp. 7~17.

_____, "Stability and Change in U. S. Grand Strategy", *Orbis* Vol. 51, No. 4, 2007b, pp. 561~567.

_____, "A Grand Strategy of Restraint", Michele A. Flournoy and Shawn Brimley eds., *Finding Our Way: Debating American Grand Strategy*(Washington D. C.: Center for a New American Security, 2008a), pp. 81~102.

_____, "A New U. S. Grand Strategy: Testimony given before the Oversight and

Investigations Subcommittee of the House Armed Services Committee", July 15, 2008b. http://www.gpo.gov/fdsys/pkg/CHRG−110hhrg44340/pdf/CHRG−110hhrg44340. pdf(검색일: 2013. 5. 31)

_____, "From unipolarity to multipolarity: transition in sight?" G. John Ikenberry, Michael Mastanduno, and William C. Wohlforth eds., *International Relations Theory and the Consequences of Unipolarity*(New York: Cambridge University Press, 2011), pp. 317~341.

Posen, Barry R. and Andrew L. Ross, "Competing Visions for Grand Strategy", *International Security* Vol. 21, No. 3, 1996/97, pp. 5~53.

Reynolds, Clark G., *Navies in History*(Annapolis, MD: Naval Institute Press, 1998).

Preble, Christopher A., *Power Problem: How American Military Dominance Makes Us Less Safe, Less Prosperous, and Less Free*(Ithaca, N. Y.: Cornell University Press, 2009).

Republican in Congress, "A Pledge to America", 2010. http://www.gop.gov/ resources/ library/documents/solutions/a−pledge−to−america.pdf(검색일: 2013. 5. 31)

Rice, Condoleezza, "Transformational Diplomacy", January 18, 2006. http://2001−2009. state.gov/secretary/rm/2006/59306.htm(검색일: 2013. 5. 31)

_____, "Remarks at the Centennial Dinner for the Economic Club for the New York", June 7, 2007. http://2001−2009.state.gov/secretarary/ rm/2007/06/862000.htm(검색일: 2013. 5. 31)

_____, "Rethinking the National Interest: American Realism for a New World", *Foreign Affairs* Vol. 87, No. 4, 2008, pp. 2~26.

Ross, Robert S., "Problem with the Pivot: Obama's New Asia Policy Is Unnecessary and Counterproductive", *Foreign Affairs* Vol. 91, No. 6, 2012, pp. 70~82.

Schwarz, Benjamin and Christopher Layne, "A New Grand Strategy", *Atlantic Monthly*, 2002, pp. 36~42.

Shalal−Esa, Andrea and Eveline Danubrata, "U. S. Navy May Station Ships in Singapore,

Philippines", December 16, 2011. http://www.reuters.com/article/2011/12/16/us-usa-navy-asia-idUSTRE7BF04Y20111216(검색일: 2013. 5. 31)

Shanker, Thom and Elisabeth Bumiller, "Weighing Pentagon Cuts, Panetta Faces Deep Pressures", 2011. http://www.nytimes.com/2011/11/07/world/panetta-weighs-military-cuts-once-thought-out-of-bounds.html?pagewanted=all&_r=0(검색일: 2013. 5. 31)

Skocpol, Theda and Vanessa Williamson, *The Tea Party and the Remaking of Republican Conservatism*(New York: Oxford University Press, 2012).

Slaughter, Anne-Marie, "A Grand Strategy of Network Centrality", Richard Fontaine and Kristin M. Lord eds., *America's Path: Grand Strategy for the Next Administration*(Washington, D. C.: Center for a New American Security, 2012), pp. 43~56.

Standard & Poor's, "Ratings On Japan Lowered To 'AA-'; Outlook Stable", 2010. http://www.standardandpoors.com/ratings/articles/en/us/?assetID=1245286301728(검색일: 2013. 5. 31)

Stepak, Amir and Rachel Whitlark, "The Battle over America's Foreign Policy Doctrine", *Survival: Global Politics and Strategy* Vol. 54, No. 5, 2012, pp. 45~66.

Steinburg, James, "China's Arrival: The Long March to Global Power", September 24, 2009. http://www.cnas.org/files/multimedia/documents/Deputy%20Secretary%20James%20Steinberg's%20September%2024,%202009%20Keynote%20Address%20Transcript.pdf(검색일: 2013. 5. 31)

_____, "U. S.-China Cooperation on Global Issues", May 10, 2010. http://www.brookings.edu/~/media/events/2010/5/10%20us%20china/20100510_us_china.pdf(검색일: 2013. 5. 31)

Stewart, Phil, "U. S. won't cut carrier fleet to fix budget, Panetta says", January 22, 2012. http://www.reuters.com/article/2012/01/22/us-usa-defense-idUSTRE80L00R20120122(검색일: 2013. 5. 31)

Tol, Jan van, *Airsea Battle: A Point-of-Departure Operational Concept*(Washington D. C.: Center for Strategic and Budgetary Assessments, 2010).

Trade Promotion Coordinating Committee, *2011 National Export Strategy: Powering the National Export Initiative*(Washington D. C.: Trade Promotion Coordinating Committee, 2011).

UN, A/57/37, 2002.

____, A/59/894, 2005.

____, A/62/455, 2007a.

____, A/62/37, 2007b.

____, A/RES/62/71, 2008a.

____, A/63/37, 2008b.

United States Trade Representative, *2011 Report to Congress on China's WTO Compliance*(Washington D. C.: United States Trade Representative, 2011).

Vaughn, Bruce, "Indonesia: Domestic Politics, Strategic Dynamics, and U.S. Interests", Washington D. C.: CRS Report for Congress, 2011.

Walt, Stephen M., "In the National Interest: A Grand New Strategy for American Foreign Policy", *Boston Review* Vol. 30, No. 1, 2005a, pp. 1~6.

_____, "A New Grand Strategy for the War on Terrorism", paper presented at the National Policy Forum on Terrorism, Security, and America's Purpose, Capitol Hilton Hotel, Washington, D. C., 2005b.

_____, *Taming American Power: The Global Response to U. S. Primacy*(New York: W. W. Norton, 2006).

_____, "Alliances in a Unipolar World", *World Politics* Vol. 61, No. 1, 2009, pp. 86~120.

The White House, *National Security Strategy of the United States of America*(Washington D. C.: The White House, 2002).

_____, "White House Releases State-By-State Employment Data on Impact of American Recovery and Reinvestment Plan", February 16, 2009. http://www. whitehouse.gov/the-press-office/state-state-employment-data-impact-american-recovery-and-reinvestment-plan(검색일: 2013. 5. 31)

_____, "Executive Order 13534—National Export Initiative", March 11, 2010a. http://www.whitehouse.gov/the-press-office/executive-order-national-export-initiative(검색일: 2013. 5. 31)

_____, *National Security Strategy*(Washington D. C.: The White House, 2010b).

_____, Joint Declaration on the Comprehensive Partnership between the United States of America and the Republic of Indonesia", November 9, 2010c. http:// www.whitehouse.gov/the-press-office/2010/11/09/joint-declaration-comprehensive-partnership-between-united-states-americ(검색일: 2013. 5. 31)

_____, "Prime Minister Gillard and President Obama Announce Force Posture Initiatives", November 16, 2011a. http://www.whitehouse.gov/the-press-office/2011/11/16/prime-minister-gillard-and-president-obama-announce-force-posture-init-0(검색일: 2013. 5. 31)

_____, "Fact Sheet: Excess Defense Article (EDA) F-16 Refurbishment", November 18, 2011b. http://www.whitehouse.gov/the-press-office/2011/11/18/fact-sheet-excess-defense-article-eda-f-16-refurbishment(검색일: 2013. 5. 31)

_____, "Joint Statement by President SusiloI Bambang Yudhoyono of The Republic of Indonesia and President Barack Obama of The United States of America", November 18, 2011c. http://www.whitehouse.gov/the-press-office/2011/11/18/joint-statement-president-susiloi-bambang-yudhoyono-republic-indonesia-0(검색일: 2013. 5. 31)

_____, "On-the-Record Conference Call on the President's Upcoming Trip to Asia", November 15, 2012. http://www.whitehouse.gov/the-press-office/2012/11/15/record-conference-call-presidents-upcoming-trip-asia

_____, "Remarks By Tom Donilon, National Security Advisor to the President: The United States and the Asia-Pacific in 2013", March 11, 2013a. http://www.whitehouse.gov/the-press-office/2013/03/11/remarks-tom-donilon-national-security-advisory-president-united-states-a(검색일: 2013. 5. 31)

_____, "Press Briefing by Press Secretary Jay Carney, 5/20/2013", May 20, 2013b. http://www.whitehouse.gov/the-press-office/2013/05/20/press-briefing-press-secretary-jay-carney-5202013(검색일: 2013. 5. 31)

_____, "Remarks by President Obama and President Xi Jinping of the People's Republic of China After Bilateral Meeting", June 8, 2013c. http://www.whitehouse.gov/the-press-office/2013/06/08/remarks-president-obama-and-president-xi-jinping-peoples-republic-china-(검색일: 2013. 5. 31)

Whitlock, Craig, "Philippines may allow greater U. S. military presence in reaction to China's rise", January 25, 2012a. http://www.washingtonpost.com/world/national-security/philippines-may-allow-greater-us-presence-in-latest-reaction-to-chinas-rise/2012/01/24/gIQAhFIyQQ_story.html(검색일: 2013. 5. 31)

_____, "U. S., Australia to broaden military ties amid Pentagon pivot to SE Asia", March 27, 2012b. http://www.washingtonpost.com/world/national-security/us-to-expand-ties-with-australia-as-it-aims-to-shift-forces-closer-to-se-asia/2012/03/19/gIQAPSXlcS_story.html(검색일: 2013. 5. 31)

Willard, Robert, "Asia-Pacific U. S. Military Overview", January 27, 2012. http://fpc.state.gov/182684.htm(검색일: 2013. 5. 31)

Williams, Brock R., "Trans-Pacific Partnership (TPP) Countries: Comparative Trade and Economic Analysis", Washington D. C.: CRS Report for Congress, 2013.

Wong. Edward, "Chinese Military Seeks to Extend Its Naval Power", April 23, 2010. http://www.nytimes.com/2010/04/24/world/asia/24navy.html.

Woodward, Bob, _The Price of Politics_(New York: Simon & Schuster, 2012).

The World Bank, *The World Bank Annual Report 2011: Year in Review*(Washington D. C.: The World Bank, 2011).

Xiang, Lanxin, "China and the 'Pivot'", *Survival: Global Politics and Strategy* Vol. 54, No. 5, 2012, pp. 113~128.

Xinhua, "Obama meets with co-chairs of China-U. S. dialogue", May 9, 2011. http://news.xinhuanet.com/english2010/china/2011-05/10/c_13867607.htm(검색일: 2013. 5. 31)

Zoellick, Robert, "Whither China: From Membership to Responsibility?", September 21, 2005. http://2001-2009.state.gov/s/d/former/zoellick/rem/53682.htm(검색일: 2013. 5. 31)

久保文明·高畑昭男, 《アジア回帰するアメリカ─外交安全保障政策の検証》, 東京: エヌティティ出版, 2013.

温家宝, "我深深爱着我的国家 余心所善 九死未悔", 2010. http://news.xinhuanet.com/politics/2010-03/14/content_13168202.htm(검색일: 2013. 5. 31)

南方都市报, "奥巴马对华大吹暖风意在拉拢中国", 2009. http://finance.ifeng.com/news/hgjj/20090803/1028762.shtml(검색일: 2013. 5. 31)

新華通訊, "首轮中美战略与经济对话开幕 共倡同舟共济", 2009. http://finance.sina.com.cn/roll/20090728/01092973952.shtml(검색일: 2013. 5. 31)

新华网, "美国务卿克林顿:美中历史'殊途'但未来'同归'", 2010. http://news.xinhuanet.com/world/2010-05/24/c_12136314.htm(검색일: 2013. 5. 31)

人民日报, www.kr.people.com.cn/203092/7631072.html, 2011a(검색일: 2013. 5. 31)

_____, www.kr.people.com.cn/203092/7631069.html, 2011b(검색일: 2013. 5. 31)

_____, www.kr.people.com.cn/203072/7651230.html, 2011c(검색일: 2013. 5. 31)

_____, www.kr.people.com.cn/203072/7676394.html, 2011d(검색일: 2013. 5. 31)

_____, www.kr.people.com.cn/203072/7926661.html, 2012(검색일: 2013. 5. 31)

표 목록

그림 목록

찾아보기

【ㅈ】

미국, 아시아로 회귀하는가

미국, 아시아로 회귀하는가

미국, 아시아로 회귀하는가 — 오바마의 아시아 중시 정책

- ⊙ 2014년 4월 21일 초판 1쇄 인쇄
- ⊙ 2014년 4월 22일 초판 1쇄 발행
- ⊙ 지은이   김대홍
- ⊙ 발행인   박혜숙
- ⊙ 책임편집   정호영
- ⊙ 디자인   이보용
- ⊙ 영업·제작   변재원
- ⊙ 종이   화인페이퍼
- ⊙ 펴낸곳   도서출판 푸른역사
  우 110−040 서울시 종로구 통의동 82
  전화: 02) 720−8921(편집부) 02) 720−8920(영업부)
  팩스: 02) 720−9887
  전자우편: 2013history@naver.com
  등록: 1997년 2월 14일 제13−483호

ISBN   979−11−5612−011−7 93900